Coffee Encyclopedia

커피백과

강찬호 저

기문사
www.kimoonsa.co.kr

머리말

지금까지 알려진 바에 의하면, 우리나라의 커피와 관련한 최초의 기록은 미국 천문학자이자 조미수호통상사절단인 보빙사를 수행하였던 퍼시벌 로웰이 1885년에 펴낸 『조선, 고요한 아침의 나라』에 수록되어 있다. 이 책에 의하면, 1884년 1월 어느 추운 날 로웰은 조선 고위관리의 초대를 받아 한강변 별장에서 한강의 겨울 정취를 즐기며 당시 조선의 최신 유행품이었던 커피를 마셨다는 것이다. 이 기록을 보면 1884년 이전에 이미 조선에서 커피가 유행하고 있었음을 확인할 수 있다. 이후 1888년 개항지인 인천에 들어선 대불호텔과 슈트워드호텔에서 커피를 판매하는 다방이 들어서면서 커피가 보다 일반화되고 산업화되는 계기가 되었다.

세계최대 커피체인점 스타벅스가 국내에 1호점을 오픈한 1999년을 시작으로 커피빈, 파스쿠치, 할리스, 카페베네 등 커피전문점들의 급속한 성장세를 이어 가고 있다. 최근 원두커피를 즐기는 사람들이 증가하면서 유명브랜드 커피전문점 확산과 소규모 창업, 자가소비 증가 등 커피시장이 성장하면서 커피전문점이 늘어나고 있는 추세이다. 이처럼 커피가 하나의 문화로 확산되고 커피전문점의 매장 수가 증가되는 것은 소비자들의 커피기호가 믹스커피에서 원두커피를 마시는 문화로 이동하고 있는 것으로 원두커피의 대중화를 의미하고 있다고 볼 수 있다.

초기 커피는 일반인들이 쉽게 접할 수 있는 대상이 아니었다. 그러나 이제 커피는 더 이상 특정인들만이 즐기는 것이 아니라, 대중들에게도 익숙한 기호 식품 중의 하나가 되었다. 커피의 대중화에는 여러 가지 요인이 있겠지만, 커피전문점들 간의 무한 경쟁으로 TV광고를 통한 스타마케팅 등 홍보경쟁이 치열해지면서 다양한 메뉴 개발, 쾌적한 분위기, 매장직원의 서비스 등 차별화된 서비스로 소비자들을 공략하고 있다.

이러한 대중적인 관심과 인기에 힘입어, 커피를 본격적으로 배우려는 사람들이 확산되면서 사설 전문교육기관은 물론 대학의 교육과정에서도 바리스타 양성을 위한 교육프로그램이 많이 개설되었다. 이 책은 이러한 커피의 기본을 쉽게 이해할 수 있도록 소개한 책이다.

P · r · e · f · a · c · e

이 책은 총 12장으로 구성되어 있으나, 커피의 이론과 커피 실무로 대분할 수 있다. 제1장에서 제6장까지는 이론에 해당한다. 제1장 커피의 역사와 문화에서는 커피의 역사와 세계의 커피문화, 제2장 우리나라 커피역사에서는 우리나라 최초로 커피를 마신 사람, 개화기, 일제 강점기, 21세기 우리나라 커피 문화의 발전을, 제3장에서는 세계 커피 생산지로 중미, 중남미, 아프리카, 아시아 · 태평양, 제4장에서는 커피나무 및 커피품종을, 제5장에서는 커피재배 및 가공방법에서 커피재배지역, 커피나무의 재배 및 수확, 커피열매의 수학, 커피의 가공, 제6장 커피 로스팅에서는 로스팅, 로스팅 방식, 로스팅 실전, 로스팅 머신의 구조, 로스팅 공정을 각각 소개하였다.

제7장에서 제12장까지는 커피 실무 부분으로 제7장에서는 커피추출과 핸드드립 과정을, 제8장에서는 에스프레소 추출로 에스프레소의 특성, 에스프레소 머신의 발전과정, 분쇄를 구성하였고, 제9장에서는 커피의 향미평가 및 커핑에 대해서 상세하게 기술하였다. 그리고 제10장에서는 서비스 매뉴얼로 매장에서 지켜야 할 전반적인 내용을, 제11장에서는 커피의 아로마로 커피 플레이버 휠, 커피아로마 키트, 아로마 키트의 주요 향 분류표 관련 내용이, 마지막으로 제12장에서는 카페메뉴들을 소개하였다.

본서는 기존에 출간된 커피서적들과 본인이 그간 강의한 자료들을 참조하여 재정리한 것임을 밝혀 둔다. 이 책의 출간은 초학자들과 일반인들이 커피를 쉽게 이해할 수 있도록 소개하고자 한데서 출발하였다. 커피의 이해에 조금이라도 도움이 되었다면 본인은 그것으로도 만족한다.

그간 이 책이 출간될 수 있도록 도움을 주신 커피전문가들과 기꺼이 출판을 허락해주신 도서출판 기문사 한인환 사장님, 그리고 처음부터 끝까지 세심하게 원고를 정리해 주신 편집부 직원들에게도 감사드린다. 그리고 나의 영원한 동반자 수화씨와 사랑스런 딸 다현이에게도 고마운 마음을 전하고 싶다.

2016년 2월 저자 씀

차 례

Part I 커피의 기초이론

Chapter 01_커피의 역사와 문화 • 13

1. 커피의 역사_13
   1) 커피의 기원/13　2) 커피의 어원/15　3) 커피의 전파/16
2. 세계의 커피 문화_19
   1) 아랍/19　2) 이탈리아/20　3) 프랑스/21
   4) 영국/22　5) 미국/23

Chapter 02_우리나라 커피의 역사 • 27

1. 우리나라 최초로 커피를 마신 사람_27
2. 개화기 – 개화기의 역사적 배경과 커피문화의 태동_28
   1) 영사관 · 국빈 · 선교사/28
   2) 일본개항 · 메이지유신 · 강화도조약 · 수신사/31
   3) 명성황후 · 고종황제 · 손탁호텔 : 황실의 양식문화와 귀빈접대/34
   4) 기타 자료에 나타난 커피/39
3. 일제시대 – 커피문화의 발전기_41
   1) 1910년대 – 특권층이 누리던 커피와 호텔문화/41
   2) 1920년대 – 다방과 카페의 출현, 커피 제조판매점의 등장, 커피 이민/43
   3) 1930년대 이후 – 커피문화의 대중화와 커피 대용품의 등장/46
4. 21세기 우리나라 커피 문화의 발전_49

Chapter 03_세계 커피 생산지 • 53

1. 중미_53
   1) 멕시코/53　2) 과테말라/55　3) 코스타리카/56
2. 중남미_57
   1) 브라질/57　2) 콜롬비아/58

3. 아프리카_60
1) 예멘/60 2) 에티오피아/61 3) 케냐/62
4) 탄자니아/63

4. 아시아 · 태평양_65
1) 인도/65 2) 인도네시아/66 3) 하와이/69

Chapter 04_커피나무 및 커피 품종 • 71

1. 커피의 품종_72
1) 코페아 아라비카/72 2) 코페아 카네포라/78
3) 코페아 리베리카/79

Chapter 05_커피재배 및 가공방법 • 81

1. 커피나무 재배 지역_81
1) 재배조건/82

2. 커피나무의 재배 및 수확_85
1) 파종에서 발아까지/85 2) 커피 묘목의 이식/86
3) 커피나무/87 4) 개화/88
5) 결실/90

3. 커피열매의 수확_91
1) 핸드피킹/91 2) 스트리핑/92 3) 기계수확/93

4. 커피의 가공_94
1) 내추럴방법 – 건식가공법/94 2) 워시드 방법 – 습식 가공법/96
3) 썬드라이드 내추럴 방법/98 4) 세미 워시드 방법/99

Chapter 06_커피 로스팅 • 101

1. 로스팅(Roasting)_101
1) 로스팅이란/101 2) 커피 로스팅 정도에 따른 분류/102
3) 로스팅 단계별 특징/102

2. 로스팅 방식_104
1) 직화 방식/105 2) 반열풍 방식/105 3) 열풍 방식/106
4) 수망로스터/107

3. 로스팅 실전_109
1) 로스팅 전 꼭 알아두어야 할 사항/110

4. 로스팅 머신의 구조_114
1) 호퍼/114 2) 드럼/114 3) 샘플러114
4) 쿨러/115 5) 댐퍼/115 6) 버너/115
7) 사이클론/115 8) 기타/115

5. 로스팅 공정_116
1) 생두분석/116 2) 로스팅 단계 결정/116
3) 전처리/116 4) 예열/116
5) 로스팅/116

Part Ⅱ 커피실무론

Chapter 07_커피 추출 • 123

1. 추출이란?_123
1) 추출의 의미와 과정/123 2) 다양한 추출 방식/124
3) 커피 추출을 위한 준비/126

2. 핸드드립_129
1) 핸드드립의 특징/129 2) 핸드드립의 도구/129
3) 핸드드립의 기본 요령/135

3. 여러 가지 핸드드립_139
1) 칼리타 추출/139 2) 메리타 추출/141
3) 고노 추출/142 4) 하리오 추출/143

4. 여러 가지 기구를 이용한 추출 방법144
1) 사이폰/144 2) 모카포트/148
3) 프렌치프레스/149 4) 이브릭/150

Chapter 08_에스프레소 추출 • 153

1. 에스프레소의 특성_153
1) 에스프레소의 정의/153 2) 크레마/155
3) 커피의 숙성여부에 따른 크레마/156
4) 에스프레소 커피의 시각적 특성, 맛의 특성, 바디감의 특성/157
5) 커피추출 – 과소 추출, 과다 추출, 정상 추출의 차이/158

2. 에스프레소 머신의 발전과정_160
1) 에스프레소 머신의 부분별 명칭/161

3. 분쇄(Grinding)_162
1) 그라인더 부분별 명칭/162

4. 에스프레소 커피 추출 과정_163
1) 잔 점검하기/163
2) 포터필터 뽑기/164
3) 물 흘려버리기/164
4) 필터 바스켓 닦기/165
5) 그라인더 작동/165
6) 커피 도징/165
7) 탬핑과 태핑/166
8) 가장자리 털어내기/168
9) 포터필터 장착하기/168
10) 추출 버튼 누르기/169
11) 포터필터 청소하기/169
12) 쿠키 버리기/170
13) 물 흘려버리기/170
14) 필터 홀더 닦기/170
15) 포터필터 장착하기/171
16) 추출하기/171

5. 우유거품 만들기_172
1) 우유 거품내는 과정/172
2) 피처에 우유 붓기/173
3) 우유스팀 하기 전 스팀 배출하기/173
4) 우유에 스팀노즐 담그기/174
5) 스팀 밸브 열기/175
6) 공기 주입하기/175
7) 혼합과 온도 맞추기/176
8) 밸브 잠그기/177
9) 스팀노즐 닦기/177
10) 잔여 거품 없애기/178
11) 우유거품 따르기/178

Chapter 09_커피의 향미평가, 커핑 • 181

1. 커핑(Cupping)이란? 181

2. 향기의 구성_182

3. 샘플로스팅이란?_183

4. 커핑 준비사항_185
1) 로스팅/185
2) 분쇄/186
3) 커피의 양/186
4) 물/186
5) 커핑컵/186
6) 커핑스푼/187
7) 물 붓기/187
8) 기타/187

5. 커핑 시 배열순서_187

6. 커핑 순서 및 절차_188
1) 커핑용 기물 준비/188
2) 컵에 샘플 나눠 담기/188
3) 샘플용 커피 분쇄하기/189
4) 분쇄된 커피 냄새 맡기/189
5) 물 붓기/190
6) 물을 부은 후 커피 냄새 맡기/190

7) 브레이크와 린싱하기/191
8) 스키밍하기/191
9) 커피 시음하기/192
10) 바디감 및 커피 여운 느끼기/193
11) 결과 기록/193

7. 커핑 부분별 채점법_196

Chapter 10_커피 아로마 • 201

1. 커피 플레이버 휠(Flavor Wheel)_201
1) 맛/201
2) 향/203

2. 커피 아로마 키트(Aroma Kit)_204

3. 아로마 키트의 주요 향 분류표_204

Chapter 11_서비스 매뉴얼 – 고객응대 • 213

1. 서비스요원의 마음가짐_213

2. 기본자세_215
1) 남성의 몸가짐/215
2) 여성의 몸가짐/217
3) 대기 자세/218

3. 인사 예절_219
1) 인사 종류와 방법/219
2) 고객응대 시 올바른 인사말/220
3) 매장 관리 및 정리정돈/221

4. 전화 응대_221
1) 상황별 전화응대/222

5. 고객의 불평처리_223
1) 고객 불평의 종류/223
2) 불평 접수 시 주의사항/223
3) 불평처리 요령 및 절차/224

Chapter 12_카페 메뉴 • 226

에스프레소/227
카페 비엔나/228
에스프레소 마끼아또/229
에스프레소 꼰파냐/230
캐러멜 마끼아또/231
카페라떼/232
카페모카/233
초코 마끼야또/234
카푸치노/235
녹차라떼(그린티라떼)/236
티/237
레몬에이드/238
모히토/239
아이스 아메리카노/240

아이스 카페라떼/241
아이스 모카 마끼야또/242
아이스 캐러멜 마끼아또/243
아이스 카페 비엔나/244
아이스 카푸치노/245
더치커피/246

■ 부록 • 바리스타 자격시험 출제예상문제_247
바리스타 적중예상문제/247
바리스타 출제예상문제/301
모의평가문제/315

Part I

커피의 기초이론

Chapter 01_커피의 역사와 문화
Chapter 02_우리나라 커피의 역사
Chapter 03_세계 커피 생산지
Chapter 04_커피나무 및 커피 품종
Chapter 05_커피재배 및 가공방법
Chapter 06_커피 로스팅

Chapter 01

커피의 역사와 문화

1. 커피의 역사

1) 커피의 기원

커피의 기원은 언제부터 시작되었는지 정확하게 알 수 없다. 하지만 기원에 대해서 여러 가지 설이 전해지고 있다. 그 중 칼디의 전설과 오마르 전설이 정확한 역사적 근거는 없지만 우리에게 가장 널리 알려지고 신빙성이 있어 커피에 대한 설을 잘 설명 해 주고 있나. 한편, 원예 학자들에 따르면 아프리카 고대왕국인 아비시니아(Avysinia)지역이 커피의 기원이라는 설도 있다. 왜냐하면, 야생종 커피나무가 지금까지 자생하고 있기 때문이다.

커피가 최초로 발견된 것은 약 6~7세기경으로 추정하고 있으며 유료로 사용되기 시작한 것은 약 A.D 1,000년경으로 본다.

칼디의 전설

6~7세기경 에티오피아 고원 아비시니아(Avysinia)에서 전해지는 이야기이다. 염소를 기르는 목동 칼디는 자신의 염소들이 주위 나무에서 체리처럼 생긴 빨간 열매를 따 먹은 후 흥분해서 이리저리 뛰어다니는 모습을 보고 목동 칼디는 그 뒤로 염소들의 행동을 주의 깊게 관찰하기 시작 했다. 호기심이 생긴 칼디는 본인이 직접 그 열매를 따서 먹었더니 자신 역시도 신기하게도 새로운 힘이 솟고 가슴이 뛰고 흥분이 되면서 피곤함이 사라질 뿐 아니라 정신 또한 맑아졌다.

이후에 칼디는 인근에 있는 수도승에게 이 사실을 전해주었다. 수도승은 열매를 따서 수도원으로 가지고 가 끓여 먹어보니 전신에 기운이 솟는 것을 느꼈고 일상생활이 활기차고 정신도 맑아질 뿐만 아니라 기도할 때 졸음이 오지 않는 것을 알았다. 그 후 소문이 각지에 퍼져 많은 나라에 전파되고 애용되면서 음료를 만들어 마시기 시작하였다는 설이다.

■칼디와 춤추는 염소
출처 : http://blog.naver.com/tentacoffee/80146912355

오마르의 전설

아라비아에서 전해지는 이야기로 1258년경 샤델리(Schadheli)의 제자인 셰이크 오마르는 스승의 인도로 모카에 정착하였다. 그 당시의 모카는 전염병으로 많은 환자들이 발생하였고 모카의 공주역시 전염병에 걸려 오마르의 치료를 받다 오마르와 사랑에 빠졌다고 한다. 그러나 오마르와 공주의 사랑이 발각되어 왕의 노여움을 산 오마르는 모카항 근처의 사막으로 추방을 당해 배고품 속에서 헤매게 되었다. 오랜굶주림으로 고통을 받고있는데 우연히 한 마리의 새가 작은 나무 위에 앉아 빨간 열매를 쪼아먹는 모습을 보고 그 열매로 허기를 채우기 시작 하였고 그 열매를 따서 먹었더

■오마르와 커피나무
출처 : http://blog.naver.com/coffeefair11/220099872350

니 몸에 원기가 솟고 피로가 풀리고 힘이 나는 것을 알게 되었다. 그 후 그 열매를 이용해 많은 환자를 치료하였고 그 소문을 들은 왕은 오마르의 죄를 사면하였다. 기적처럼 모카로 살아 돌아온 오마르는 커피의 효능을 널리 알리게 되었다.

칼디의 전설과 오마르의 전설은 1661년에 소개된 커피에 관한 전설을 모은 이탈리아의 언어학자 나이로니에 의해 밝혀졌다.

2) 커피의 어원

커피의 어원은 아랍어인 카파(Kaffa)로 힘을 의미하는 뜻이지만 에티오피아의 커피나무가 자생하는 곳의 지명이기도하다. 에티오피아 남서부의 커피 생산지대인 카파(Kaffa)는 커피를 뜻하지만 카파(Kaffa)이외에도 카와(qahwah), 카후아(cahuha)도 힘이라는 뜻의 어원으로 커피를 의미한다고 한다.

예멘이 터키의 지배를 받게 된 것은 1536년이지만 커피가 1475년에 메카(Mecca)지역, 1510년에는 카이로(Cairo)지역으로 알려졌다. 그리고 오스만트루크 제국 술탄왕조의 셀림 1세가 이집트를 정복하면서 커피가 이스탄불에 전해졌다. 커피가 터키로 전파되면서 카베(Kahweh)로 불리어지고 유럽으로 건너가 이탈리아에서는 카페(Caffe), 프랑스에서는 카페(Cafe), 네덜란드에서는 코피(Koffie), 독일에서는 카페(Kaffee), 영국에서는 커피(Coffee), 일본에서는 코히(コーヒー), 체고슬로바키아에선 카바(Kava), 러시아에서는 코페(Kophe), 베트남에서는 코베(Kophe)로 불리고 있으며 기타 국가들에서도 다양한 언어로 커피를 지칭하고 있으며 많은 사람들에게 사랑을 받고 있다.

커피는 홍해의 커피를 운반하던 모카항(Mocha)에서 '커피 콩을 볶아서 끓인 커피를 마시는 풍습' 에서 유래 되었고, 1260년경 알마카의 셰이크(이슬람교의 수장) '알리 샤들리 이븐' 이라는 사람이 커피를 마시는 음료로 이용하기 위해 커피콩에 붙어있는 과육을 제거하기 위해서 커피콩을 볶은 후 물을 붓고 끓여 마셨다고 한다.

3) 커피의 전파

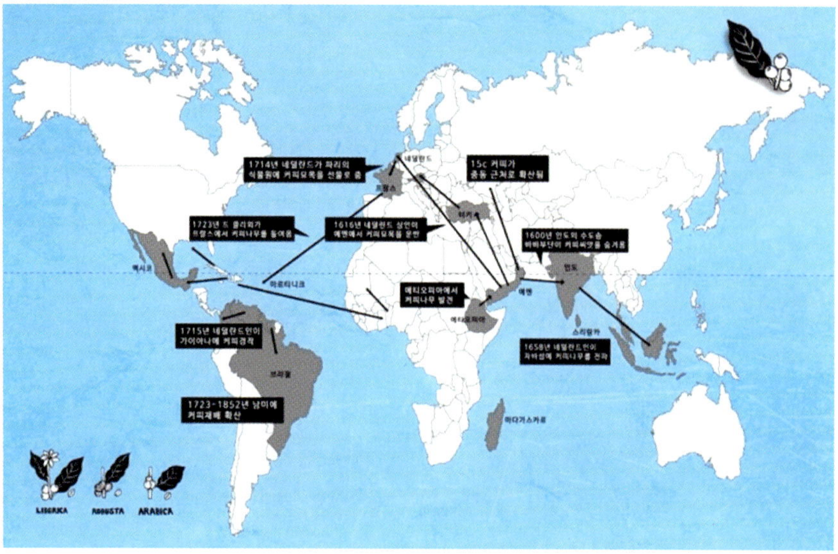

■ **커피나무와 커피음용의 전파경로** 출처 : http://www.coffeeguild.co.kr

커피는 오랜 역사를 가지고 있는 만큼 커피가 정착된 시기는 정확하게 알 수 없다. 그 당시 커피는 주로 이슬람 수도승들의 수양 중 잠을 쫓고 원기회복을 위해 음용하였다. 커피의 음용이나 커피나무에 관련된 많은 역사학자들의 근거를 바탕으로 볼 때 가장 믿을 만한 증거는 15세기 중반 무렵 수피교의 지도자 알샤딜라(Al Shadili)가 에티오피아에서 예멘의 모카 지방으로 커피묘목을 가져가 아라비아 반도에 커피나무를 재배하기 시작했다고 한다. 처음 커피는 일상적인 음료보다 주로 의약품으로 인정받고 널리 퍼지게 된 것도 약물로서의 효과 때문이었다. 또 다른 문헌에 기록된 것은 10세기 경 아라비아의 의학자 라제스(Rhazes)는 커피를 분춤(Bunchum, Bunca)이라 불렀으며 커피나무 열매가 심장을 튼튼하게 하고 소화를 돕고 각성제로서의 효능을 가지고 있어 약리효과로 뛰어나다고 기록하였다. 또한 철학자이며 의사인 아비세나(Avicenna)는 커피의 효능에 대해 몸을 건강하게 하고 피부를 깨끗하게 하는 약리효과에 대해 기술하였다.

커피가 처음 경작되기 시작한 것이 575년경 예멘으로 추정하고 있지만 가장 오래된 문헌의 기록을 살펴보면 10세기 경 아라비아의 의학자 라제스(Rhazes)에 의해 커피관련 내용이 언급되고 있다. 하지만 그로부터 5세기 이후부터 커피가 점차적으로 유명해지면서 15세기 초부터 예멘 지역으로 커피나무를 옮겨 경작을 활발하게 하면서 모카항을 통해서 커피가 거래 되기 시작하였다.

커피콩의 원산지는 에티오피아로 알려져 있지만 커피를 마시는 음료로 개발하기 시작한 것은 1400년 무렵 예멘의 모카에서였다. 1500년 이후부터는 아라비아 반도 어디에서나 커피를 마실 수 있게 되었다. 커피는 이슬람 제국에 의해 철저하게 통제되어졌지만 이슬람 신도들이 커피를 종교의식에 사용하면서 순례를 왔던 인도출신의 이슬람 승려가 몰래 커피 씨앗을 반출해 인도로 가져가게 되어 인도, 인도네시아 등지로 퍼지게 되었다. 이슬람 제국은 종교적 차원에서 술을 금했기 때문에 술 대신 커피를 대체 음료로 이용하면서 커피는 이슬람인들에게 아주 중요한 음료로 각광을 받게 되었다. 따라서 많은 사람들이 마시면서 수요가 늘어나고 더 많은 공급이 필요하게 되었고 커피나무의 재배가 아라비아 전 지역에 확대되면서 예멘의 모카 항을 통해서 기후와 토양이 맞는 지역으로 커피가 옮겨 심어지게 되었다. 이집트의 카이로에서 이라크의 바그다드를 거쳐 그 당시 최강국인 오스만트루크 제국(지금의 터키)으로 수출되기 시작하면서 생활의 일부로 자리 잡게 되었다. 오스만트루크 제국 1세가 이집트 전쟁에서 승리하고 돌아오면서 커피를 지금의 이스탄불(콘스탄티노플)에 소개하면서 15세기 중엽(1554년)에 이스탄불에 최초의 커피하우스를 오픈(Open)하였다. 그 이후 16세기 중엽부터 본격적인 커피시대가 일반인들에게 열리게 되었으며 커피하우스는 점점 지식인들의 토론의 공간과 각국의 정치 · 경제인들이 방문하여 아라비아의 이국적인 정취와 분위기를 느끼면서 커피 특유의 맛과 향을 즐기고 만끽함으로써 오스만트루크 제국 시절의 이스탄불은 세계적인 도시로 명성을 얻게 되었다.

16세기초 당시 로마의 교황 클레멘트 8세가 커피에 세례를 내려 줌으로써 기독교인 및 일반인들에게도 사랑을 받게 되었고 기독교 국가인 유럽 곳곳에 알려지기 시작 하였다. 16세기 초 네덜란드 상인들이 모카지역에서 커피나무를 가져와서 실론섬에서 커피를 경작하기 시작하였고 16세기 후반에는 프랑스 디종으로 묘목을 가져가 재배를 시도하였지만 여러 조건 특히 기후가 맞지 않아 실패하였다. 16세기 후반 네덜란드는 그들의 식민지인 자바섬에 커피나무를 옮겨 심어 재배 영역을 넓혔다. 17세기 초 자바에서 재배된 커피나무를 네덜란드 암스테르담 식물원에 가져오면서 유럽의 유명 식물원에 커피나무와 커피 씨앗을 배포하면서 17세기 이후 유럽전역에 퍼졌다.

커피하우스는 16세기 중엽 유럽 최초로 문을 연 '베니스' 커피하우스를 비롯해 17세기 초 영업을 시작해서 지금까지 현존하는 세계 최고 커피하우스 '카페 플로리안' 이 있다. 그리고 16세기 중반에 오픈한 영국최초의 커피하우스는 '야콥스' 그 이후 런던에서 설립한 '로이즈 커피하우스' 가 생겨났다.

커피나무 전파의 공헌자

커피 재배의 세계적인 확산은 역사적으로 일어날 수밖에 없는 상황이였다. 가장 대표적인 인물로는 바바 부단(baba budan)과 캡틴 가브리엘 드 클리외(captain Gabriel de Clieu)를 들수 있다.

16세기 초 이슬람 수도사였던 바바 부단(baba budan)이라는 이슬람 승려가 메카에 성지 순례를 왔다가 커피 종자를 가져가 인도의 마이소어(mysore)의 산간 지역인 말라바 지역에서 재배하게 되었고 그 후 16세기 초 네덜란드 상인이 모카에서 커피 묘목을 몰래 가져가 자기들의 식민지인 실론섬과 자바섬에 재배를 시작하였다.

17세기 초 프랑스 왕인 루이 14세가 네덜란드 암스테르담 시장과 조약에의해 커피나무 한 그루를 선물로 받아 파리의 식물원에서 재배를 하기 시작했다. 가브리엘 드 클리외(captain Gabriel de Clieu)는 프랑스령 식민지인 마르티니크(가브리해 서인도제도의 섬)에 해군 장교로 군복무 중 도움 끝에 커피묘목을 확보한 클리외는 군복무를 마치고 프랑스의 낭트를 출발하여 마르티니크로 항해를 하는 배안에 커피나무를 싣고 가는 중 많은 어려움이 있는데도 불구하고 커피나무를 지키기는데 성공하였다. 당시 긴 항해 동안 물의 부족에도 불구하고 자신이 가지고 있던 최소한의 식수까지 커피나무에 나누어 주었고 이렇게 클리외가 살려온 커피묘목이 자라 대부분의 남아메리카, 중앙아메리카, 멕시코 등 프랑스 식민지령의 커피 재배의 원조가 되었다.

■클리외와 커피나무 출처 : http://blog.naver.com/iomma/220047421339

2. 세계의 커피 문화

1) 아랍

에티오피아에서 시작된 커피문화는 아랍에서 완전히 꽃을 피웠다. 초기 커피는 주로 이슬람 수도승늘의 수양 중 잠을 쫓고 원기회복을 위해 종교적인 용도로 음용하든 것이 무슬림 교도들에 의해 아덴(Aden)을 거쳐 메카(Mecca)와 메디나(Medina), 카이로(Cairo: 이집트수도이며 아프리카 최대도시)로 전파 되었다. 그 후 커피의 매력에 빠진 사람들이 종교적인 회합을 떠나 일상생활에서 커피를 즐기기 시작하였다. 음주가 금지된 이슬람 문화권에서 당시 커피는 최고의 기호식품으로 인기가 많았고 상류계층에서부터 하층민까지 카와(Kahwah)라는 전통 주거공간에서 커피를 마시면서 즐겼다. 아랍인이 먼 길을 떠날 때에는 원두와 원두를 볶는 냄비 원두를 빻을 절구를 가지고 다닐 정도로 커피가 큰 인기가 있었다. 15세기 아랍 최초의 커피하우스 카베 카네스(kaveh kanes)가 문을 열었다. 처음에는 종교적인 목적으로 시작하였으나 점차적으로 커피하우스 안에서 노래, 춤, 게임, 담소, 시사적 토론 등이 열려 사회적 활동들이 이루어지게 되었다. 그 당시 커피하우스는 자유롭게 커피를 마시면서 이야기를 나누는 지금의 분위기보다는 커피를 마시기 전에 절을 하고 상대를 존경한다는 고상한 예절을 중시하는 공간으로 사용되어졌다.

커피는 이집트의 카이로를 통해서 터키 콘스탄티플(Constantinople)에 알려지게 되었고 곧이어 이탈리아 베니스, 로마에도 전파되었다. 유럽의 커피 문화는 카페(caffe)를 중심으로 형성되었다.

2) 이탈리아

이탈리아는 아침 노천카페와 길거리에서 커피를 마시면서 이야기를 나누는 것이 생활화 되어있다. 커피대중화의 시발점은 베니스로 볼 수 있다. 로마보다 베니스에 먼저 커피가 도입된 이유는 정확하지는 않지만 지리적 여건으로 보아 바다에 인접한 베니스가 무역상인과 활발한 무역거래를 하였기 때문이라고 생각한다. 1720년 베니스의 플로리오노 프란세스코니(Floriono Francescoin)에 커피를 판매하는 카페 플로리안(cafe Florian)이 오픈(Open)을 하여 영업을 하였다. 카페 플로리안(cafe Florian)은 현재까지도 산마르코(San Marco) 광장에 현존하는 역사적으로 유명한 카페이다.

이탈리아 커피는 강하게 볶은 원두를 곱게 분쇄한 후 진한 에스프레소를 추출하여 바로 마시거나 설탕을 넣어 마신다. 우리가 흔히 마시는 카페라떼, 카푸치노, 마끼야또, 아포카토 등 많은 커피들을 이탈리아에서 만들어 마시기 시작하였다. 그렇기 때문에 이탈리아인들에게 있어서 커피는 생활의 활력소, 삶의 원동력, 대중적인 문화 그리고 정열적인 사랑과 삶을 의미하기도 한다.

이탈리아에서 커피하우스는 곧 로마, 피렌체, 밀라노, 등 다른 도시로 퍼져나가기 시작하면서 이탈리아의 커피가 지중해를 넘어 유럽 전역을 퍼지게 되면서 커피의 대명사가 되었다.

■ 베니스의 카페 플로리안 출처 : http://blog.naver.com/jyws0711/130138908055

3) 프랑스

프랑스에 커피가 처음 유입된 것은 17세기 이다. 마르세유 항구도시에 커피가 들어오면서 프랑스 커피의 시초가 되었다. 당시 마르세유는 파리보다 무역교류가 활발했던 항구도시였기 때문에 커피를 먼저 접촉할 수 있었다. 초기 커피는 주로 마르세유에서 소비 되었지만 점차 파리에도 커피가 소개되어지면서 본격적인 커피수요가 늘어나기 시작 하였다.

에스프레소 커피 하면 이탈리아 못지않게 프랑스도 유명하다. 득히 노친카페에 앉아 커피 한 잔을 주문하고 오랜 시간 앉아 즐기는 따끈한 크로와상과 향이 진한 커피 한 잔은 프랑스인들의 삶의 한 부분이 되었다. 또한 카페 에서 단순히 커피를 마시는 것이 아니라 커피를 음식으로 생각하여 식사의 마지막 순서로 커피를 마셨고 소화를 돕기 위해 꼬냑이나 리큐어를 첨가하여 마실 정도로 매우 대중화 되었다. 그리고 아침에는 커피에 따뜻한 우유를 부어 마시면서 깊고 풍부한 맛과 멋을 즐기면서 오늘의 커피문화가 풍성하게 발전하였다.

■ **파리의 카페 드 플뢰르** 출처 : http://blog.naver.com/veine89/80173230153

4) 영국

영국의 커피하우스는 다양한 분야와 계층의 사람들이 모여 의견을 교환하고 토론하는 문화의 중심지 역할을 하였다. 영국의 커피문화는 오스트리아 빈에서 전파 되었고 영국은 커피보다 차(Tea)문화로 많이 알려져 있다. 사실 영국도 차(Tea)가 중국에서 수입되기 전에는 커피를 많이 마셨다. 중국에서 차가 수입되면서 커피의 소비에서 차(Tea)의 소비문화로 바뀌었다. 1767년 영국정부가 차(Tea)를 수입하는데 많은 벌금을 부여함으로써 이것에 반발한 아메리카인은 1773년 보스톤 항구에서 차(Tea)를 운반하는 배를 습격하여 차(Tea)를 바다에 던진 사건이 유명한 보스톤 항구 차(Tea)사건이다. 이로 인해 미국 독립전쟁이 시작되었고 아메리카인은 홍차문화에서 커피문화로 바뀠다.

■ **보스톤 항구 차(Tea)사건** 출처 : http://blog.naver.com/thatscoffee/130146613257

영국이 본격적으로 커피산업에 뛰어들기 시작한 것은 2003년이다. 비교적 늦게 커피산업에 진출한 영국은 호주와 뉴질랜드의 젊은이들이 영국을 자유롭게 왕래하면서 양질의 커피문화를 전파 하면서 커피산업이 두각을 나타내기 시작했다. 영국의 많은 사람들이 커피를 즐기고 있는데 한국과 마찬가지로 커피를 추출하는데 있어서 물의온도, 추출량과 시간에 대한 기록, 저울과 타이머, 로스팅 기법, 원두의 사용량 등을 매우 중요시하고 있다.

■17세기 런던의 커피하우스 출처 : http://acase2013.blog.me/100190865681

5) 미국

미국의 커피문화는 보스턴 차(Tea)사건 이후 홍차대신 커피를 선택하면서 북아메리카를 중심으로 커피가 급속도로 확산 되었다. 미국은 이태리, 프랑스 등 유럽의 나라들에 비해 커피를 조금 늦게 받아들였지만 커피문화를 진세계로 전파시키는데 큰 역할을 하였다. 미국은 1971년 미국 시애틀에서 스타벅스 커피전문점 1호를 오픈(Open)하여 미국에 본사를 두어 적극적인 마케팅 활동에 뛰어들었다. 스타벅스는 단순하게 커피만을 판매하는 것이 아니라 커피와 동시에 문화를 판매한다는 슬로건을 내세우며 고객이 커피전문점을 이용할 때 안락하고 쾌적한 공간과 실내 인테리어 등을 차별화 하면서 스타벅스의 브랜드 이미지를 내새웠다. 또한 할리우드 영화 속 장면에서도 특정 커피전문점의 브랜드를 쉽게 접함으로서 진세계인들이 쉽게 미국의 커피문화를 배울 수 있었다. 그리고 20세기 중반이후 미국 특유의 빠른 라이프스타일에 알맞게 에스프레소를 중심으로 하는 테이크아웃 커피는 미국을 대표하는 커피문화가 되었다.

미국인들에게 커피는 일상생활이 되어 카페에서 식사를 하면서 함께 마시거나 일을 하면서 또는 길을 다니면서 커피를 들고 다니는 모습을 쉽게 볼 수 있을 정도로 커피를 많이 음용하고 있다. 하지만 최근에는 커피전문점의 획일화된 맛에서 벗어나 개성 있는 커피 맛을 추구하기 위해 커피원두에 대한 중요성을 인식함에 따라 고급원두를 사용하는 스페셜티 커피가 하나의 문화로 정착하고 있다. 스페셜티 커피원두를 구하기 위해서 전 세계 커피벨트를 찾아다니며 좋은 커피원두를 수입하고 있다. 이러한 스페셜티 커피문화는 커피를 생산하는 커피 생산자 커피를 유통하는 유통업자에서 소비자 까지 모두에게 좋은 혜택이 돌아가도록 하기 위함이다.

■ 미국 시애틀의 최초 스타벅스 출처 : http://blog.naver.com/toniwiny/130169841303

■ 미국 스타벅스 1호점 내부전경 출처 : Life is Journey/해외여행기

Chapter 02

우리나라 커피의 역사

1. 우리나라 최초로 커피를 마신 사람

가배 · 가비 · 가피 · 고히 · 카피 · 커피 등은 모두 개화기와 일제시대 커피를 지칭하던 용어들이다. 개화기에는 주로 한자로 가차한 가배(珈琲·咖啡·加琲), 가비(加非 · 加菲), 가피(加皮)와 카피 등으로 기록된 것을 볼 수 있고, 일제시대 이후 신문지상에는 커피, 카피, 고히 등으로 쓰인 것을 확인할 수 있다.

그런데 우리나라 커피의 역사에 대해 인터넷에 검색해 보면 많은 사람들이 통상적으로 아관파천 당시 러시아 공관에서 커피를 접하게 된 고종이 환궁 후에도 즐겨 마시면서 시작되었다고 기술하고 있다. 하지만 우리나라에서 최초로 커피를 마신 사람은 고종이 아니다. 현재까지 우리나라 사람 중에서 커피를 직접 마셨다는 최초의 기록에 대해서는 윤치호를 들고 있다. 윤치호가 남긴 일기에는 그가 1885년 상해에 체류할 당시 "오후에 나가미와 같이 가서 커피, 糖乳(당유), 乳餅(유병) 등을 사가지고 왔다"든지, 찻집에서 커피를 마시고 서원으로 돌아왔다는 기록이 종종 보인다. 그리고 1892년 윤치호의 일기들을 살펴보면, 자주 커피를 진하게 마셔서 두통이 났다거나 잠을 이루지 못했다는 기록이 보인다. 이로 볼 때 1895년 귀국 당시 그의 식습관은 상당히 서구화되었을 것으로 보인다.

공식적인 자료에서 가장 앞서는 것은 칼스가 조영수호통상조약이 체결되기 전인 1883년 우리나라에 잠시 체류하였을 때, 묄렌도르프의 집에서 커피를 대접받았다는 기록이다. 이어지는 사료는 보빙사를 수행하였던 퍼시벌 로웰이 1884년 우리나라 고위관리에게 초대를 받아 커피를 마셨다는 기록과 유길준이 『서유견문』에서 커피가 중국을 통해 조선에 소개되었다는 기록이다.

그러나 역사적인 정황들을 살펴볼 때, 우리나라에 커피가 유입되거나 혹은 유행된 것이 1883년보다 훨씬 앞섰을 것으로 보이는 요소들이 존재한다. 먼저 1881년 일본에 파견한 조사시찰단과 청나라에 파견한 영선사, 1883년 미국에 파견한 보빙사의 경우를 살펴볼 때, 당시 미국은 이미 커피가 일상화된 나라이므로 차치하더라도, 일본과 청나라는 개항 이후 서구문화가 상당히 잠식되어 있었으므로 당시 우리나라에서 파견된 사절단이나 유학생 등을 통해 커피가 유입되었을 가능성이 매우 크다고 하겠다. 더욱이 보빙사의 경우에는 미국에서 서구식으로 접대를 받았을 것이므로 이들은 당연히 커피문화를 접했을 것이다.

다만 자명한 것은 도입 초기 커피는 일반 서민들이 쉽게 접할 수 있는 기호품은 아니었고, 왕족과 특수계층만이 향유할 수 있는 고가의 귀한 물품이었다는 것이다. 커피의 귀족화는 카페를 통해 일반 대중들이 상대적으로 접할 수 있는 기회가 많아진 1930년대에도 그 값은 여전히 고가여서 신문선상에 종종 거론되기도 하였고, 카페와 커피는 모던보이와 모던걸의 상징이었을 정도로 여전히 대중적일 수 없는 문화코드였다.

2. 개화기 – 개화기의 역사적 배경과 커피문화의 태동

1) 영사관 · 국빈 · 선교사 : 조선에서 커피를 맛보다

개항의 상징이라고 할 수 있는 인천(제물포)은 근대문화를 상징하는 사적이 많이 남아 있다. 그 대표적인 곳이 바로 우리나라 최초의 호텔로 꼽히고 있는 다이부츠(大佛, Daibutsu)호텔이다. 이곳은 일본의 거부인 호리 큐타로(堀久太郎)가 운영한 곳으로, 1889년에 건립된 것으로 추정하고 있으나, 그 이전이라는 주장도 있다. 당시 일본어가 아닌 영어로 손님을 맞았고, 침대가 딸린 객실 11개와 다다미 240개 규모였다고 한다. 이처럼 외국인들이 주고객이었던 점을 감안해 볼 때, 양식과 커피가 제공되었음은 자명한 사실이다. 물론 오늘날과 같이 커피전문점이 별도로 존재한 것 같지는 않고, 코스의 하나로 우리의 숭늉과 같은 역할을 하였을 것으로 보인다.

■ 대불호텔

앞서 언급한 바와 같이 우리나라 커피의 역사에 대해 검색해 보면 고종이 아관파천 시절 커피에 매료되어 이후 커피를 즐겼다며, 고종을 우리나라 최초로 커피를 마신 사람으로 소개하고 있다. 그러나 공식적인 기록과 여러 가지 역사적인 정황을 통해 보더라도 그 시기는 훨씬 앞선다. 1882년 조선은 미국과 수호통상조약을 체결하였다. 이듬해 미공사 푸트(Foote,L. H.)가 내한하였는데, 고종은 그 답례로 친선사절단인 보빙사(報聘使)를 미국으로 파견하였다.

당시 이들 보빙사의 전체적인 일정을 계획하고, 보빙사의 신진문물 도입 계획을 도왔던 이가 바로 퍼스벌 로웰(Percival Lowell, 1855~1916)이다. 그는 하버드대학을 졸업한 뒤 일본으로 여행을 떠났다가 주일 미공사에 의해 보빙사를 도와줄 비서 겸 고문으로 채용되어 이들을 수행하게 되었다. 그는 상당히 명문 집안의 사람이라 인맥을 동원하여 이들을 잘 보필하였다. 이에 그의 노고를 당시 전권대신이었던 민영익이 고종에게 보고하자, 고종이 그를 공식적으로 초청하여 국빈의 예우를 받으며 약 4개월간 조선에 머물게 되었다.

로웰은 고종의 사진을 처음으로 찍은 인물로 조선에 사진술을 소개하기도 하였다. 이후 본국으로 돌아가 조선의 다양한 분야들을 상세히 기록한 저서가 바로 『조선, 고요한 아침의 나라, Choson: The Land of the Morning Calm』

(1886)이다. 이 책에는 1884년 1월의 추운 어느 날 그가 조선 고위관리의 초대를 받아 한강변 별장에서 당시 조선의 최신 유행품이었던 커피를 마셨다는 기록이 수록되어 있다. 이 기록에 의거하면 당시 커피가 이미 상류계층에서 유행되고 있었음을 확인할 수 있다.

조미수호통상조약을 맺은 1882년 이후 개항장이었던 인천을 통해 많은 외국인들이 공식적으로 드나들 수 있었던 만큼 의식주는 물론 교육, 의료 등등 다방면으로 서구의 문화가 우리의 문화에 자연스럽게 스며들 수 있었다. 더욱이 고종은 선교사들에게 상당히 호의적인 태도를 보였으며, 외교사절단을 비롯한 외국인들을 접대하기 위해 황실의 음식문화에도 변화의 바람이 불었다는 것은 현재 남아있는 대한제국기 황실유물에서도 짐작할 수 있다.

1880년대에는 선교사들에 의해 신식교육기관이 많이 설립되었다. 스크랜튼(W.B.Scraton)은 아펜젤러 목사 부부와 함께 아내와 어머니를 모시고 인천으로 왔는데, 가난한 사람들을 위한 무료병원 '선한 사마리아인 병원(Good Samaritan Hospital)'을 설립하자, 고종이 스크랜턴의 우리식 이름인 시란돈(施蘭敦)에 의거해 '시병원'이란 이름을 하사하였다. 그리고 아펜젤러가 세운 배재학당(培材學堂)은 고종이 하사한 이름으로 현판까지 직접 써 주었다고 한다(한국정신문화연구원(2001),『한국민족문화대백과』). 당시 왕이 직접 이름을 하사한다는 것은 공적인 기관에 준하는 권위를 함께 부여한다는 의미가 내포되어 있다. 이처럼 고종은 선교사들에게 호의적이었으며, 긴밀한 관계를 유지하고 있었기 때문에 커피를 비롯한 서구문화를 자연스럽게 접할 기회가 많았다.

더욱이 알렌은 의료선교사로 활동하던 중 1884년 일어나 갑신정변 때 중상을 입은 민영익(閔泳翊, 1860~1914)을 치료한 것이 인연이 되어 고종의 총애를 받아 왕실부(王室附)의 시의관(侍醫官)으로 임명되어 궁정어의로 활약하였다. 그는 고종에게 근대식 병원을 설립할 것을 건의하였고, 고종이 이를 윤허하여 설립된 것이 바로 '널리 은혜를 베푼다'는 뜻의 광혜원(廣惠院)으로 출발한 제중원이다. 알렌은 그의 일기에 "어의로서 궁중에 드나들 때 시종들로부터 홍차와 커피를 대접받았다."고 기록하고 있다.

로웰과 알렌에 앞선 커피 관련 기록으로는 인천주재 영국부영사를 지낸 윌리엄 칼스(William Richard Carles, 賈禮士, 加里士, 1848~1929)의 저서인 『조선풍물지, Life in Corea』(1888)를 들 수 있다. 그는 1884년 인천주재 영국부영사를 지낸 인물로 그가 조선에 부임하기에 앞서 조영수호통상조약이 체결된 1883년 11월을 전후하여 한 달 가량을 조선에 체류하였는데, 그의 책에 "우리가 안내되어 들어간 구역은 아주 매력적이었으며, 이 도시와 길거리에서 막 목격했던 것들이 있었던지라 조선에 있는 한 독일인 집의 청결함과 안락함에 대한 감사는 최고조에 달하였다. 우리들의 안락함이라는 놈은 이내 훌륭한 목욕과 따뜻한 커피라는 사치함에 이르게 되고, 이것들도 당연히 고마운 일이었다."는 기록이 있다. 여기서 독일인은 청나라 이홍장에 의해 조선에 파견된 묄렌도르프(Paul George von Moellendorf, 1847~1901)를 지칭하는 것으로, 그는 1882년부터 1885년까지 조선에 머물러 있었다. 때문에 그가 조선으로 들어왔을 때, 이미 커피를 가지고 들어왔을 것이고, 조선의 관료들을 접대하였을 때도 당연히 커피를 대접하였을 것이다.

또한 커피의 조선으로의 유입시기를 좀 더 앞서 짐작할 수 있는 부분은 천주교측에서 충북 제천의 배론(舟論, 봉양면 구학리)에 조선인 사제의 양성을 목적으로 1855년에 설립한 배론신학교(현 가톨릭대학의 전신으로 성요셉신학교로도 명명되었다)에 대해서도 주목할만하다. 왜나하면 당시 라틴어와 신학이 교육과정의 축을 이루었으나, 서양의 여러 학문과 문물을 겸하여 교육이 이루어졌고, 관여한 신부들이 프랑스인이였던 점을 감안한다면 우리나라에 커피가 유입된 시기나 커피가 소개된 시기가 기존 공식화된 주장보다 훨씬 앞선다고 할 수 있다.

2) 일본개항 · 메이지유신 · 강화도조약 · 수신사
: 일본의 서구화와 조선의 문화침략

앞서 소개하였던 민영익은 명성황후의 친정 조카인데, 보빙사의 전권대신으로 홍영식(洪英植, 1855~1884), 유길준(俞吉濬, 1856~1914) 등과 함께 미국을 다녀온 인물이다. 당시 홍영식은 보빙사 일원들과 함께 바로 귀국하였으나, 민영

익은 서구문물을 직접 관찰하기 위해 서광범, 변수 등과 함께 유럽을 경유하여 돌아왔으며, 유길준은 민영익의 권유로 미국에 그대로 남아 유학하게 되었다.

유길준은 이보다 앞선 1881년 민영익의 천거로 조사시찰단(朝士視察團)의 일원으로도 일본에 파견되었는데, 이때 신학문을 익히기 위해 당시 일본 근대문화를 주도하던 후쿠자와 유지키(福澤諭吉, 1835~1901)가 운영하던 교육기관인 게이오의숙(慶應義塾)에 입학하여 개화사상을 두루 익혔다. 이후 미국에서 유학하던 중 갑신정변이 일어나자 귀국하라는 고종의 친서를 받고 귀국하던 길에 일본에 잠시 머물렀다. 이때 갑신정변을 주도하다가 망명 온 김옥균을 만난 것이 화근이 되어 1885년 구금되었다. 그 구금기간에 집필한 것이 바로 근대화방략서라고 할 수 있는 『서유견문』이다. 이 책은 1889년에 탈고하였으나 1895년이 되어서야 출간하게 되었다.

『서유견문』에는 커피가 중국을 통해 조선에 소개되었다고 기록되어 있다. 우리나라는 청일전쟁이전까지만 해도 청나라에 절대적인 영향을 받고 있었는데, 당시 청나라는 이미 서구문화에 상당히 노출되어 있었으므로 커피문화 또한 청나라를 통해 유입되었을 가능성이 매우 크다고 하겠다.

설령 우리나라에 커피가 유입된 것은 청나라를 경유했다고 하더라도 커피를 포함한 정치 · 경제 · 문화 등 사회 전반적인 영향은 일본의 영향이 컸다고 하겠다. 특히 청일전쟁에서 일본이 승리함으로써 그 영향력은 절대적이었고, 일제시대는 더 말할 나위도 없다.

여기서 우리가 문화사적으로 간과할 수 없는 것이 일본의 근대화가 조선에 미친 영향이다. 우리나라 근대사에 있어서 중요한 사건 중의 하나가 바로 1876년에 일본과 불평등조약을 맺은 강화도조약(조일수호조규)이다. 강화도조약은 조선의 문화수혜국에 지나지 않았던 일본이 오히려 조선에 근대문화를 전달하는 공급자로 주객이 전도된 역사적인 사건으로 일본의 식민주의적 침략의 시발점이 되었다. 이전엔 조선에서 일본으로 파견한 외교사절단을 통신사라고 지칭했지만, 강화도조약 이후 그 명칭이 수신사로 변경되었다. 조선은 이후 1876년과 1800년 두 차례에 걸쳐 일본에 수신사를 파견하였는데, 수신사들은 일본에서 커피를 접했을 개연성이 상당히 크다. 당시 일본의 상류사회는 의식주 등에 있어서 서구화를 지향하고 이것이 그들의 새로운 사조로 자리 잡고 있었다.

강화도조약 이후 일본과의 교역이 더욱 활발해 질 수 밖에 없었으므로 그들의 근대화된 문화가 자연스럽게 조선으로 유입되었다. 근대화를 서구화로 동일시 여겼던 일본의 서구문화 수용 방식은 의식주는 물론 정치?교육?문화 등 제반의 사회제도 또한 서구화하는데 전력을 쏟고 있었다.

더욱이 1895년 청일전쟁에서 승리한 일본은 조선 내에서의 영향력이 막대하게 되었고, 김홍집(金弘集, 1842~1896)을 중심으로 한 온건개화파의 친일정부를 수립하여 갑오개혁을 단행하는 등 조선 침략의 발판을 다져나갔다. 또한 청일전쟁의 승리는 일본 내 산업혁명이 급진적으로 발전되는 계기가 되어 서구화된 근대화에 더욱 박차를 가하게 되었다. 때문에 당시 일본이 조선에 미친 사회문화적인 영향을 간과해서는 안된다.

■ 요코하마의 개항장

일본은 1854년 페리제독에 의해 개항되면서 이후 나가사키와 요코하마 등지에는 외국과의 교류가 활발해지면서 체류하는 외국인 또한 급증하게 되었다. 이에 따라 서구문화가 자연스럽게 파고들었고, 그들의 의식주 또한 일본에 영향을 미치게 되어 커피를 마시는 문화가 자연스럽게 형성되었다. 물론 일본이 1700년경부터 네델란드와의 교역으로 커피가 소개되었다는 기록도 보이지만, 일반적으로는 다도문화가 형성되어 있었다.

일본은 막부 말기에 이미 미국에 사절단을 파견하여 서양문화 전반에 대한 연구가 진행되었다. 일본 근대화의 선구자이자 유길준과 윤치호(尹致昊, 1865~1945)의 스승이기도 했던 후쿠자와 유지키는 만엔견미사절단(萬延遣米使節團)이라고 불리는 이 사절단의 수행원으로 미국에 다녀왔다. 그는 『서양사정(西洋事情)』(1866)과 『학문의 권장』(1872) 등을 통해 서양 각국의 역사와 제도 등 서양의 문명을 일본에 소개시킴으로써 사회적으로 큰 반향을 일으켰던 인물이다.

그러나 근대 일본의 서양문화 유입과 적용에 미친 영향은 메이지유신 이후 1871년(명치 4)에 파견된 이와쿠라사절단(岩倉使節團)에 의해 더욱 커졌다고 할 수 있다. 그 구성원들을 살펴보면 수장인 이와쿠라토모미를 비롯하여 기도다카요시, 야마구치마스카, 이토히로부미, 오쿠도도시미치 등 메이지 정부의 핵심세력들이 주축이 되었으며, 48명의 행정가들과 학자들 그리고 60명의 유학생도 포함되어 있었다. 이들의 일차적인 목적은 미국과 영국, 그리고 유럽의 여러 나라들과 맺은 불평등 조약에 대하여 재협상하는 것이었지만, 서구의 교육, 과학기술, 문화, 군사, 사회와 경제 구조 등에 대한 정보를 수집하는 것도 중요한 목적이 있었는데, 오히려 이러한 정보들이 일본의 근대화를 촉진하는 근간이 되었다. 특히 동행한 유학생들은 미국과 유럽에서 유학한 후 일본의 중요한 지도자들이 되었기 때문에 일본 상류층에 서구화된 문화양식이 보편화되는 계기가 되기도 하였다.

일본은 개항 이후 외국인을 통해 서구문화가 직접 유입되기도 하였지만, 이처럼 파견된 사절단들과 유학생 그리고 기타 외국에 다녀온 사람들을 통해 커피문화가 자연스럽게 상류층의 문화로 정착되었고, 대중들에게도 점점 파급되었다. 1888년 4월 23일 도쿄에 문을 연 가히차칸(可否茶館)은 통상 일본인이 운영한 최초의 커피하우스로 기록된다. 내부가 서구식으로 꾸며진 이곳은 최고의 시설을 자랑하였고, 당대 지식인들의 교유 장소이기도 하였다. 그러나 일반 음식값의 두 배를 호가하는 커피 값은 여전히 일반인들이 드나들 수 있는 곳은 아니었고, 특권층만이 누릴 수 향유할 수 있는 곳이었다.

3) 명성황후 · 고종황제 · 손탁호텔 : 황실의 양식문화와 귀빈접대

대한제국기 이전 궁중에 커피를 비롯한 양식문화가 이미 도입되었다는 사실은 여러 문헌을 통해 확인할 수 있다. 영국의 여행가이자 지리학자였던 이사벨라 버드 비숍(Isabella Bird Bishop, 1831~1904)에 의하면, 1895년 초 그가 왕비(명성황후)를 알현하였을 때, 커피와 케이크를 대접받고, 저녁 식사 때는 수프를 포함해서 생선, 퀘일, 들오리요리와 꿩요리, 속을 채워 만든 쇠고기요리, 야채, 크림, 설탕에 버무린 호두, 과일, 적포도주와 커피 등 양식으로 대접을 받았다고 한다.

> "노란색 비단이 드리워진 수수한 방으로 안내되어 우리는 곧 커피와 케이크를 정중하게 대접받았다. 그 후 저녁식사 때는 상궁이 궁중역관의 도움을 받아 아주 아름답게 꾸며진 식탁을 앞장서서 주도해 나갔다. 저녁식사는 놀랍게도 서양식으로 차려졌다. 수프를 포함해서 생선, 퀘일, 들오리요리와 꿩요리, 속을 채워 만든 쇠고기요리, 야채, 크림, 설탕에 버무린 호두, 과일, 적포도주와 커피 등등이었다. 궁중시인들과 그밖의 몇 사람이 우리와 함께 식사를 했다. 오랫동안 지체한 후에 통역관만을 대동하여 조그만 알현실에 들어갔다. 단상 한쪽 가장자리에 왕이 서 있었고, 왕세자와 왕비는 세 개의 진홍색 벨벳 의자 앞에 서 있었다. 언더우드 여사가 나를 소개하자, 그들은 미리 마련되어 있는 두 개의 의자에 우리가 앉기를 권했다."[『한국과 그 이웃나라들(Korea and Her Neighbours』(1897)]

그리고 명성황후를 진찰하였던 여의사 애니 엘러스 벙커(Annie Ellers Bunker, 1860~1938)의 회고담에도 궁중에서 커피와 과일을 대접받았다는 내용이 나온다.

> "최근의 알현 때마다 우리는 커다란 궁궐 정문을 통해 안으로 들어와서 곧장 대기실의 문까지 들어갈 수 있도록 윤허를 받았다. 이곳에 도착하면 차와 커피와 과일이 접대되며, 그리고 나서 좀 더 아담한 전용 공간에서 우리를 맞이해주는 왕비 마마에게로 인도되었다. 국왕과 왕세자는 항상 거기에 임어하셨다. 알현한 뒤에는 우리는 곧장 집으로 물러나도록 윤허되었다."(「The Korean Repository」 1895년 10월호)

이러한 사실을 통해 당시 이미 왕실에서는 커피를 비롯한 양식문화에 상당히 익숙해 있었다는 것을 확인할 수 있다. 이외 공식적인 문헌들에 나타난 커피에 대한 기록을 살펴보면, 1898년 동래감리서에서 외국인 접대 연회비의 지출조서에 가배차(??茶) 2통, 가배다관 1개를 구매하기 위해 각각 3냥5전과 1냥5전을 청구한 항목이 보인다.(『각부청의서존안(各部請議書存案)』1898년 8월 9일자)

그리고 이미 알려진 바와 같이 고종독살사건에 커피가 등장한다. 『고종실록』에는 1898년 9월 12일 고종과 순종의 건강이 나빠진 경위를 경무청에서 규명하게 하였는데, 10월 10일 김홍륙이라는 인물이 고종의 커피다관에 아편을 넣어 고종을 독살하려했던 사건의 전말이 드러나 결국 김홍륙, 공홍식, · 김종화 등 3명은 반영 음모죄로 교형에 처하였다.

> 음력으로 올해 7월 10일 김홍륙이 유배 가는 것에 대한 조칙을 받고 그날로 배소(配所)로 떠나는 길에 잠시 김광식의 집에 머물렀는데, 가지고 가던 손 주머니에서 한 냥의 아편을 찾아내어 갑자기 흉역의 심보를 드러내어 친한 사람인 공홍식에게 주면서 어선(御膳)에 섞어서 올릴 것을 은밀히 사주하였다. 음력 7월 26일 공홍식이 김종화를 만나서 김홍륙에게 사주받은 내용을 자세히 말하고 이 약물을 어공(御供)하는 차에 섞어서 올리면 마땅히 1,000원의 은(銀)으로 수고에 보답하겠다고 하였다. 김종화는 일찍이 보현당의 고지기로서 어공하는 서양 요리를 거행하였었는데, 잘 거행하지 못한 탓으로 태거된 자였다. 그는 즉시 그 약을 소매 속에 넣고 주방에 들어가 커피 찻주전자에 넣어 끝내 진어(進御)하게 되었던 것이다.[『고종실록』권38, 대한 광무 2년 9월 12일(양력)]

주한일본공사관기록을 통해 이 사건의 전말을 살펴보면, 고종이 때때로 양식을 즐겨 찾는 일이 있는데 항상 커피를 먼저 찾는 것이 상례여서 그날 밤에도 역시 전례와 같이 먼저 커피를 드렸는데 커피 맛이 좋지 않다며 아주 소량으로 두세 번 마셨고, 황태자(순종)는 거의 한 두 번에 반잔을 마셨는데, 잠시 후 황태자가 먼저 토하고 곧 이어서 황제께서도 역시 토하자, 시봉한 사람들이 남은 커피를 마셨는데 모두 중독되어 독이 있다는 것을 알게 되었고, 다음날 경무청에서 조사하여 김홍륙 · 공홍식 · 김종화 등의 전모가 밝혀진 것이다.(『주한일본공사관기록』제12권,「皇帝 및 皇太子에게 進毒한 데 관한 件」機密第35號, 1898.9.25) 순종은 이 사건으로 말미암아 병약하게 되었다.

또한 고종은 만민공동회가 개최되자 민중의 저항을 회유하기 위하여 1898년

11월 26일 친히 돈례문까지 임어하였는데, 당시 함께 참석하였던 각국대신들에게 삼편주, 가배차(珈琲茶), 과자를 하사하였다는 기록이 나타난다.(『大韓季年史』권4, 高宗皇帝, 光武二年) 이러한 일련의 기록들은 황실에 양식요리와 커피 등 서구식 문화가 이미 상당히 깊숙이 스며들어 있었고, 일반 관공서에서도 외국인을 접대하기 위한 필수품목으로 커피가 자리 잡고 있었음을 확인할 수 있다.

대한제국기에는 자주 외국인들을 접대할 상황들이 많아지게 되었는데, 그 영빈관 역할을 한 것이 바로 손탁호텔(손탁빈관)이다. 현재 서울 중구 정동에 세워진 손탁호텔은 통상 우리나라 최초의 서구식 호텔로 일컬어지고 있다. 손탁(A.Sontag, 1854~1925)은 주한 러시아 공사관 카를 베베르(Karl Ivanovich Veber, 韋貝, 1841~1910)의 처형이다. 베베르는 조로수호통상조약(1884)을 성사시키고, 청일전쟁 이후의 삼국간섭에 중요한 역할을 하였으며, 아관파천을 통해 친러내각을 주도한 인물이기도 하다, 손탁은 1885년 10월 베베르와 함께 들어와 러시아공관의 보호를 받으며 1885년부터 1901년까지 우리나라에 거주하였다.

■ 손탁호텔

영어, 독일어, 프랑스어, 러시아어 등 4개국에 능통했던 손탁은 베베르 공사의 추천으로 당시 왕실에 관한 여러 업무들을 총괄하던 궁내부 소속으로 외국인 접대를 담당하면서 고종과 명성황후의 신임을 얻었다. 당시 청나라의 내정간섭이 심화되자 손탁은 궁내부와 러시아공사관의 연결책을 담당하며 반청운동 전개에 도움을 주었는데, 고종은 그 노고를 치하하는 의미에서 1895년 손탁에게 정동에 소재한 대지 1,184평의 한옥 한 채를 하사했다.

손탁은 이 사저를 서울에 사는 외국인들의 사교장으로 개방하여 각종 사교모임을 만들어 당시 사교계의 중요한 인물로 부상하였다. 또한 1896년 2월 11일 명성황후가 시해된 을미사변 이후 일본에 신변의 위협을 느낀 고종이 순종과 함께 러시아 공관으로 거처를 옮긴 아관파천(俄館播遷) 때는 정동구락부(貞洞俱樂部)와 왕실과의 연락업무를 담당하기도 하였다. 정동구락부는 1894년 당시 정동에 조직된 주한 외교관과 선교사 그리고 조선 고관들로 구성된 사교친목단체로 미국공사 실, 프랑스 영사 플랑시, 조선정부의 고문으로 초빙된 르장드르 · 다이, 선교사인 언더우드와 · 아펜젤러 그리고 민영환 · 윤치호 · 이상재 · 서재필 · 이완용 등이 주축되었는데, 아관판천에 결정적인 공헌을 한 단체이기도 하다.

고종은 이에 1898년 3월 16일 한옥을 헐고 양관(洋館)인 수옥헌(漱玉軒, 정동 27번지 소재)을 하사하자, 손탁은 실내를 서구풍으로 장식하여 우리나라 서구식 호텔의 효시가 된 손탁빈관을 경영하게 되었다. 그러나 당시 대외관계가 다변화되어 귀빈들의 내한이 자자지면서 접대할 영빈관이 필요하게 되었다. 이에 정부는 1902년 10월 구 양관을 헐고 그곳에 2층으로된 영빈관을 지어 손탁으로 하여금 경영하게 하였는데 그것이 바로 손탁호텔이다.

이곳은 손탁 개인의 호텔이라기보다 거액의 내탕금(內帑金)으로 지어진 것이므로 정부 직영호텔이었다고 할 수 있다. 2층은 국빈용 객실로 이용하였고, 아래층은 일반 외국인 객실 또는 주방, 식당, 커피숍으로 이용하였다고 한다. 당시 외국의 귀빈들이 반드시 여기에 투숙했다고 한다.

1909년 손탁이 귀국한 뒤 1917년 이화학당이 구입하여 기숙사로 사용하다가 1975년 소실되어는 현재는 그 터(이화여고 동문 안 주차장)만 남아 있다. 이화학당의 후신인 이화여전의 교장을 역임하였던 아펜젤러(亞偏薛羅, 1885~1950)의 회고에 당시 손탁호텔의 면면을 확인할 수 있다. 당시 아펜젤러는 배재고등보통학교장을 지내고 있었다.

> 故 李太王께서 露西亞 공사관에 게섯슬때 음식은 주로 서양음식을 잡수섯다하는데 그는 露西亞公使 배-벨의 족하딸인가 되는 「손탁」이란 獨身 여자가 전부 지어드리엿다. 李太王께서는 이 露西亞여성 손탁의 정성을 깁부게 아시고 뒷 날 궁중에서 외국사신들을 招宴할 때의 음식준비 일체를 손탁孃에게 맛기엇다. 그리고는 또 땅과 집까지 지어주섯다는데 그것이 손탁호텔이요. 지금 貞洞잇는 이화학당 넷 校舍로 그 때는 외국의 陸海軍 장교들이나 명사들이 반드시 여기에 투숙

하엿다. 손탁孃은 그 뒤 日露의 風雲이 끗끗내 파열되어 京城 주재하든 공사 이하 150여명의 露西亞군대까지 서울을 退去하여 仁川으로해서 上海를 거처 본국으로 송환될 때에 그 재산을 모다 팔아 현금으로 만들어가지고 도라갓다 전하다(「삼천리」제4권 제10호, 1932.10.1)

4) 기타 자료에 나타난 커피

다른 증빙 자료들이 더 필요하겠지만 현재까지 우리나라 사람 중에서 커피를 직접 마셨다는 최고의 기록에 대해서는 윤치호를 들고 있다. 윤치호가 남긴 일기에는 그가 1885년 상해에 체류할 당시 "오후에 나가미와 같이 가서 커피, 糖乳(당유), 乳餠(유병) 등을 사가지고 왔다"던지, 찻집에서 커피를 마시고 서원으로 돌아왔다는 기록이 종종 보인다.(『윤치호일기』 제1권)

청나라는 서양에 대한 쇄국정치를 일관해 오다가 1840년 영국과 치른 아편전쟁(1840~1842)에서 패전하여 남경조약이라는 불평등 조약 이후 서구에 대한 문호를 본격적으로 개방하게 되었다. 때문에 윤치호가 상해에 기거할 당시 청나라의 커피문화는 상당히 대중화되었음을 엿볼 수 있는 대목이다.

이후 윤치호가 1890년 미국으로 건너가 체류할 당시 애비 호스 부인에게 쓴 답장에 양배추, 베이컨, 비스킷, 버터, 애플파이, 설탕, 시럽, 커피, 우유, 식사 후 단 것들(sweet and butter)로 구성된 일상의 식탁에 대한 기록이 있다.(『윤치호일기』 제2권) 이를 통해 당시 미국의 대중적인 양식 구성들을 살펴볼 수 있다.

일상의 식탁에 대하여 한 말씀 드립니다. 6시 30분에 아침식사: 양배추, 베이컨, 비스킷, 버터, 애플파이, 설탕, 시럽, 커피, 우유, 식사 후 단 것늘(sweet and butter) 11시 30분에 정찬: 거의 위와 같음. 해지고 등불 킬 때 저녁식사: 거의 위와 같음

미국은 1773년 12월에 일어난 보스턴차사건(Boston Tea Party) 이후 홍차에 대한 거부감으로 소비가 늘어나면서 커피는 음료의 최고 반열의 지위에 올랐다.(커피로 읽는 문화이야기 32. http://blog.naver.com) 때문에 당시 커피는

우리나라 식후 숭늉과도 같은 역할을 하였다고 볼 수 있다. 이어지는 윤치호의 1892년 일기들을 살펴보면, 자주 커피를 진하게 마셔서 두통이 났다거나 잠을 이루지 못했다는 기록이 보인다. 이로 볼 때 1895년 귀국 당시 그의 식습관은 상당히 서구화되었을 것으로 보인다.

흥미로운 사실은 「대조선독립협회회보」에 커피와 관련한 자료가 실려 있다는 것이다. 대조선독립협회회보는 1896년 11월 30일에 창간되어 1897년 8월 폐간될 때까지 매월 15일과 말일에 통권 제18호까지 발행된 국내에서 발행된 최초의 잡지이다. 독립협회의 공식의견이 반영된 잡지로 근대문명과 과학지식이 폭넓게 소개되었고, 계몽적 성격이 강하며 이후 발행된 잡지의 모델이 되었다. 이 회보의 1897년 3월 31일자 제9호에는 세계 각국의 기후와 특산품들이 자세히 조사되어 실려 있는데, 土耳其(터키) · 墨西哥(멕시코) · 布哇(하와이) · 印度(인도)의 특산물로 커피콩(珈琲豆)이 소개되어 있다.

커피는 18세기 중엽 이룩된 산업혁명으로 유럽의 제국주의 강대국들이 인도와 인도네시아 등 아시아 국가들을 식민지로 만들고 커피를 대량 재배하면서 전 세계에 알려지게 되었고, 재배지역도 광범위하게 되어 점차 대중화 되었다고 한다.

때문에 소개된 이들 나라는 특산물로 커피가 재배되는 지역이었고, 특히 하와이와 브라질을 비롯한 남미의 커피 재배국은 1920년대 이후 일본은 의도적으로 커피 농장에서 일할 노동자를 파견한 곳이기도 하다. 이에 대해서는 장을 달리하여 논의하기로 하겠다.

개화기에 소개되는 신문이나 학회보 등은 일반인들이 읽기보다는 당시 식자층을 겨냥한 것이다. 때문에 1896년에 이미 이러한 커피에 대한 관련 사료가 언론을 통해 노출되었다는 것은 당시 지식인들 사이에 커피는 상당히 알려져 있었음을 알 수 있다. 더욱이 1906년 9월 24일자 「태극학보」에는 "茶, 珈琲 等은 適當히 飮ᄒᆞ면 良好ᄒᆞᄂᆞ 量에 過ᄒᆞ면 消化作用을 妨害ᄒᆞ고..."(「태극학보」, 제2호, 1906)라고 하여 커피는 적당히 마시면 좋지만 지나치게 많이 마시면 소화작용을 방해한다는 내용을 싣고 있는 것으로 보아 지식인들에게 커피문화는 이전에 비해 상당히 일상화된 것임을 확인할 수 있다.

3. 일제시대 – 커피문화의 발전기

1) 1910년대 – 특권층이 누리던 커피와 호텔문화

청일전쟁 이후 조선에서의 영향력은 일본이 상대적으로 우위를 점하고 있었으므로 새로운 문화의 유입과 전개 또한 일본의 영향력이 절대적이었다고 할 수 있다. 호텔문화 ? 커피문화 또한 그 정착과 전개과정에 있어서 일본의 영향력이 직?간접적으로 작용되었다. 우리나라 최초의 호텔로 기록되고 있는 다이부츠(大佛)호텔의 설립연도가 1889년인데, 그 이전에 설립되었다는 주장도 있으며, 설립자가 일본인이었다는 점을 감안해 보면 일본의 영향력을 짐작할 수 있다. 이후에 설립된 커피를 판매하는 호텔이든 다방이라는 이름의 카페든 그 주요고객은 외국인과 일본인 그리고 우리나라 특권계층일 수밖에 없었다.

이러한 일본의 영향력은 1910년 일제강점기에 접어들면서 정점을 이루게 되었다. 우리나라 커피문화를 이해하기 위해서는 일제강점기 우리나라의 정세와 국제정세 또한 함께 이해해야 할 것이다. 왜냐하면 일제시대 우리나라에서 커피를 소비할 수 있는 계층에 대한 이해가 전제되어야 할 것이고, 커피의 경우 수입품이었기 때문에 제조국의 수출입 규제가 고스란히 커피문화에도 영향을 미쳤기 때문이다.

일제는 강점 직후 1919년 3 · 1운동까지 식민적 지배체제를 견고히 하기 위하여 조선총독부의 지휘 아래 강력한 억압정치로 조선을 통제하였으며, 경제적인 수탈을 자행하였다. 특히 토지조사사업으로 전국 토지의 약 40%를 약탈하여, 그들의 국책대행기관인 동양척식주식회사에 넘겨져 일본인 지주의 한국진출이 본격화 되었다. 당시 한국 농민의 50%는 춘궁기에 초근목피로써 연명을 하다가 유민이 되어 간도와 연해주 등지로 떠났다.

이처럼 일반 민중들의 삶은 상당히 피폐해 있었으므로 우리나라 사람으로서 당시 커피문화를 즐길 수 있는 대상은 특권계층에 제한될 수밖에 없었다. 1910년 한일병합조약이 체결되자 일제는 일본의 화족제도(공 · 후 · 백 · 자 · 남작)에 준하여 대한제국의 고위급 인사들 76명(후작 6, 백작 3, 자작 22, 남작 45)에게 조선귀족으로서 작위를 수여하였다. 때문에 1910년대 우리나라 사람으로서 당시 커피문화를 즐길 수 있는 대상은 왕족과 귀족 그리고 대대로 부호였던 명문집안 사람들에 국한되어 있었다고 해도 과언이 아니다.

> 돈푼이나 잇는 사람 가트면 城北洞이나 漢江에다 亭子를 지어놓코 콸콸 흐르는 맑은 물에 사이다 맥주를 막 당거노코 어엽분 妾더러 부어라. 먹자 하고 잔득 취한 뒤에 네 활개를 턱 벌니고 누어서 「三伏炎蒸定有無」니 「五月不*疑淸秋」의 시구나 을푸면 더위를 다 니저버릴 것이오. 그럿치 안으면 자동차에 기생을 싯고 淸涼里나 漢江철교가튼 대로 돌아단니다가 靑木堂 혹은 朝鮮호텔에 드러가서 電風扇압헤 편이 안저 아이스크림이나 어름에 채인 맥주를 먹어도 잠시 피서는 될 것이올시다. 그러나 우리 사회는 불행인지 행인지 모도 무산자뿐이올시다. 하루에 밥걱정 면하기 어려운 터에 엇지 돈드리는 피서가튼 것이야 염두에나 내겟슴닛가.(「개벽」, 1924.8.1)

> 朝鮮호텔이나 明月館 國一館에서 扇風機ㅅ바람에 感氣들 근심을 하면서 纖纖玉手가 따라주는 어름보다 더 찬 麥酒를 마시는 그러한 風流는 오직 少數의 富神의 選民에게만 태운 福이다.(「개벽」 1923. 8. 1)

이처럼 당시 청목당(靑木堂)이나 조선호텔 등에서 한가로이 여가를 즐길 수 있는 사람들은 일본인들과 오늘날 이른바 상위 1%에 해당하는 사람들에 국한되어 있었고, 일반인들은 감히 엄두조차 내지 못하는 실정이었다. 청목당은 1914년 6월 구보덴킨지로(久保田金次郎)라는 일본인이 지은 서양식 건물로 1층에는 양주 팔고 2층에는 차와 식사를 겸할 수 있는 구조로 이루어져 있어서 당시 양식과 함께 커피를 마실 수 있는 곳이었다. 여하튼 조선호텔이 개관되기 전까지는 최고급 식당이자 찻집으로 장안의 명물이었다고 한다.

■ 조선호텔

청목당과 마찬가지로 조선호텔 또한 일본인의 소유였다. 1914년 9월 20일에 만철회사(滿鐵會社)에 의해 준공되어 10월 3일부터 영업을 시작하였다. 기공 당시에는 이를 鐵道호텔 혹은 朝鮮호텔이라고 명명하였으며, 총공사비가 약 80만 원으로 엄청난 금액이 책정되어 있었다.(每日申報 1913.4.26)

> 朝鮮호텔의 營業이 開始되었는데 1914年에 京城府 長谷川町 圜丘壇地에 신축하여 同年 9月에 낙성되었다. 同호텔의 室數는 貴賓室 5, 特別室 10, 上等寢室 29, 普通寢室 17, 附添人室 5, 給仕室 3이며 食堂收容人員은 特別食堂 36人 宴會室 240人 普通食堂 60人이다.(『京城府史』 第3卷, 1914)

개관 당시 호텔의 방수는 귀빈실 5개, 특별실 10개, 상등침실 29개, 보통침실 17개, 부첨부인실 17개, 급사실 3개 등 총 81개였으며, 식당 수용인원은 특별식당 36명, 연회실 240명, 보통식당 60명 등 총 336명이었다. 당시 최고의 호텔이자 커피숍으로 국가적으로 주요한 행사는 거의 모두 이곳에서 거행되었다. 1920년대에 접어들어 조선호텔은 조선총독부철도국 직영체제가 되었다.

1915년 순종실록 3월 기사에는 "백작 이완용에게 가배기구(珈琲器具) 1조(組)를 하사하였다."(『순종실록부록』6권 8년)는 기록이 보인다. 당시 이완용은 매국을 통해 귀족의 반열에 봉작된 인물이다. 그에게 순종이 특별히 커피를 끓여먹을 수 있는 도구 한 세트를 하사하였으리만큼 당시 그것은 상당히 귀한 물건이었다.

2) 1920년대 – 다방과 카페의 출현, 커피 제조판매점의 등장, 커피 이민

1919년 3·1운동 이후 일제는 종전의 무단정치에서 표면상 문화정치를 표방하였다. 그러나 여전히 식량수탈과 식민지농업정책으로 일본지주에 의한 토지집중화가 가속화되어, 우리나라의 자작농은 감퇴일로의 길을 걸었고 소작농과 화전민으로 전전하던 농민들은 일본이나 중국 등으로 이주하였다. 당시 통계에 의하면 1926~31년의 5년간에 걸쳐 걸식자가 1만~16만 3000명, 춘궁기에 초근목피로 연명하는 사람이 29만 6000~104만 8000명, 극빈 영세민이 186만~420만 명에 이르렀다고 한다.

때문에 커피문화는 여전히 일반인들의 삶과는 거리가 먼 것이었다. 그럼에도 불구하고 종전의 호텔 등지에서 음식과 함께 판매하던 커피는 1920년대에 접어들면서 전문적으로 커피를 파는 다방 혹은 카페라는 이름의 커피전문점이 출현하기 시작하였다.

본격적으로 다방이 출현한 것은 1923년 전후라고 알려져 있다. 오늘날 명동과 충무로에 해당하는 명치정과 본정에 '후다미(二見)' 라는 다방이 처음으로 생겨났고, 이어서 본정인 충무로에 '금강산' 이라는 다방이 또 들어섰다. 이 두 다방은 일본인에 의해 만들어진 것이고, 주 고객은 일본인이었을 것으로 추정된다, 왜냐하면 당시 서울에 일본인들이 주로 거주하던 곳이 바로 본정(충무로)거리와 황금정(을지로), 명치정(명동)거리였기 때문이다. 물론 우리나라 특권층도 출입하였을 것이다.

이후 종로일대에도 다방이 출현하였고, 명동은 당시 상당히 다방이 많아서 다방의 거리라고 일컬어질 수 있을 정도였다(서울시정개발연구원, 『서울 20세기 공간변천사』, 서울시정개발연구원, 2001)고 한다, 그러나 당시 최대의 카페거리는 단연 충무로였다. 당시 충무로에서 영업을 하던 카페업자가 1927년 동아일본 기사에 의하면 53명이나 되었다고 하니 당시 경제적인 여건과 대비해 보았을 때 상당히 많은 숫자였다고 할 수 있다. 그럼에도 불구하고 당시 주 고객은 여전히 일본인들과 특권층에 국한될 수밖에 없었다. 그런데 이러한 카페들이 단순히 커피영업만을 하는 것이 아니라 풍기문란을 일으키는 등 여러 가지 사회적인 문제가 많았던 것으로 보인다. 이에 관한 당국이 이들 카페에 대하여 엄중한 주의와 개선 조항을 하달한 정황이 포착된다.

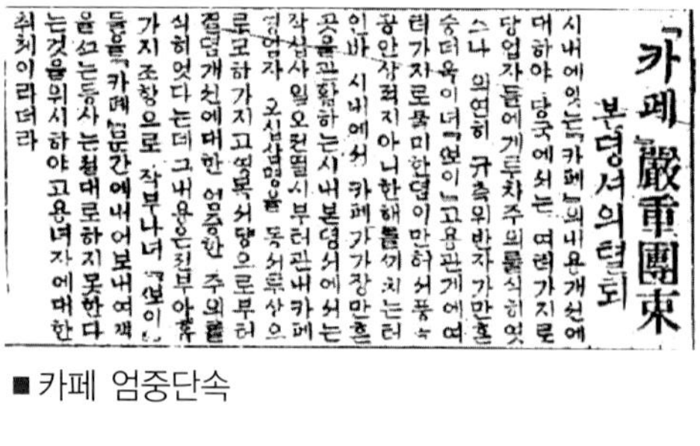
「카페」嚴重團束

■ 카페 엄중단속

시내에 있는 '카페' 의 내용 개선에 대하여 당국에서는 여러 가지로 해당업자들에게 여러 차례 주의를 시켰으나 여전히 규칙을 어기는 자가 많은데 더욱이 여자보이 고용관계에 여러 가지로 불미스런 점이 많이 있어서 풍속 상 적지 않은 해를 끼치는 터라 시내에서 카페가 가장 많은 곳을 관할하는 시내 본정에서 14일 오전 10부터 관내 카페 영업자 53명을 동서루상으로 모아가지고 개선할 사항에 대한 엄중한 주의를 시켰는데 그 내용은 전부 9가지 조항으로 작부나 여보이 등을 문간에 내보내어 손님을 끄는 등의 일은 절대로 하지 못한다는 것을 위시하여 고용여자에 대한 취제이라더라.(필자역. 동아일보 1927.6.15)

당국이 이렇듯 카페 단속에 들어간 것은 당시 업주들이 여보이 혹은 작부라고 일컬어지는 여종업원을 고용하여 에로서비스를 하였기 때문이다. 이러한 정황은 비단 충무로에만 국한된 것이 아니었고, 단속 이후 바로 개선이 된 것도 아니었다. 그리하여 마침내 1930년대에는 공설카페가 문을 여는 지경에까지 이르게 되었다. 이러한 사실은「별건곤」의 기사에 구체적으로 나타나 있다.

> 최근에 와서『카페-』가 너무 만히 생기여『에로. 써비쓰』때문에 이곳 저곳에서 풍긔상 좃치 못한 문제가 속출하는 고로 당국에서 여러 가지로 고심 연구한 결과 안출해 낸 것이『公設카페-』이다. 이리하야 맛치 경찰서나 군청의 간판가치 무시무시한『公設漢陽카페-』의 간판이 서울에서도 제일 복잡한 종로 네거리 한 모퉁이에 당당히 걸리게 되었다.(「별건곤」, 제60호, 1933.2.1)

1920년대에 접어들어서 가장 주목할 만한 것 중의 하나가 커피 제조판매점의 등장이다. 1920년 7월 20일 경상남도 창원군 진해면에 커피를 제조판매하는 평상점(平商店)이 설립되었다. 당시 출자금 3000원을 들여 설립한 이 상점의 경영자는 물론 平幸四郎과 馬崎勝이 공동으로 설립한 것이다.(「朝鮮銀行會社要錄」, 1921) 물론 1940년대에 접어들어 우리나라에 커피 제조 공장이 본격적으로 설립되었다.

1920년대에 일본 정부는 브라질로 커피 이민을 장려하였다. 당시 이민 장려금으로 총 325엔이 지원되었으며, 이민 각 가족당 1000달러를 지급하였는데, 이민의 파견과 교섭은 국책회사인 척식회사가 주도하였다. 당시 브라질 커피 농장에서 일할 일본 노동자 2만여 명을 파견하였는데, 이전에도 이미 아르헨티나,

브라질, 페루, 칠레, 우루과이 등 남미의 농장들에 상당수의 일본 노동자들이 파견되어 있었다.(『The New Statesman』, 런던, 1920.10.23) 1930년에는 브라질로 이민한 일본인의 수가 10만 명까지 이르렀다.(「중외일보」, 1930.4.8) 당시 커피는 세계적으로도 상당히 인기가 있는 기호품이었던 것이다.

브라질은 세계 제일의 커피 생산국이자 수출국으로, 독립한 1822년부터 본격적인 커피 생산을 시작하였다. 당시 다른 나라들에 비해 비교적 낮은 고도의 대규모 농장에서 커피를 경작하고, 적당한 습기, 비옥한 토지, 값싸고 풍부한 노동력 등의 조건으로 전 세계 커피의 40~50%를 점유하고 있었다. 일제시대 우리나라에서 소비되는 커피는 브라질커피가 주류를 이루었다. 때문에 현지 가격과 수출입의 통제가 일제시대에도 그대로 영향을 미쳤다.

커피는 여전히 상류층을 중심으로 소비되는 고급 물품이었으나 종전에 비해 상대적으로 소비의 폭이 많았던 것이 1920년대이다. 다방이나 카페를 통해서만 커피가 소비되는 것이 아니라 가정에서도 소비되기 시작하면서, "겨울 밤에 더욱 좋은, 맛 좋은 차 끓이는 법, 커피 홍차 코코아 초콜렛차는 이렇게"(「중외일보」, 1926,12,22.), "「카피」차 끄리는 법; 「커피」의 분량은 얼마, 用器와 牛乳의 使用方法"(「동아일보」, 1927.10.27) 집에서 커피를 맛있게 끓이는 법에 대해 각종 신문에 소개되기도 하였다.

3) 1930년대 이후 – 커피문화의 대중화와 커피 대용품의 등장

1930년대와 1940년대는 전시총동원기로 '내선일체' 라는 미명 아래 우리나라 사람들을 식량증산과 대륙침략전쟁에 총동원하던 시기로, 일제는 철저한 민족말살과 황민화 정책을 강행하였다. 1943년엔 징병제, 1944년엔 학병제와 여자정신대근로령 등으로 우리나라 사람들의 삶은 피폐 그 자체였다. 1930년대 후반기에 유행하였다는 '글루미 썬데이' 는 당시 젊은이들의 시대상을 반영한다고 하겠다.(이경재, 『다큐멘터리 서울정도 600년』, 서울신문사, 1993) 여전히 커피를 즐길 수 있는 대상은 제한적이었지만, 이전에 비해 상대적으로 커피는 대중화되었고 할 수 있다.

1930년대에 접어들면서 커피, 다방, 카페는 모던걸, 모던보이의 상징이기도 하였다. 당시 지식인들은 시절의 아픔을 이곳에서 달랬다. 시대적 여건상 사교 모임은 물론 집회의 자유도 없었기 때문에 강연이나 음악을 제대로 들을 수도 없었다. 극장과 카페는 젊은이들에겐 오아시스와 같은 존재였고, 일종의 사교장과도 같은 역할도 하였던 것이다. 당시 다방의 모습을 다음의 기사를 통해 확인할 수 있다.

> 4,50錢만 가저도 하로 저녁의 위안을 어들 수 잇는 劇場과 10錢짜리 白銅錢 한푼만 잇서도 「뿌라질」에서 온 「커피」에 兼하야 美人 「웨이트레스」까지 볼 수 잇는 「카페-」조차 업다면 서울의 젊은이들은 갓득이나 固塞하고 乾燥無味한 생활에 얼마나 더 寂寞을 늣길 것인가?
> 西洋 사람들의 所謂 『俱樂部』가튼 것은 말할 것도 업거니와 이웃나라 사람만큼도 集會의 自由가 업서서 일년 가야 講演 가튼 講演 하나 들을 수 업고 음악회 가튼 음악회 하나 볼 수 업는 이 곳 이 따의 젊은 사람에게 잇서서 극장과 「카페-」는 실로 사막 중의 「오아시쓰」와 가티 다시 업는 위안꺼리가 되는 것이며 따러서 혹 엇던 때에는 일종의 社交機關까지도 되는 것이다.
> 그러기에 나는 종종 「카페-」를 간다.(「별건곤」제30호, 1930.7.1)

> 현대인의 다방 취미는 담배 하나 피우기 위한 휴게소로 또는 親友나 혹은 용건 있은 사람을 잠시 기달리는 대합실 정도로 이용되는 바 공리적 일면이 있은 이런 분들께는 조흔 홍차나 珈琲나 또는 조흔 레코 드가 그대지 필요하지 아니하다. 다방의 세속화라고나 할까? 이런 종류의 다방은 서울로 치면 明菓나 금강산에서 종로의 올림피아 亞細亞가 이에 속할 것이다. 그러나 다방의 존재 또는 다방의 의의로 본다면 이러한 순전한 세속적 공리성에 있다고 볼 수는 없다. 일으는 바 다방 취미 다방 풍류란 일종 현대인의 향락적 사교 장소라는 대 공통 존재 이유가 있은 것이니 가령 한 親友(또는 2-3인)와 더부러 시간의 제약을 받지 아니하고 문학, 예술, 세상의 기이한 사실, 더 나아가 인생을 이약이하기 위하야 이러한 곳을 선택하는 바 고급된 다방 애용가도 있을 것이요, 사랑하는 한 이성과 清談하며 애정의 분위기에 잠기랴는 세상의 만흔 로맨티스트들도 있은 것이요, 최근과 같이 레코-드와 영화에 대한 열이 극도로 膨溢한 세대에 있서서는 레코-드를 듯기 위하야 또는 영화의 세계를 차자 이 다방을 일종의 공동 아지트로 해서 기분조케 悠暢하게 모혀들기도 한다.-(중략)-지역적으로 보아 明治町 一區가 京城

다방의 총 本營인 감이 있다. 이르는 바 서울의 다방 區다(「삼천리」제10권 제5호, 1938.5.1)

1930년 브라질 현지의 커피 값이 폭락하게 되었다. 이는 일본의 이민 정책에도 영향을 주는 것인만큼 일본에게도 상당히 부담스러운 일이었다.(「중외일보」, 1930.4.8) 게다가 1932년 브라질은 커피를 향후 3년 동안 재배를 금지한다고 선포하였다. 그 이유는 당시 세계적으로 커피의 생산량이 너무 많아짐에 따라 이를 완화하기 위한 조치였던 것이다.(「동아일보」, 1932.11.26)

당시 브라질에 커피 수입을 의존하고 있던 일본으로서는 수입과 이민정책에 있어서도 상당히 타격을 받게 되었다. 그리하여 이후 국내에서도 커피의 소비가 통제되었는데, 문제는 커피의 보급이 상당히 진행된 시점에서 이루어진 것이라 커피를 파는 다방이나 카페의 타격도 또한 컸다는 점이다. 그리하여 언론에서도 이전에는 커피를 많이 먹으면 해롭지 않다고(「동아일보」,1932.4.28)고 소비를 유도하였으나, 통제 이후에는 커피를 너무 마시면 주름살이 생긴다고(「동아일보」, 1939.8) 하며, 커피를 진하게 끓이는 것은 해롭다(「조선중앙일보」 1933.12.22)는 등 커피의 소비를 줄이기 위한 노력을 기울였다.

그리고 당국에서는 커피의 대용품을 연구하는 등 타격을 완화하기 위하여 다양한 방편을 모색하게 되었다. 대용품으로 치커리가 재배되기도 하였고(「동아일보」,1938.2.22), 오크라가 소개되기도 하였으며(「동아일보」, 1939.5.24), 원료의 일부분을 사용한다던가, 완전히 다른 원료에 커피향을 첨가하여 커피 대용품으로 사용하자는 등 다양한 방안이 소개되었으며(동아일보」,1938.5.20), 대만산 커피에 눈을 돌리기도 하였다.(「동아일보」, 1939.4.22) 그럼에도 불구하고 원래 커피 맛에 길들여 있던 사람들은 대용품으로 그 맛을 대신할 수 없었던터라 커피는 상당히 고가에 판매되어 사회적 물의를 일으키기도 하였다. '鍾路홀' 에서는 커피와 케익을 3인분에 3원30전을 받아 경고를 받았으며,(「동아일보」, 1940.2.7) 충무로경찰서(本町署)에서는 커피 한 잔에 40전을 받아 폭리를 취한 다방 업주들을 구속하기도 하였다.(「동아일보」, 1940.6.8)

이렇듯 커피로 인한 사회적 물의가 가속화되자 1941년 6월 콩으로 국산커피를 제조하기 위하여 동아커피유한회사와 함남식품공업회사가 함경남도 원산에 설립되었으며, 그해 흥아커피유한회사가 황해도 해주에 설립되었다. 물론 일본사람들이 설립하고 경영했던 회사이다. 동아(東亞)커피의 경우 50,000원을 출자하여 만든 회사로 대두를 원료로 하는 국산 커피의 제조 판매, 대두의 가공 판매, 기타 부대사업을 하였고, 흥아(興亞)커피의 경우에도 마찬가지로 대두를 원료로 커피를 제조하는 회사였다.(『朝鮮銀行會社組合要錄』, 1942) 당시 커피원료의 대용으로 무화과, 대맥(大麥), 낙화생(落花生), 대두(大豆) 등이 활용되었다.(동아일보」, 1938.5.20) 그러나 1941년에는 태평양전쟁의 발발로 커피의 수입이 차단되어 조선과 일본에서 다방 혹은 카페를 운영하던 사람들은 폐업 혹은 전업할 수밖에 없었다.

이후 1945년 2차세계대전의 종결과 함께 광복을 맞이한 우리는 1945년 9월 8일부터 1948년 8월 15일 남한에 단독정부가 수립되기 전까지 미군이 통치한 미군정기가 수립되면서 커피가 보다 대중화 되는 계기가 되었다. 그러나 미군정기 이후에도 여전히 커피 값은 고가였고(「동아일보」, 1949.3.16), 특히 6?25전쟁 이후에는 비싼 커피 값에 대한 신문기사에 자주 등장하고 있음을 확인할 수 있다.(「동아일보」, 1954.12.9) 그리고 일본에서는 커피의 선풍적인 인기로 1955년도에 이미 전통차인 엽차보나 커피의 소비가 앞선 것으로 확인된다.(「동아일보」, 1955.6.25) 또한 국제적으로는 커피 문화에 획기적인 전환점이 되기도 한 커피자동판매기가 1948년 이미 미국 텍사스주의 자동판메기제작회사에서 제작발표회가 열리기도 하였다.(「자유신문」, 1948년 11.30)

4. 21세기 우리나라 커피 문화의 발전

최근 커피전문점이 확산된 계기는 1999년 세계 최대 커피체인점인 스타벅스가 국내에 1호점을 오픈하면서 커피 전문점이 점차적으로 늘어나 최근 성인 한사람이 연간 커피소비량은 약 400잔 정도 커피를 마시는 것으로 분석되었다. 지난 10년 동안 커피전문점 시장은 연평균 21.6%의 성장률로 10배 가까이 성장을 보이고 있으며, 시장규모는 2조 8천억 원으로 추산된다. 국내 주요 커피전문점의 매장수를 살펴보면, 이디야 커피(Ediya Coffee) 860개, 카페베네(CaffeBene) 849개, 엔제리너스커피(Angel-in-us Coffee) 826개, 스타벅스(Starbucks) 510개, 할리스커피(Hollys Coffee) 420개, 탐앤탐스커피(TOM N TOMS Coffee) 415개 등이다. 커피전문점이 급속도로 성장할 수 있었던 이유는 믹스커피에서 원두커피의 수요가 증가했기 때문이다. 그러나 우리나라의 1인당 커피소비량은 1.9kg으로 캐나다 6.5kg, 브라질 5.3kg, EU 4.8kg, 레바논 4.6kg, 미국 4.1kg, 뉴질랜드 3.7kg, 일본 3.4kg 등 다른 나라에 비해 상대적으로 커피소비량이 낮아 앞으로 더욱 커피전문점 시장이 확대될 것으로 추정된다. 한편, 커피전문점 매장수가 기하급수적으로 늘어나는 이유는 대기업에서 커피전문점 시장에 뛰어들어 2008년부터 톱스타들을 이용하여 광고 및 마케팅에 전면적으로 브랜드를 홍보하고 있기 때문이다.

최근 주요 6대 커피전문점인 스타벅스, 카페베네, 커피빈, 엔제리너스커피, 할리스커피, 탐앤탐스 커피의 영업실적을 살펴보면, 6대 커피전문점의 총매출은 1조9천억 원으로 작년 8,252억원 대비 1,757억원이 늘어났으며, 커피전문점 개별적으로는 3.1~31.1%의 매출의 증가를 보였다. 이 중 스타벅스가 31.1%로 가장 높은 상승을 보였고, 카페베네 25.6%, 엔제리너스커피 24%의 증가를 보였다.

한편, 커피전문점 인지도 분석에 따르면, 국내 5개 커피전문점의 인지도는 스타벅스 32%, 커피빈 16.9%, 카페베네 13.8% 순으로 나타났다. 커피전문점의 인지도는 커피의 맛과 위치, 분위기, 호감도, 신뢰도, 종업원 서비스 등 다양하게 평가될 수 있다. 그러나 이에 못지않게 주요한 요인은 질 좋은 생두를 구입해서 로스팅과 블랜딩, 그리고 유통과정과 바리스타의 커피추출 숙련도, 기계청소상태, 매장청결상태 등 여러 가지 요인을 철저하게 관리함으로써 최상의 커피맛을 이용고객들에게 제공할 수 있어야 한다. 또한 이용고객들의 다양한 기호에 맞추어 메뉴를 다양화해서 타매장과 차별화를 시도하거나 편안한 테이블이나 의자를 비치하여 편안함과 안락함을 추구할 수도 있다. 더하여 이용고객들에게 문화콘텐츠를 폭 넓게 활용할 수 있도록 서비스를 제공함으로써 커피와 문화, 휴식, 대화의 장소가 어우러진 복합문화공간을 제공해 이용고객으로부터 인지도를 높이는 것이 중요하다.

이처럼 커피전문점 수가 많이 증가하여 치열한 경쟁을 벌이고 있는 상황에서 소비자의 취향과 특성에 맞는 전문성은 매우 중요하다. 이제 커피는 맛으로 즐기는 음료를 넘어서 감성을 같이 향유한다는 점에서 하나의 문화로 자리 잡고 있으며 대중화, 다양화, 고급화의 추세를 보이고 있다. 그러므로 커피전문점은 매장의 분위기, 커피의 맛과 향, 편리한 교통 등의 유인은 물론, 고객에게 혜택을 주기 위한 마일리지 제도나 이벤트 등을 실시하여 차별화된 서비스를 제공하여 이용고객에게 좋은 이미지, 즐겁고 재미있는 공간이라는 이미지를 심어주어야 한다.

Chapter 03

세계 커피 생산지

적도를 중심으로 커피존이 형성되어 있다. 약 60여 개국에서 재배되고 있는 커피는 각 국가별로 기후, 토양과 같은 환경에 따라 원산지별로 독특한 풍미와 개성을 가진 커피를 만들어 내고 있다. 커피를 재배하는 세계의 대표적인 나라들을 구체적으로 살펴보기로 한다.

1. 중미

1) 멕시코(Mexico)

■ 멕시코 커피 주요 생산지 출처 : http://blog.naver.com/n1shinsajang/220178213838

세계에서 커피를 다섯 번째로 많이 생산하는 나라로 1790년부터 커피를 경작하기 시작하였고, 유기농 커피 재배를 가장 많이 하는 나라이다. 대부분 지역이 해발 1,000m 이상에 위치해 있어 커피를 재배하기에 좋은 환경을 가졌지만 품질 좋은 커피를 생산하지 못했다. 하지만 최근 들어 꾸준한 품질 개선에 주력한 결과 고급 커피 원산지로 부상하고 있다. 특히 치아파스(Chiapas), 베라크루즈(Veracruz), 오악사카(Oaxaca), 타파출라(Tapachula), 코아테펙(Coatepec), 알투라 오리자바(Altura Orizaba), 플루마(Pluma)등의 주요재배 지역에서 고급 원두 커피를 생산하고 있다. 북부지역은 커피 존(Coffee Zone)을 벗어나기 때문에 남부지방에서만 커피가 경작된다. 커피 수확은 대략 9월~3월에 이루어지며, 주로 습식법(Wet Method)을 사용하여 가공한다. 멕시코 커피는 견과류의 향과 함께 밝은 느낌의, 나쁘지 않은 정도의 가벼운 바디감과 산뜻한 산도, 좋은 균형감을 지니고 있다.

품종은 버번, 문도노보, 카투라, 마라고지페 등을 사용하며, 등급은 재배지의 해발 고도 기준에 따라 SHG(Strictly Hight Grown): 1,700m 이상, HG(Hard Grown): 1,000~1,600m, Prime Washed: 700~1,000m, Good Washed: 700m 이하로 등급을 구분한다. 그러나 Good Washed: 700m 이하의 등급은 수출을 하지 않는다.

해발 1,700m 이상에서 재배된 품질 좋은 커피에 '알투라(Altura)' 라는 명칭을 붙인다. 유기농 커피(Organic Coffee)로 유명한 타파출라(Tapachula) 커피를 생산한다.

2) 과테말라(Guatemala)

■과테말라 커피 주요 생산지 출처 : http://blog.naver.com/pkbbd/220063185557

과테말라는 국토 대부분이 미네랄이 풍부한 화산재로 이루어져 좋은 커피를 많이 생산하고 있다. 화산성 토양과 낮은 습도, 풍부한 일조량, 서늘한 밤의 기온 등의 자연조건을 기반으로 독특한 커피가 재배되고 있다. 특히 스모크커피의 대명사인 안티구아가 유명하다. 또한 크고 작은 여러 농원은 조합의 농업교육을 통해 지역 농민과 농장들의 커피 품질 향상을 높이기 위한 개발과 연구를 계속하고 있고 또한 커피 생산에 필요한 환경적 요소들을 적용하여, 과테말라 특유의 개성이 풍부하고 질 높은 스페셜 커피를 생산하고 있다. 커피 수확은 대략 8월~4월에 이루어지며, 주로 습식법(Wet Method)을 사용하여 가공한다. 품종은 버번 타이피카, 마고라지페를 주로 사용한다.

재배지역으로 유명한 우에우에테낭고(Huehuetenango), 안티구아(Antigua), 산 마르코(San Marcos), 코반(Coban)등이 있다. 등급은 재배지의 해발 고도 기준에 따라 SHB(Strictly Hard Bean): 1,400m 이상, HB(Hard Bean): 1,200~1,400m, SH(Semi Hard): 1,000~1,200m, EPW(Extra Prime Washed): 900~1,000m로 구분한다.

과테말라 커피는 화사한 신맛과 고급스런 스모크 향, 향신로, 초콜릿, 과일향과 더불어 묵직한 바디감이 어우러져 부드럽고 깊은 맛을 보인다.

3) 코스타리카(Costarica)

■ **코스타리카 커피 주요 생산지** 출처 : http://blog.naver.com/nanuminstore/150149982669

코스타리카는 1808년부터 커피 재배를 시작하였으며 1820년부터 커피 수출을 시작 하였다. 국토 대부분이 무기질이 풍부한 화산토양과 온화한 기후, 해발 1,200-1,600m의 높은 고도 등의 이상적인 자연환경으로 커피 생산국 중에서도 면적당 커피 생산량이 가장 높고 커피 농장들의 현대적 가공 방식으로 양질의 커피를 생산하고 있다.

재배품종은 저품질의 로부스타 커피 재배를 법으로 금지하고 있고 아라비카 커피 품종만을 재배할 수 있도록 법으로 규제하고 있다. 그리고 커피 고유의 품질을 최대로 유지할 수 있는 습식 가공법을 사용하고 있고 품종은 카투라, 카투아이, 하이브리드 타이픽을 주로 사용하고 있다. 커피수확은 대서양 쪽 경사면은 저지대 : 8~11월, 고지대 : 10~1월, 태평양 쪽 경사면 저지대 : 9~10월, 고지대 : 11~3월에 주로 한다.

재배지역으로 유명한 남쪽에 따라주(Tarrazu), 태평양 연안의 트레리오스(Tre Rios), 투리알바(Turialba), 브룬카(Brunca)등이 있다. 등급은 재배지의 해발 고도 기준에 따라 SHB(Strictly Hard Bean): 1,200~1,650m 이상, GHB(Good Hard Bean): 1,100~1,250m, HB(Hard Bean): 800~1,100m, MHB(Medium Hard Bean) 500~1,200m로 구분한다.

코스타리카 커피는 깨끗하고, 산듯하고 부드러운 산미, 카라멜 풍미의 단맛이 어우러진 균형 잡힌 맛과 과일향의 특징을 가졌으며 전체적으로 진하고 풍부한 향기를 지니고 있으며 초코릿과 와인의 조화로운 아로마를 느낄 수 있다.

2. 중남미

1) 브라질(Brazil)

■ 브라질 커피 주요 생산지 출처 : http://blog.naver.com/nanuminstore/150149467395

브라질은 세계 제1위의 생산량을 자랑하는 커피대국으로 세계 커피 생산량의 약 25%~40%를 생산하고 있다. 주로 고지대에서 재배하는 아라비카와 저지대에서 재배하는 로부스타가 있다. 로부스타는 아라비카종에 비해 향기와 신맛이 약하지만 중후함과 맛이 조화로워 블렌딩 커피로 주로 사용한다. 넓은 지역에서 다양한 품종을 재배하기 때문에 지역별 기후 조건과 토양 특성에 따라 다양한 품종과 품질의 커피가 생산 되고 있다. 매년 국내 소비량도 증가하고 있어 미국에 이어 세계 제2위의 소비대국이기도 하다.

브라질의 커피재배 지역은 약 13곳의 주에서 재배를 하지만 미나스제라이스(Minas Gerais), 상파울로(Sao Paulo), 에스피리투 산토(Esprito Santo), 파라나(Parana) 등 4개 주에서 전체 생산량의 약 80%를 생산한다. 브라질의 커피 생산량은 세계의 커피 시세에 큰 영향을 미치며 세계의 커피 재배시장을 주도하고 있다. 등급기준은 생두 300g당 결점두 수에 따라 NO.2 - 4개 이하, No.3 - 12개 이하 No.4 - 26개 이하, NO.5 - 46개 이하, No.6 - 86개 이하로 등급을 분류한다. 커피 수확은 6월 이후에 이루어지며, 주로 내추럴, 펄프드 내추럴을 사용하여 가공한다. 품종은 버번, 타이피카, 문도노보를 주로 사용한다.

브라질 커피는 어느 나라의 커피보다도 전통적이며 부드러운 맛과 비교적 가볍고 밝은 느낌에 달콤함이 가미되어 미묘한 과일향과 꽃향이 특징이다.

2) 콜롬비아(Colombia)

■콜롬비아 커피 주요 생산지 출처 : http://blog.naver.com/mclovehj/150169141772

콜롬비아에서 생산되는 커피의 대부분은 안데스 지역으로 평균 고도는 1,400미터로 이는 콜롬비아에? 커피 재배를 위한 최적의 조건을 가지고 있다. 고도가 높은 곳에서 질 좋은 커피가 생산되는 것은 일교차가 심해서 커피 열매가 영그는 시간이 길어지면서 더욱 단단한 원두가 만들어지고 이로 인해 커피의 풍부한 맛과 단맛을 증가시키기 때문이다. 그리고 소농장에서 주로 재배되는 커피는 농부들의 세심한 관리로 수확하고 가공하기 때문에 질 좋고 훌륭한 커피들을 생산한다. 총 생산량에 있어서도 브라질에 이어 세계 2위를 차지하고 있다.

높은 고도의 소농장에서 재배되며 세심한 관리로 수확, 가공되는 훌륭한 커피들이다.

마일드커피로 유명한 콜롬비아는 '콜롬비아 국립커피생산자연합(FNC : Federacion Nacional de Cafeteros de Colombia)' 의 관리 · 감독하에 높은 품질의 커피를 생산하고 있다. 커피 수확은 10~2월, 20%, 4~6월(1년에 2회 수확)에 이루어지며, 콜롬비아는 물이 풍부한 지역이라서 주로 물로 세척하는 워시드(washed)방법을 사용하여 가공한다. 품종은 버번, 타이피카, 카투라, 마라고지페를 주로 사용한다.

재배지역으로 메델린(medellin), 마니셀라스(Manizales), 보고타(Bogota), 아르메니아(Armenia)등이 있다. 등급은 스크린사이즈(Screen size, 1스크린사이즈=0.4mm)에 따라 수프리모(supremo): 스크린사이즈 17(6.8mm) 이상, 엑셀소(Excelso): 스크린사이즈 14(5.6mm)~16(6.4mm)로 구분한다.

콜롬비아 커피는 중간 정도의 비디감에 과하지 않은 활기찬 산노, 절세된 과일향으로 생동감이 있으면서 균형 잡힌 부드러움과 신맛이 강하고 맛이 깔끔하고 섬세한 것이 특징이다.

3. 아프리카

1) 예멘(Yemen)

■ 예멘 커피 주요 생산지 출처 : http://blog.naver.com/md0209/20207328082

예멘에서는 소규모 농가단위로 커피를 경작하고 있으며 세계에서 가장 전통적인 방법으로 커피를 생산하고 있다. '모카커피(Mocha coffee)'의 원산지이다. 예멘커피를 예멘 모카라고 부른다. 예멘 모카 마타리는 자메이카 블루마운틴, 하와이언 코나와 더불어 세계 3대 명품 커피로 인정을 받고 있다. 가내수공업 방식으로 커피를 가공하고 가공방식도 수작업으로 맷돌을 이용하고 있다. 이 때문에 생두의 모양이 제각각으로 울퉁불퉁한 경우가 많으나 맛에 직접적인 영향은 없는 것으로 알려져 있다. 최소한의 가지치기와 비료를 거의 사용하지 않아 대부분 유기농으로 생산되지만 인증되지 않은 것이 많다. 또한 예멘은 생두를 통째로 빻아 이브릭 주전자에 넣고 끓이는 터키식 커피를 주로 마시고 있다.

커피 수확은 주로 10~12월에 이루어지며, 내추럴(Natural)방법을 사용하여 가공한다. 품종은 수백개의 커피 품종이 있으나 대부분 상세히 기록되지 않아 정확히 파악하기가 어렵다. 그래서 각 지역별 커피품종은 전통적인 맛과 향으로 구별하고 있으며 커피의 품종들도 커피가 재배된 지역의 명칭을 그대로 사용하고 있다. 그중에서도 타이피카, 버번을 주로 많이 사용하고 있다. 재배지역으로 마타르(Mattar), 이즈마일리(Ismail), 히라즈(Hiarazi), 사나(Sama)등이 있다.

등급은 결점두 수에 따라 마타리마타리(Matari): 1등급, 샤르카(Sharka): 2등급, Sanani: 3등급로 구분하지만 사실상 등급분류는 여러 조건으로 볼 때 어렵다고 볼 수 있다.

묵직한 바디감과 풍부한 맛 특히 짙은 초콜릿향과 부드러운 쓴맛, 닷맛이 어우러진 매력적인 커피로 신맛과 과일향이 풍부하고 부드럽고 균형이 잘 잡힌 것으로 알려져 있다.

2) 에티오피아(Ethiopia)

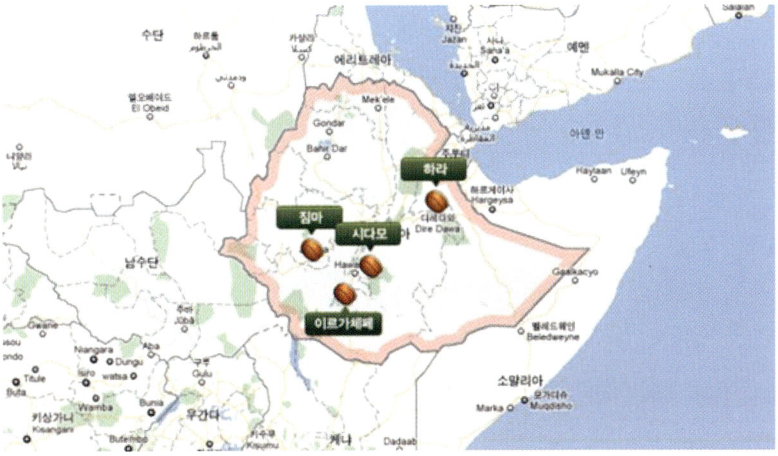

■ 에티오피아 커피 주요 생산지 출처 : http://blog.naver.com/nanuminstore/150149065750

커피가 유래된 곳으로 알려져 있으며 해발 1,200m의 고도에 위치해 있고 연중 따뜻하고 적은 강수량으로 천혜의 커피재배 조건을 갖추고 있다. 예멘과 마찬가지로 전통적인 기술이 잘 보존되고 있어 매우 복잡한 맛의 커피를 생산하고 있다.

에티오피아는 소규모 농가단위로 커피를 경작하고 있다. 인구의 약 30% 이상이 직 · 간접적으로 커피농장에서 종사하고 있으며 커피 종류는 생산지에 따라 이름이 결정된다. 국내에 많이 알려진 예가체프와 시다모도 커피생산 지역의 이름이다. 아프리카에서 세 번째로 많은 커피를 생산하고 있다. 연간 생산량이 약 200,000~250,000톤 정도이다.

커피 수확은 주로 내추럴: 10~3월, 워시드: 7월 말~12월에 이루어지며, 가공방법은 내추럴(Natural), 워시드(Washed)방법을 사용한다. 품종은 아라비카를 사용하고 있다. 재배지역은 시다모(Sidamo), 이르가체페(Yirgacheffe), 하라(Harrar), 짐마(Jimma)등 지역에서 재배된다. 등급은 결점두 수에 따라(300g당), G1: 0~3개, G2: 4~12개, G3: 13~25개, G4: 20~45개로 분류한다.

에티오피아는 지역에 따라 매우 복잡한 맛의 커피를 생산하는데 예가체프는 쟈스민 향과 같은 꽃 향기, 묵직하면서도 산듯한 산미, 좋은 바디감을 가졌으며, 시다모는 레몬과 같은 산미, 오렌지 향미, 진한 단맛과 깊은 바디감을 느낄 수 있다. 하라는 과일의 산듯한 산미와 레드와인의 풍미를 느낄 수 있다.

3) 케냐(Kenya)

■ 케냐 커피 주요 생산지 출처 : http://blog.daum.net/lamune.d/47

케냐는 19세기 후반 에티오피아를 통해 처음 커피를 도입 하였다. 대부분이 고산지대인 1500~2000m 에서 커피를 재배하고, 적절한 토양과 강수량, 기온 등 커피 재배에 이상적인 자연조건과 정부 산하기관인 케냐커피이사회(CBK : Coffee Borad of Kenya)의 적극적인 지원으로 국가 차원의 품질개발, 기술교육, 커피산업지원책 등으로 아프리카 대표 커피 생산국으로 인정받고 있다. 또한 케냐커피수출입협회(KCTA : Kenya Coffee Traders Association)의 합리적인 재배, 가공, 판매 시스템과 경매 시스템을 바탕으로 고품질의 커피를 생산, 공급하고 있다.

커피 수확은 60% 정도는 10~12월, 부차적으로 6~8월에 이루어지며, 가공방법은 습식법(워시드, Washed)방법을 사용한다. 품종은 버번, 켄트, 타이피카등을 사용하고 있다. 재배지역은 케냐 산 고원 지역, 엘곤 산, 나쿠루, 케냐산등 지역에서 재배된다. 등급은 생두 크기에 따라(300g당), AA: 스크린 사이즈 17~18(7.2mm), AB: 스크린 사이즈 15~16(6.6mm), PB: 피페리로 분류한다.

케냐 커피는 고산지대에서 재배하다 보니 짙은 향미와 묵직한 바디감과 열대과일에서 느껴지는 과일향의 단맛, 상큼한 신맛, 쓴맛의 균형이 잘 잡힌 고급커피로 일품이다.

4) 탄자니아(Tanzania)

■ 탄자니아 커피 주요 생산지 출처 : http://blog.daum.net/bachblog/89

탄자니아는 1차 세계대전 이후 영국의 지배를 받으면서 커피산업이 탄자니아에서 발달하게 되었고 유럽에서는 '커피의 신사', '영국 왕실의 커피'라는 칭호를 받았다. 국토의 대부분이 고산지대로 커피 재배에 이상적인 자연조건을 가지고 있다. 소규모단위의 농장으로 이루어져 있으며 생산량 세계 17위로 에티오피아, 케냐와 더불어 아프리카를 대표하는 커피 생산국이다. 커피산업을 이끌어가는 대표적인 단체는 KNCU, AKSCG, TCB 세 곳이 있다. KNCU는 커피농가로부터 생두를 사들여서 수출을 담당하고, AKSCG는 회원농가의 수익창출을 위해 킬리카페라는 브랜드로 활동하고, TCB에서는 커피산업에 관련된 면허를 발행하고 커피경매를 담당함으로써 탄자니아의 커피산업을 주도하고 있다.

탄자니아는 케냐 국경 근처에 있는 킬리만자로와 메루산의 경계에서 커피를 재배한다. 특히 북동부에 위치한 아프리카의 최고봉 킬리만자로 주변에서 재배되어 강한 신맛과 개성적인 향을 지닌 커피로 유명하다.

커피 수확은 아라비카(75%): 10~2월, 로부스타(25%): 6~12월에 이루어지며, 가공방법은 습식법과 건식법을 사용한다. 품종은 버번, 켄트, 블루마운틴, 타이피카, 니아라 등을 사용하고 있다. 재배지역은 모시(Moshi), 탕가니카(Tanganyika)호수, 니아사(Nyasa)호수 등 지역에서 재배된다. 특히 모시(Moshi) 농장에서 재배되는 커피를 최고로 여긴다. 등급은 생두 크기에 따라(300g당), AA: 스크린 사이즈 18이상, A or AMEX: 스크린 사이즈 17, B: 16, C: 15, PB: 피베리(peaberry)로 분류한다.

AMEX등급은 clean cup(커피의 투명도: 커피를 마시는 순간부터 마신 후 까지 부정적인 요소가 있는지의 여부) A등급을 의미한다.

탄자니아 커피는 특유의 높은 일교차로 인해 마운틴 커피의 특징인 높은 생두 밀도로 그 맛과 향이 매우 풍부하다. 특히 신맛과 과일의 새콤한 맛과 부드러운 향이 인상적이다.

4. 아시아 · 태평양

1) 인도(India)

■ 인도 커피 주요 생산지 출처 : http://blog.naver.com/togetherjoa/220051674485

생두는 대체로 큰 편이고 껍질이 매끄러운 녹색을 띤다. 1840년 이후 본격적인 커피생산이 시작된 인도는 열대성 기후로 커피 재배에 적합한 강수량과 비옥한 고원지대를 갖추고 있지만 물이 부족한 국가이다. 지형적 조건의 특이점 때문에 특별한 농경 기술이 등장했고 이에 따라 커피 역시 독특한 특색을 보인다. 인도에서는 3월과 6월에 불어오는 습한 남서계절풍을 이용하여 특수한 방식으로 제작되는 몬순 커피(Monsooned Coffee)를 생산해서 10월부터 2월에 유럽으로 수출 한다.

인도에서 가장 유명한 몬순 커피(Monsooned Coffee)는 노란빛을 띠며, 독특한 향미를 갖고 있고, 톡 쏘는 맛, 풀맛, 진한 쓴맛으로 에스프레소로 많은 인기를 모으고 있다. 커피 수확은 아라비카: 11~2월, 로부스타: 1~3월에 이루어지며, 가공방법은 내추럴(건식법), 워시드(습식법) 방법을 사용한다. 품종은 아라비카(켄트), 로부스타를 사용하고 있다. 재배지역은 마이소르(Mysore), 말라바르(Malabar), 마드라스(Madras) 지역에서 재배된다. 인도 마이소르지역에서 재배되는 로부스타(Robusta) 커피가 세계에서 가장 좋다. 등급은 스크린사이즈(Screen size, 1스크린사이즈=0.4mm)따라, 습식 아라비카, 플렌테이션(Plantation) AA: 17이상, A: 16, B: 15, C: 14로 분류하고, 습식 로부스타, 파치먼트(Parchment) AB: 15이상, A: 14, B: 13, C:12로 분류한다.

전반적으로 좋은 바디와 산도 향에서도 적절한 단맛과 쓴맛을 지니고 있어 로스팅 범위도 넓고 훌륭한 블랜드 재료가 된다.

2) 인도네시아(Indonesia)

■ 인도네시아 커피 주요 생산지 출처 : http://blog.naver.com/togetherjoa/220051674485

인도네시아 커피재배는 1696년 네덜란드가 예멘으로부터 아라비카종을 자바섬으로 가지고 들여와 처음으로 재배를 시작하였다. 커피 재배에 이상적인 지형을 갖고 있으며 병충해에 강한 로부스타를 80%, 아라비카를 20% 재배하고 있다. 인도네시아는 세계 커피 생산 국가 중 4위 국가로 커피산업이 인도네시아 국가 경제성장에 많은 기여를 하였다. 소량으로 재배되는 아라비카종인 만델링과 코피 루악(Kopi Luwak)의 산지로 널리 알려져 있다.

루악 커피는 인도네시아의 대표적인 사향고양이가 잘 익은 커피열매를 따먹고 소화기관을 거쳐 소화되지 않고 배설된 커피 원두를 채취하여 깨끗이 씻은 후 볶아낸 커피다. 희귀성 때문에 세계적으로 가장 비싼 커피로 유명하다.

인도네시아 만델링 커피는 수마트라 섬의 특별한 토양으로 초콜렛 맛과 고소하고 달콤한 향 그리고 묵직하면서 여운이 남는 바디감이 매력적이다.

커피 수확은 북부: 12~3월, 남부: 5~9월에 이루어지며, 가공방법은 내추럴(건식법) 방법을 사용한다. 품종은 아라비카(카티모루), 로부스타를 사용하고 있다. 재배지역은 수마트라 섬의 만델링, 린통, 가요 산, 아체, 술라웨시 섬의 자바 섬, 토라자칼로시 지역에서 재배된다. 등급은 결점두 수(300g)에 따라, Grade 1: 11개 이하, Grade 2: 12~25개, Grade 3: 26~44개, Grade 4(a): 45~60개, Grade 4(b): 61~80개, Grade 5: 81~150개, Grade 6: 151~225개로 분류한다.

■ 사향 고양이

■ 사향 고양이 배설물

출처 : http://blog.naver.com/choibeans/50193617999

출처 : cafe.daum.net/refarm/QHa/67542

출처 : blog.naver.com/PostView.nhn?blogId=lunasea883

출처 : blog.daum.net/jjuba52/13807101

출처 : blog.naver.com/PostView.nhn?blogId=someday90210

출처 : blog.daum.net/kbrass/15622067

출처 : blog.naver.com/PostView.nhn?blogId=joung9925

3) 하와이(Hawaii)

■ 하와이 커피 주요 생산지 출처 : http://blog.naver.com/kcw5172/100126102892

하와이의 코나는 최남단 섬인 빅 아일랜드의 마우나로아 화산의 서쪽 경사면에 자리잡은 작은 도시이다. 1825년부터 커피를 재배하기 시작하였으며 미국에서 유일한 커피 생산지로 풍부한 미네랄이 함유된 흙과 적절한 강수량, 비옥한 화산재 지형 구름으로 인해 자연스럽게 그늘을 만들어 주는 최적의 커피재배 환경으로 독특한 맛을 가지고 있다.

커피 수확은 9~3월에 이루어지며, 가공방법은 워시드(습식법) 방법을 사용한다. 품종은 아라비카(타이피카)를 사용하고 있다. 재배지역은 하와이 섬 코나(Hawaiian Kona), 카우아이(Kauai), 몰로카이(Molokai), 마우이(Maui), 오하우(Ohau)등의 지역에서 재배된다. 등급은 생두 크기와 결점두 수에(300g) 따라, Kona Extra Fancy: 스크린 사이즈 19, 결점두 10개 이내, Kona Fancy: 스크린 사이즈 18, 결점두 16개 이내, Kona Caracoli No.1: 스크린 사이즈 10, 결점두 20개 이내, Kona Prime: 스크린 사이즈 해당사항 없음, 결점두 25개 이내로 분류한다.

하와이 코나 커피는 맛이 부드럽고 향이 풍부하고 신맛이 적당하게 나며 꽃향과 과일향이 은은하게 느껴지고 뒷맛이 깔끔한 것이 특징이다.

Chapter 04

커피나무 및 커피 품종

커피나무는 꼭두서니(Rubiacean)과(科) 코페아(coffea) 속의 다년생 쌍떡잎 식물로 분류되고 있으며 전 세계적으로 약 70여 종이 있다. 커피나무는 주로 코페아 아라비카(coffe Arabica)와 코페아 카네포라(coffea canephora, Robusta), 코페아 리베리카(Liberica)로 나누어진다. 이중 코페아 아라비카가 약 70%를 차지하고 있어 세계에서 가장 많이 재배되고 있다.

아라비카는 아라비아 반도에 있는 예멘의 산악지역이 원산지이며 그 외 지역인 수단의 남동부지역과 에티오피아의 북서부 고산지대에서도 많이 자생하고 있다.

코페아 카네포라는 우리가 흔히 로부스타(Robusta)라고 부른다. 코페아 카네포라는 약 27% 정도를 차지한다. 카네포라는 베트남에서 많이 재배되고 있고 그 외지역인 브라질과 인도네시아 등에서도 일부 재배되고 있다.

코페아 리베리카는 약 3% 정도로 일부 생산되고 있지만 연구용으로 많이 쓰이고 있고 그 수도 매우 적어 거의 취급을 하지 않고 있다.

■ 산악지대 커피재배 지역 출처 : blog.daum.net/jigang2/14815667

1. 커피의 품종

1) 코페아 아라비카(coffea Arabica)

■ 아라비카, 로부스타 커피 품종 비교 출처 : http://blog.naver.com/kyccoffee/220031723219

흔히 아라비카(Arabica)라고 부르는 코페아 아라비카는 최초로 발견된 곳이 에티오피아의 고산지역으로 여러 세기 동안 꾸준히 재배되었고 자연적 · 인위적으로 품종이 개량되어 현재 여러 품종이 재배되고 있다. 아라비카종은 고온다습한 환경에 약해 30도 이상에서는 2~3일 밖에 견디지 못하지만 해발 고도가 높은 서늘한 지역에서는 아주 잘 재배되고 있다. 또한 비옥하고 배수가 좋은 토양에서 잘 자며 병충해에 약하다. 특히 연평균기온이 20℃전후인 온화한 기후에서 잘 자라며 해발 600~2,000m정도인 고지대에서 주로 많이 재배되고 있다.

아라비카종은 맛과 향기가 뛰어나고 적은 양의 카페인을 함유하고 있으며 가격이 비교적 비싸다. 주 생산국은 브라질, 콜롬비아, 멕시코 등 중 · 남미 지역 및 아프리카, 아시아, 하와이 등 전커피 재배지역에서 재배되고 있다.

(1) 올드 아라비카종(Old arbica)

다른 종끼리 교배시키지 않고 자연스럽게 재배지의 특성에 따라 변화된 종을 말한다. 흔히 원조품종이라고도 한다.

❶ 타이피카(Typica)

예멘 지역에서 네덜란드인들에 의해 전파되어 카리브해의 마르티니크섬에 옮겨진 것으로 추정되며 아라비카 원종에 가장 가깝다고 볼 수 있다. 세계에 넓게 재배되고 있어 많은 교배종이 생겨나고 있으며 자메이카 블루마운틴, 하와이안 코나가 이품종으로 유명하다. 뛰어난 향과 산미를 갖고 있지만 질병과 해충에 취약하고 비교적 수확량이 적어 비싼 가격대를 형성하고 있다.

■ **타이피카 생두** 출처 : http://blog.naver.com/yskhim3/120129773183

❷ 버번(bourbon)

에티오피아에서 아프리카의 버번 섬에 전해진 커피나무가 기원인 품종이다. 타이피카와 더불어 아라비카종에서 유명한 품종으로 알려져 있다. 브라질을 포함한 중남미 지역과 르완다 등 아프리카 지역에서 많이 재배되고 있다. 버번종은 고도1,100~2,000m에서 가장 잘 자라며, 타이피카종에 비해 30% 정도 많은 생산량을 보인다. 다른 커피품종에 비해 열매는 빨리 익지만, 비나 바람에 의해 쉽게 떨어져 관리가 어렵다.

■ 버번 생두 출처 : http://blog.naver.com/quf02071227/220119005550

❸ 카투라(Catura)

1937년 브라질에서 발견된 버번의 돌연변이종으로 풍부한 산미와 떫은맛을 가지고 있지만 향미는 조금 부족하다. 질병과 풍해에 강하게 개량되었다. 하지

■ 카투라 생두 출처 : http://blog.naver.com/premiumespre/220289822439

만 고품질과 높은 생산량을 위해서는 세심한 관리가 필요하다. 브라질 등 중남미 지역에서 주요 품종으로 많이 재배되고 있다.

❹ 게이샤(Geisha)

게이샤는 에티오피아 서부 게이샤 숲에서 발견되었다. 이 품종은 커핑을 통해 더 많은 정보를 얻을 수 있는데 주로 꽃향과 과일향, 감귤, 쟈스민, 벌꿀 등의 향은 물론 뚜렷한 산미와 단맛까지 균형을 잘 이루고 있다. 하지만 바디감(body)이 조금 부족하고 낮은 생산성으로 가격이 비싸다.

■ 게이샤 생두 출처 : http://blog.naver.com/kwsojkw/20090239179

❺ 블루마운틴(Blue Mountain)

자메이카에서 생산되는 블루마운틴은 부드러운 향미와 더불어 세계3대 커피 중의 한 종류로 유명하다. 자메이카 동쪽에 위치한 1,100m 이상의 고도에서 생산되는 품종으로 희소성이 매우 높다. 블루 마운틴은 해발 1,100m 이상에서 생산된 '자메이카 블루마운틴, 해발 1,100m 이하에서 생산된 '하이 마운틴' 으로 구분되고 있다. 이 커피는 최상의 향과 부드럽고 깨끗한 맛을 가지고 있는 단일 품종으로서는 신맛과 쓴맛이 균형을 잘 이루고 있어 가장 잘 조화된 맛을 지닌 최고등급으로 분류되고 있다.

■블루마운틴 생두 출처 : http://blog.naver.com/9918bang/90164025183

❻ 마라고지페(Maragogipe)

마라고지페는 스크린사이즈가 20이 넘는 큰 콩으로 유명하다. 그래서 흔히 코끼리콩으로 불리기도 한다. 코끼리 콩답게 잎과 체리 생두 모두 다른 품종에 비해 크다. 타이피카종에서 파생되어 브라질에서 자연적으로 나타난 돌연변이로 고도600~800m에서 잘 자라지만 수확량이 그렇게 많지는 않는다.

마라고지페의 변종으로 파카라마종과 게이샤종이 유명하다. 파카마라종은 파카종과 마라고지페와 교배종으로 개발된 종으로 생두의 크기가 다른 품종에 비해 크고 맛과 아로마가 뛰어나다. 게이사종은 마라고지페의 교배종으로 에티오피아에서 많이 재배되고 있다. 맛과 향에서 뛰어나고 여러 가지 과일향을 느낄수 있다.

❼ 켄트(kent)

인도 마이소르(Mysore) 지역 켄트(kent) 농장에서 발견되었으며 인도 고유의 품종이다. 생산성이 높고 병충해에 강하며 타이피카와 타품종의 교배종으로 인도에서 생산되는 커피 대부분은 이 품종을 포함하고 있다. 커피의 밸런스가 잘 잡혀있고 단맛이 강하게 느껴지지만 산미가 조금 약하다.

타이피카의 변이종이다. 생산성이 높고 병충해, 특히 녹병에 강하다.

❽ 수마트라(Sumatra)

인도네시아 수마트라 섬에서 발견되어 재배되고 있는 종으로 생두가 일반종의 콩보다 크고 길다.

(2) 뉴 아라비카종(New arbica)

자연스럽게 재배지의 특성에 따라 변화된 종이 아니라 다른 종끼리 교배시켜 새로운 종을 만들어 재배하여 생산하는 것을 말한다.

❶ 카티모르(Catimor)

1950년 포르투갈에서 개발된 HdT와 카투라의 교배종으로 아라비카와 로부스타의 혼종으로 개량된 종이다. 수확량이 많아 생산성이 높고 녹병에 강한 것이 특징이다. 지금은 콜롬비아에서 많이 재배되고 있다. 그리고 지대도 높은 고도보다 중간 정도의 고도에서 잘 자라고 수확량도 많이 보인다.

❷ 카투아이(Catuai)

브라질에서 1950~1960년대 카투라와 문도노보의 인공 교배종으로 개발된 종으로 카투라에 비해 품질이 뛰어나다. 카투라와 문도노보와 더불어 브라질 및 중남미의 주 생산품종으로 자리 잡았다. 바람에 대한 저항력과 가뭄에 강하고 견고함을 지니고 있어 바람이 많은 환경에서 잘 자란다.

❸ 문도노보(Mundo novo)

브라질 전역에서 재배되기 시작하여 현재는 카투아이와 함께 브라질의 주력품종이다. 수마트라종과 레드 버번의 자연교배종으로 신맛과 쓴맛의 밸런스가 아주 뛰어 나다. 병충해에도 강하고 생산량도 많지만 열매가 열리기까지의 성숙기간이 길어 재배에 어려움이 있다.

❹ 자바(Jaba)

예멘의 버본종과 인도의 켄트종의 교배종으로 병충해에 강하고 빠른 성장과 함께 풍부한 바디감이 잘 살아 있는 것이 특징이다. 주로 자바커피라는 대명사로 유명하다.

❺ 티모르(Timor)

티모르에서 주로 재배되고 있는 품종이다. 이 품종은 아라비카와 로부스타의 교배종으로 병충해에 강하다. 특히 녹병에 강하며 진녹색의 생두로 크기가 중?? 대형에 속한다.

2) 코페아 카네포라(coffea canephora : 로부스타 Robusta)

■ 로부스타 생두 출처 : http://blog.daum.net/tk_coffee/27

아프리카의 콩고 빅토리아호의 서쪽에서 유래했다. 아라비카종에 비해 열악한 환경에서도 잘 자라며 특히 고온 다습한 환경에도 적응을 잘하여 어떤 토양에서도 재배가 가능하다. 이 품종은 주로 저지대 0~800m 정도의 산지에서 재배되고 있으며 병충해에도 강하다. 다 자란 나무의 키는 약 10m정도 이지만 손쉬운 수확을 위해 약 2m정도로 유지시키며 주로 아프리카 및 동남아 지역에서 재배되고 있다. 카페인의 함유량은 아라비카종이 1.5% 전후인 데 반해, 로부스타종은 평균 3.2% 전후로 높은 것이 특징이다. 그리고 가격이 저렴하기 때문에 다른 커피와 혼합하거나 인스턴트 커피를 제조하는데 많이 사용하고 있다.

아라비카종과 같은 풍미를 낼 수는 없지만, 품질이 좋은 로부스타는 바디감이 뛰어나 아라비카보다 고가에 거래되기도 하며 에스프레소 블렌드에 사용되기도 한다. 생두의 모양은 둥근형으로 가운데 새겨진 고랑이 직선이며 자연 생두의 색은 황갈색을 띠고 있으며 맛은 거칠고 쓴맛이 강하며 향은 밋밋한 것이 특징이다.

저지대보다 고지대에서 자란 커피일수록 품질이 좋은 이유는 일교차가 크기 때문이다. 일교차가 크면 꽃이 피고 열매를 맺기까지 시간이 길어 생두자체가 단단하게 자라고 조직이 치밀하게 형성되기 때문에 향기와 산미가 더욱더 뛰어나다고 볼 수 있다.

표 4-1 아라비카와 로부스타의 특징 비교

구분	코페아 아라비카종(아라비카)	코페아 카네포라종(로부스타)
원산지	에티오피아	콩고
주요 생산국	브라질, 콜롬비아, 에티오피아 등	인도네시아, 인도, 베트남 등
가격	비싸다	저렴하다
기후	온화한 기후	따뜻하고 습한 기후
고도	고지대(600~2,200m)	저지대(0~800m)
온도	15~24℃	18~36℃
습도	60%	70~75%
강수량	1,200~2,000ml	2,000~3,000ml
병충해	강함	약함
용도	스페셜티 커피	인스턴트 및 캔커피
카페인	0.8~1.5%	1.5~4.0%
맛과 향	풍부한 향과 신맛	구수한 향과 강한 쓴맛, 적은 신맛
모양과 색	납작한 타원형, 청록색	둥글둥글한 타원형, 황갈색
개화시기	우기이후	불규칙
개화~수확까지	9개월 정도	10~11개월 정도
숙성된 열매	땅에 떨어짐	가지에 붙어 있음
뿌리	깊음	얕음

3) 코페아 리베리카(Coffea Liberica)

서아프리카의 리베리아(Liberia)가 원산지이다. 재배조건은 카네포라와 비슷하지만 카네포라 보다 저지대에서도 잘 자라고 척박한 땅이나 열악한 환경에서도 잘 자라지만 아라비카와 카네포라 보다 품질이 많이 떨어져 가격이 저렴하다. 1870년대 녹병이 크게 번질 때 아라비카의 대체종으로 관심이 있었지만 지금은 전체 생산량의 3% 정도로 커피 생산량 중에서 차지하는 비중은 매우 적다. 주로 서아프리카 국가와 동남아시아 지역에서 적은 양이 재배되고 있다.

Chapter 05

커피재배 및 가공방법

1. 커피나무 재배 지역

커피나무는 아무 곳에서 잘 자라지 못하고 온도가 높고 강수량이 높은 아열대 기후에 속하는 지역에서 잘 자란다. 세계의 커피생산국은 대부분 적도를 중심으로 남위(남회귀선) 25도, 북위(북회귀선) 25도 사이에 위치한 열대, 아열대 지역이다. 이 지역을 커피벨트(coffee belt) 또는 커피존(coffee zone)이라고 부른다.

■ 커피 벨트 출처 : http://blog.naver.com/sjdnfakr/220106059684

커피벨트에 위치하고 있는 나라들을 살펴보면 세계에서 커피를 제일 많이 생산하고 있는 브라질을 시작하여 중남미 지역에선 페루, 콜롬비아, 코스타리카, 엘살바도르, 과테말라, 멕시코, 하와이가 위치하고 있고 섬나라로 구성되어진 쿠바, 자메이카, 도미니카가 자리 잡고 있다. 아프리카 지역을 살펴보면 예멘, 에티오피아, 케냐, 탄자니아가 있고 동남아시아에서는 베트남, 인도네시아가 커피존 지역 내에서 커피를 생산하고 있다.

1) 재배조건

(1) 기후

기후를 비롯한 자연적 환경요소들은 커피나무 성장과 맛에 큰 영향을 미친다. 아라비카종은 로부스타종 보다 까다로운 생육 조건을 가지고 있다. 연평균 기온이 라비카종은 평균 15~24℃가 적합하고 로부스타종은 평균 24~30℃ 정도이며 서리가 내리지 않아야 한다. 한낮에 22℃를 넘지 않고 밤중에는 18℃ 이하로 내려가지 않아야 한다. 그리고 기온이 25℃ 이상으로 올라가면 커피나무 잎에서 광합성 활동에 영향을 받고 30℃를 넘을 경우 엽록소가 파괴되고 커피녹병(곰팡이가 잎에 발생하여 철 또는 철근에 생기는 녹과 같은 포자덩어리를 만드는 병)이 발생할 수 있다. 이러한 현상들은 커피나무의 생육 및 꽃과 열매에 문제가 생길 수 있다. 반면 기온이 4℃ 이하로 내려가면 잎에 반점이 생기고 -2℃ 이하에서 약 6시간 이상 노출 시 커피나무가 얼어 죽을 수 있다.

(2) 강우량

커피나무는 주로 열대성 기후의 강우량이 많은 곳에서 재배되기 때문에 강우량은 커피에 많은 영향을 미친다. 커피나무가 꽃을 피우기 위해서는 비가 많이 오기보다 몇 달 동안 건기가 지속되어야 한다. 그리고 꽃이 동시에 피어야 수확량은 물론이고 수확할 때도 용이하다. 아라비카 커피는 토양층이 깊고 물 저장 능력이 좋으면 평균 4~6개월 정도 가뭄에도 잘 견딜 수 있다.

커피 재배 시 적당한 강우량으로 아라비카종은 연간 1,400~2,000mm정도이고 로부스타종는 2,000~2,500mm 정도 이다. 강우량이 3,000mm가 넘는 지역은 커피경작에 부적합하다. 또한 강우 분포가 우기와 건기가 한번으로 이루어진 단봉형 지역에서는 한꺼번에 개화가 되지만 강우분포(우기/건기/우기/건기)가 두 번으로 이루어진 쌍봉형인 지역에서는 두 번의 개화기가 있다. 쌍봉형의 대표적인 나라가 케냐와 콜롬비아이다. 이런 경우 두 번의 수확을 하는데 주수확기와 부수확기로 나누어 수확을 한다. 꽃이필 때 까지는 건기가 지속되고 열매가 맺을 때까지는 우기가 계속되고 열매가 맺고 나서는 건기가 계속되어야 좋은 품질이 나올 수 있다.

(3) 토양

커피나무가 잘 자라는 토양은 유기성이 풍부한 화산재 토양이다. 화산재 토양은 커피가 자라기 좋은 땅으로 습기가 적당히 있고 물이 잘 빠지는 특징이 있다. 토양은 커피맛에 미묘한 영향을 끼친다. 산성이 강한 토양에서 수확된 커피는 신맛이 강하며 생두의 풍미에 큰 영향을 미친다. 아라비카종은 비옥한 토양에서 잘 자라지만 카네포라종은 어떤 토양에서도 잘 자란다.

국가별로 토양을 살펴보면, 화산재토양(volcanic ash)을 형성하고 있는 국가는 주로 중앙아메리카, 콜롬비아, 멕시코 고원지대와 일부 아시아지역인 인도네시아 자바 지역을 들 수 있다. 또한 인도네시아는 습윤성 흑토로도 유명하다.

화산 토양을 형성하고 있는 지역은 동부아프리카와 중앙아메리카, 하와이 등을 들 수 있다. 라테라이트 토양은 주로 에티오피아 고원지대와 중앙아프리카, 서부아프리카 등의 지역에서 많이 형성되어져 있다. 브라질은 현무암이 풍부한 도양이디.

(4) 지형과 고도

커피 경작에 적합한 지형은 평지나 약간 경사진 언덕이 좋다. 왜냐하면 표토층이 깊으면 물 저장능력이 뛰어나고 경작을 할 때 기계화가 용이하기 때문이다. 만약 경사가 20도 이상으로 너무 비탈지면 기계화가 어려워 비용이 많이 든다.

아라비카종은 고온다습하지 않고 서리가 내리지 않는 높은 지대에서 많이 재배되고 있다. 커피는 고지대에서 생산될수록 보다 단단하고 밀도가 높아 향과 플레이버가 더 풍부하고 맛이 좋다. 고지대의 경우 일교차가 저지대에 비해 상대적으로 크기 때문에 커피나무의 열매가 서서히 숙성되면서 열대 특유의 강한 일사량과 조화를 이루어 특유의 풍미를 만들어 내기 때문이다. 로부스타종은 고운 다습한 지역에서도 재배가 잘 되기 때문에 저지대에서도 재배가 잘 된다. 특히 로부스타종은 온도와 습도가 높은 환경에서 빨리 자라고 열매도 빨리 성숙되기 때문에 커피의 맛과 향 품질 면에 있어서 아라비카종에 비해 많이 떨어진다.

고도는 생두등급을 결정하는 기준 자료로 많이 쓰이고 있다. 고도도 중요하지만 그 지역 산지의 독특한 지형이 갖고 있는 기상조건 및 환경이 보다 중요하다고 할 수 있다.

표 5-1 고지대와 저지대의 커피 특성

	색	향	산도	바디	밀도	재배	가격
고지대	청녹색	좋음	좋음	뛰어남	높음	어려움	고가
저지대	연녹색	약함	약함	밋밋함	낮음	쉬움	저가

(5) 바람과 일조량

강한 바람은 커피 경작에 적합하지 않다. 특히 강한 태풍은 나뭇잎은 물론 가지를 부러뜨리고 심지어 커피나무를 쓰러뜨리기도 하며 꽃과 수확을 앞둔 열매를 손상시킨다. 만약 바람이 강한 지역은 바람으로부터 피해를 줄이기 위해 커피나무 키를 낮추어 가지가 튼튼하게 자라 바람에 영향을 덜 받도록 관리해야 한다.

커피열매 수확을 위하여 일조량은 연평균 2,000~2,400시간 정도가 적당하며 커피나무가 잘 자라기 위한 최적의 온도조건은 연중 15~24도 사이를 유지하는 것이 좋다. 지나치게 강한 햇빛은 좋지 않다. 햇빛이 너무 강한 지역에서는 강한 햇빛을 막아주기 위해 셰이드트리(shade terr)를 함께 심거나 바나나나무와 같이 잎이 넓고 큰 나무를 사이사이에 심어 그늘을 만들어 주어 햇빛과 서리 등으로부터 커피나무를 보호하기도 한다.

(6) 습도

커피 재배의 적합한 대기 습도는 아라비카의 경우 60% 정도 로부스타의 경우 70~75% 정도의 대기습도가 필요하다. 하지만 대기습도가 너무 낮거나 높으면 커피 품질에 좋지 않은 영향을 줄 수 있다. 만약 대기 습도가 85%이상 높으면 커피열매가 부패 할 수 있다. 반대로 습도가 낮아 햇빛이 너무 강하면 커피나무 잎에 녹병이 생길 수 있다. 여건에 따라 습도는 이슬이나 안개, 구름 등에 의해서도 보충될 수 있다.

(7) 사람의 기술

커피나무를 재배하는데 있어서 사람의 기술은 매우 중요하다. 커피열매에서 파치먼트를 심어 커피묘목으로 성장시켜서 밭으로 옮겨 심는 작업부터 물 주기, 비료 주기, 가지치기, 수확시기의 결정, 노후된 나무의 교체 등과 같은 재배과정에서 사용되는 사람의 기술들은 커피 품질을 좌우한다.

2. 커피나무의 재배 및 수확

1) 파종에서 발아까지

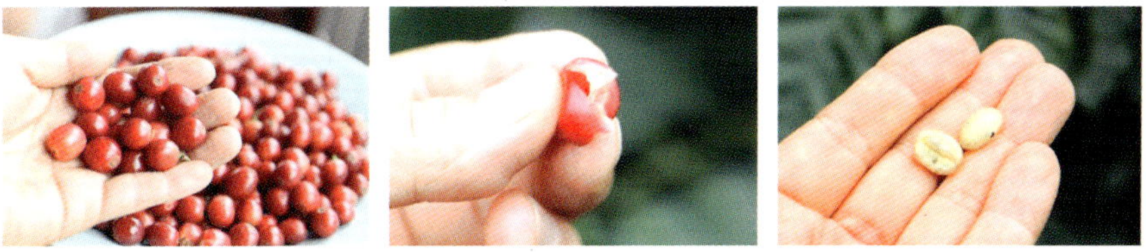

■ 커피체리 및 파치먼트 출처 : cafe.daum.net/beyondorganic/vEB/147

■ **커피 묘목 발아** 출처 : cafe.daum.net/coffeeplus/4qnO/10

파치먼트(parchment)를 바로 밭에 파종하지 않고 묘판에 심거나 묘목용 화분에 흙과 퇴비 등을 혼합하여 심어 싹을 틔운다. 파치먼트를 파종 후 약 30~60일이 지나면 발아한다. 이때 모양이 성냥개비처럼 생겼다고 해서 "매치스틱 스테이지(Matchstick stage)"라고 부르기도 한다. 떡잎이 나오고 약 3개월이 지나면 첫 번째 잎이 나온다. 첫 번째 잎이 나오면 한 달에 5~6cm가 자란다. 파치먼트를 파종해서부터 6개월 후 약 40~50cm가 되면 농장으로 옮겨 심는다.

2) 커피 묘목의 이식

■ **커피 묘목** 출처 : cafe.daum.net/coffeeplus/4qnO/10

파치먼트를 발아시켜 묘목으로 키워 밭으로 옮겨심기까지 8개월 정도 시간이 걸리지만 더 많은 시간과 노력이 필요하다. 이때는 대략 50cm 전후의 묘목으로 성장하지만 이 시기의 묘목은 아직 약하고 어리기 때문에 강한 직사광선으로부터 보호하기 위하여 그물망이나 잎이 넓은 바나나, 야자수 잎 등으로 차광목을 만들어 어린나무들을 보호해 준다. 약 1년 6개월 정도 기른 묘목은 어느 정도 안정기에 접어들어 옮겨심기를 해도 특별히 문제가 되지 않는다.

묘목 옮겨심기는 상품적 가치를 높이기 위하여 건강한 묘목들만 선별하여 주로 비가 오는 계절에 이식한다. 묘목 이식 전에 각종 병충해 및 질병에 안전할 수 있도록 예방조치를 하고 난 이후 커피나무의 뿌리가 땅에 잘 안착할 수 있도록 적당히 비료를 사용하여 어린나무가 잘 적응할 수 있도록 촉촉한 토양에 웅덩이를 파고 묘목을 이식한다.

3) 커피나무

■ **커피나무** 출처 : cafe.daum.net/beyondorganic/vEB/147

재배지역 및 농장으로 옮겨 심은 묘목은 약 3년이 지나면 꽃을 피우고 나무크기는 1~1.5m 정도 자란다. 하지만 꽃을 피운 첫해는 수확할 정도로 열매가 충실하지 못하다. 따라서 이듬해부터 수확을 하는데 파치먼트를 심어 수확할 때

까지 적어도 4~5년이 걸린다. 일부 로부스타종은 2년만에도 수확이 가능하다. 커피나무는 꽃이 피고 진 그 자리에 열매를 맺는다. 수확은 1년에 1~2회 이루어지며 한 그루당 커피수확이 가능한 기간은 보통 20년 정도이다. 그 이후 체리수확은 급격하게 감소한다.

일반적으로 커피나무의 수명은 30년 정도이지만 관리를 잘하면 30년은 물론 40~50년에 걸쳐 결실을 내는 것도 있다. 커피나무는 종에 따라 차이가 많이 있다. 로부스타는 10m에 이르는 것도 있으나 수확을 편의를 위해 보통 2m 정도의 높이로 가지를 쳐준다.

4) 개화

■ **커피 꽃** 출처 : http://blog.naver.com/9ustocoffee/220253580435

커피나무는 건기 후 비가 오면 일제히 꽃이 핀다. 꽃은 한 개의 암술과 다섯 개의 수술로 이루어져 있다. 커피 꽃은 백색의 다섯 잎의 꽃으로 달콤한 크림향(재스민과 비슷한 향)이 난다. 꽃이 피어 있는 시간은 몇 일 정도로 길지는 않지만 꽃이 시든 후 4~5일 후 꽃이 떨어진 자리에서 열매가 자란다. 한 가지에 꽃이 피는 시기는 다소 차이가 있어 열매와 꽃이 함께 피어있는 가지도 있다. 개화부터는 많은 수확을 위해 충분한 물의 공급이 필요하다.

커피열매 구조

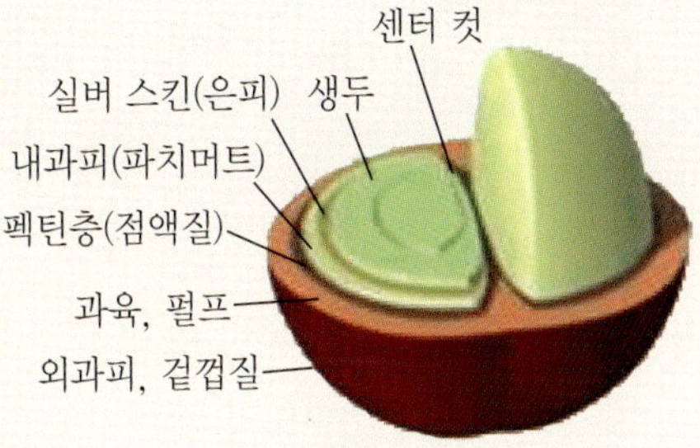

출처 : http://blog.naver.com/jclasscoffee/220306825457

일반적으로 체리 안에는 한쪽 면은 둥글고 반대쪽은 평평한 모양으로 한 두 개의 씨앗이 마주보고 들어있는데 이를 평두(flat bean)라고 한다. 그러나 때때로 나무 윗부분에 달려 영양상태가 좋지 못하거나 수정이 충분히 되지 못한 경우에는 열매 안에 둥근 모양의 씨가 하나 밖에 없는 경우가 있는데 이를 환두(peaberry)라고 한다. 생김새가 다른 환두는 커피를 균일하게 볶기 위해서 별도로 분리한다.

체리는 단단한 외과피(skin exocarp), 과육(pulp mesocarp), 펙틴층 다갈색의 단단한 내과피(parchment hull endocarp), 얇은 은색의 실버스킨(silver skin testa), 그리고 씨앗의 원누(bean cotylcdon)의 순으로 이루어져 있다. 체리구조를 구체적으로 살펴보면, 외피(외과피): 가장 바깥쪽 커피체리의 껍질을 말하며 보통 붉은색을 띠고 있다. 과육: 당분을 함유하고 있어 단맛이 난다. 점액질 막: 펙틴층이라 하며 내과피와 이과피 안 사이의 끈적끈적한 점액을 말한다. 내과피: 과육피라고도 불리며, 생두를 감싸고 있는 노란 껍질을 말한다. 은피: 생두에 부착되어있는 은색의 얇은 막을 말한다. 생두: 서로를 마주 보고 있는 녹색 씨앗을 말하며, 센터컷: 생두 가운데 나있는 홈을 말한다.

5) 결실

■ **커피열매** 출처 : cafe.daum.net/coffeeplus/4qnO/10

커피열매는 꼭두서니과(Rubiaceae)에 속하는 상록수로 커피나무에서 열리는 커피열매의 씨앗이다. 개화 후 며칠이 지나면 단단하고 파란 열매가 된다. 가지를 따라 일렬로 또는 포도송이의 형태로 열린다. 처음에는 작았던 열매가 6~8개월에 걸쳐 점점 커지면서 익어간다. 처음에는 초록색에서 노랑, 빨강, 새빨강 순서로 성숙한다. 커피열매가 성숙한 때의 모양이나 색이 체리와 닮았다고 하여 커피체리(coffee cherry)라고 부른다.

국가산지별 수확기를 살펴보면, 북반구 산지(10월~3월경): 주로 중남미, 에티오피아, 카리브해와 베트남 등 지역에서 이 시기에 수확을 한다. 남반구 산지(4월~9월경): 브라질과 페루 등 지역에서 이 시기에 수확을 한다. 적도 부근(년 2회): 콜롬비아, 탄자니아, 케냐, 인도네시아 등 지역에서는 1년에 2회씩 수확이 가능하다. 주로 비가오지 않는 건기에 수확을 한다.

3. 커피열매의 수확

커피를 수확하는 방식은 커피의 품질을 좌우하기 때문에 커피열매 수확은 매우 중요하다. 완벽하게 익은 열매는 부드럽고 감미로운 맛을 내며 열매와 꽃의 풍부한 향을 지닌다. 그러나 덜 익은 열매는 풋내와 떨떠름한 맛이 전반적으로 나기 때문에 커피 생산국에서도 더 좋은 품질의 커피를 더 많이 생산하기 위한 노력들을 국가와 농장 모두 하고 있다.

커피열매는 같은 가지에 붙어 있어도 꽃이 피는 순서와 열매가 익는 속도가 다르기 때문에 붉게 잘 익은 것부터 하나씩 손으로 수확하거나 산지에 따라 조금씩 다르지만 일부 생산국에서는 열매가 익기를 기다렸다 땅에 천을 깔고 가지를 훑어 땅으로 떨어뜨리거나 기계를 사용하여 수확 한다. 커피의 수확 방식은 크게 핸드피킹, 스트리핑, 기계수확 세가지로 구분한다.

1) 핸드피킹(hand picking)

■ 핸드피킹 수확

출처 : http://blog.naver.com/hoho1860/220263226429

출처 : http://blog.naver.com/kenya01/220280495416

핸드피킹은 사람이 허리에 나무로 엮은 바구니를 차고 잘 익은 체리만을 골라 한알 한알 손으로 수확하는 방식이다. 사람이 직접 확인하고 수확하기 때문에 커피의 품질이 비교적 우수하고 고급커피 생산이 가능하지만 노동력이 많이 든다. 왜냐하면, 열매가 일정하게 익지 않기 때문에 여러 번에 걸쳐 잘 익은 체리를 선별하여 손으로 직접 수확하기 때문이다. 주로 고산지대 같은 기계식 수확이 불가능한 지역이나 습식가공생산 국가의 수확방식이다.

2) 스트리핑(Stripping)

■ 스트리핑 수확 출처 : http://blog.naver.com/premiumespre/220269986145

사람이 직접 손으로 수확하는 것은 핸드피킹과 같지만 스트리핑은 나무아래 천을 깔아놓고 나무에 달린 모든 체리를 한꺼번에 어 내려서 수확하는 방식이다. 핸드 픽킹에서 생산성을 좀 더 높인 대량수확 방법이라고 볼 수 있다. 하지만 품질은 핸드픽킹에 비해서 많이 떨어질 수 밖에 없다. 왜냐하면, 나뭇잎, 나뭇가지, 덜 익은 체리, 기타 이물질이 포함되기 때문이다. 그래서 수확 후 다시 한번 더 선별작업이 필요하다. 주로 내츄럴커피 생산국과 대부분의 로부스타 생산국에서 많이 사용하며 또한 몇 차례 핸드피킹을 한 후 남은 체리를 일괄적으로 수확할 때 사용한다.

3) 기계수확(mechanical harvesting)

■ 기계수확 출처 : http://blog.naver.com/smartrol/40180939609

기계수확은 한 가지에 체리가 약 70%정도 익었을 때 시작 하는데 기계의 봉이 커피나무를 흔들어서 체리를 수확하는 방식이다. 커피나무를 경작할 때 기계가 지나갈 수 있도록 높이나 간격을 일정하게 유지하여 재배한다. 이러한 방식은 브라질이나 하와이와 같이 평지 농장이 많은 국가에서 주로 많이 사용하고 있다. 기계로 한번에 대량 수확이 가능하여 인건비가 적게 들고 빨리 수확을 할 수 있는 장점이 있는 반면 잘 익은 체리와 덜 익은 체리의 선별 수확이 어렵고 나뭇잎과 가지 등의 불순물이 섞일 수 있다는 단점이 있다. 그러므로 품질에서도 많이 떨어진다.

표 5-2 수확방법에 따른 비교

구 분	장 점	난 점
핸드피킹	• 잘 익은 커피체리만 수확함 • 품질이 비교적 우수함 • 고급커피 생산이 가능함	• 수확하는데 많은 시간이 필요함 • 노동력이 많이 필요함 • 인건비가 많이 든다.
스트리핑	• 대량수확이 가능함 • 비교적 빠른 수확을 함	• 고급커피 수확이 어려움 • 덜 익은 체리 및 나뭇가지 등의 이물질이 섞임 • 수확시기 결정이 어려움
기계수확	• 노동력과 인건비 절감 • 신속한 수확이 가능함 • 대량수확이 가능함	• 고급커피 수확이 어려움 • 나무에 손상을 줄 수 있음 • 기계사용이 지역이 제한적임 • 기계구입비가 비싸다. • 덜 익은 체리 및 나뭇가지 등의 이물질이 섞임

4. 커피의 가공

수확한 커피체리에서 생두를 얻기까지의 과정을 가공이라 한다. 이 과정의 방법에 따라 커피의 풍미나 품질에 결정적인 영향을 미친다. 수확한 커피체리는 가능하면 수확 후 2시간 안에 가공과정에 들어가는 것이 좋다. 왜냐하면, 무더운 날씨로 수확한 체리가 급속도로 변질이 되어 커피체리에 나쁜 영향을 주기 때문이다. 보통 잘 익은 커피체리는 일반적으로 수분 함유량이 65%를 넘지 않는다. 그러므로 커피 가공에서 가장 중요한 목표는 겹겹이 생두를 싸고 있는 껍질과 과육을 생두와 분리해 내고 생두가 잘 보존될 수 있도록 수분함유량을 12%까지 건조시키는 것이다.

일반적인 가공 방법으로 주로 사용되는 것은 내추럴(natural) 방법과 워시드(washed) 방법이다. 또한 브라질에서 개발한 펄프드 내추럴(pulped natural) 방법이나 인도네시아에서 사용하는 세미 워시드(semi washed) 방법이 있다.

1) 내추럴방법 - 건식가공법

■ 내추럴 가공법

출처 : http://blog.naver.com/premiumespre/220310521902

출처 : http://blog.naver.com/beansbox/120194694470

가장 오래된 전통적인 방법이다. 처음 예멘에서는 햇빛에 커피열매가 나무에서 자연적으로 건조되어 수분이 다 날아가면 수확을 하였다고한다. 하지만 지금은 대부분 수확한 체리를 물로 가볍게 세척한 후 바닥이나 건조대에 펼쳐놓고 햇볕에 그대로 말려 씨앗과 껍질이 쉽게 분리되도록 하는 전통적인 자연 건조 방식이다. 생두를 주기적으로 써레질을 해 주어 햇볕에 골고루 잘 건조 되도록 한다. 써레질을 하지 않으면 아랫부분은 건조가 완전히 되지 않아 곰팡이 및 각종 병충해에 노출되고 전체적으로 건조 상태가 일정하지 않을 수 있기 때문이다.

잘 말린 체리는 탈곡 과정을 거쳐 체리껍질과 파치먼트를 동시에 제거하여 생두를 얻는다. 내추럴 가공 방법은 커피체리의 과육이 그대로 흡수되기 때문에 자연스런 단맛과 풍부한 바디감과 생산지 토질의 풍미 등 자연스런 커피 맛을 보이는 특징이 있다. 하지만 수확된 체리의 선별 과정 없이 그대로 건조시켜 생두를 얻는 과정에서 결점두의 발생률이 높고 여러가지 성분들이 함께 커피 내부로 들어오기 때문에 잡미 등 맛에 영향을 미치는 요소가 많다. 물이 적게 사용되기 때문에 물이 부족한 기후에 적합한 에티오피아, 브라질, 예멘, 인도네시아 수마트라에서 주로 이용되는 가공 방법이며 로부스타종은 대부분 이 가공 방법을 사용하고 있다.

표 5-3 내추럴방법 가공과정

수확	➡	이물질 제거	➡	건조	➡	탈곡	➡	분류 및 선별	➡	커핑	➡	포장 보관
잘익은 체리		낙엽, 나뭇가지, 덜익은 체리 등 제거		자연 건조		파치먼트와 생두 분리		생두의 크기 및 결점두 제거		커피맛과 향의 특성 평가		무게에 따라 보관

2) 워시드 방법 – 습식 가공법

❶ 이물질제거 및 분리

출처 : http://blog.naver.com/momoscoffee/220282107452

❷ 펄핑

출처 : http://blog.naver.com/kcw5172/220308909347

❸ 세척

출처 : http://blog.naver.com/premiumespre/220310660449

❹ 건조

출처 : http://blog.naver.com/momoscoffee/220282107452

■ 워시드 가공법

습식가공 방법은 먼저 커피체리를 물로 살짝 씻은 후 물탱크나 수로를 이용해서 커피를 흘려보내면 물 위에 뜨는 결점두와 이물질을 제거할 수 있어 균일한 커피를 얻을 수 있다. 그 다음 과육 제거 기계로 점액으로 둘러싸인 파치먼트만 남겨두고 수확한 커피열매의 펄프(외피(skin)와 과육(Fruit))를 제거한다. 이펄핑(pulping)과정은 수확 후 12시간 안에 하는 것이 좋고 늦어도 24시간 안에 작업이 진행되어야 한다. 과육이 제거된 파치먼트를 점액질과 분리하기 위해 발효조에서 하루 정도 발효시켜 점액질을 제거한다. 보통 발효에 걸리는 시간은 12~36시간 정도이며 발효가 끝난 커피는 물로 깨끗이 씻어 남은 찌꺼기들을 모두 제거하고 땅이나 그물에 펼쳐 놓고 건조시킨다.

건조방식으로는 파티오 건조(Patio drying), 체망건조(Screen drying), 기계건조(Mechanical drying)로 구분하고 있다.

- **파티오건조** 건식방법과 같은 방법으로 파치먼트를 바닥(땅 또는 시멘트)에 펼친 후 기구(갈고리)를 이용해 골고루 섞어 건조 시키는 방법을 말한다.
- **체망건조** 바닥에 펼치는 것이 아니고 선반위에 그물을 치고 그물위에 파치먼트를 올려놓고 위 · 아래로 공기가 잘 통하게 하여 건조시키는 방법을 말한다.
- **기계건조** 기계드럼에 파치먼트를 넣고 60℃의 온도로 일정하게 유지시킨 후 약 10시간 정도 건조시키는 방법을 말한다.

보통 습식 가공을 하는 커피들은 고급 품종이 많고 원두의 품질을 보장해 준다. 물이 풍부한 지역에서 많이 사용하는 전통 수세식 방법으로 대부분 아라비카 커피를 생산하는 나라(중남미, 케냐, 탄자니아, 하와이, 자메이카)와 일부 로부스타 가공(인도네시아)에 습식법을 사용하고 있다. 이 가공 방법을 이용한 커피들은 바디가 다소 약한 반면 산뜻한 산미와 잡미 없는 깔끔한 맛을 얻을 수 있다.

표 5-4 워시드방법 가공과정

수확	이물질제거	펄핑	발효	세척	건조	숙성	탈곡	분류 및 신별	커핑	포장 및 보관
잘 익은 체리	낙엽, 나뭇가지, 덜 익은 체리 등 제거	껍질 및 과육 제거	파치먼트에 붙은 점액질 제거	물로 세척	건조방법에 따라 건조	보통 20일 숙성	파치먼트와 생두를 분리	생두 크기 및 결점두 등	샘플로스팅 후 커피 특성 평가	무게에 따라 관리

3) 펄프드 내추럴 방법

■ 펄프드 내추럴 가공법

출처 : http://blog.naver.com/huya0114/70187595514

출처 : http://blog.naver.com/kcw5172/220308909347

펄프드 내추럴 가공법은 내추럴 가공법을 개선하기 위하여 개발된 방법으로 수확 즉시 체리의 과육을 제거하고 점액질이 붙어 있는 상태의 파치먼트를 그대로 건조시킨다. 건조시키는 방법은 파티오(patio)방법이 아닌 아프리칸 베드라고 하는 그물망을 이용하여 그 위에서 건조시킨다. 이 가공 방법은 체리의 껍질을 제거하는 펄핑(pulping) 과정에서 미성숙체리를 제거하는 것이 가능해 내추럴 방법에 비해 정제도가 높다. 그리고 점액질이 묻은 상태로 건조하므로 워시드 가공커피보다 단맛이 높고 과일 풍미를 지니며 내추럴 가공 커피에 비해 깔끔한 맛을 내는 것이 특징이다. 이 방법은 브라질에서 개발되어 널리 사용하고 있다. 건식가공법의 단점이었던 미성숙두 및 이물질이 들어가는 것과 습식 가공법의 단점인 물의 무분별한 사용을 보완한 가공방법이다.

표 5-5 펄프드 내추럴방법 가공과정

수확	→	이물질 제거	→	펄핑	→	건조	→	탈곡	→	분류 및 선별	→	커핑	→	포장 보관
잘익은 체리		낙엽, 나뭇가지, 덜 익은 체리 등 제거		껍질 및 과육 제거		자연 건조		파치먼트와 생두 분리		생두의 크기 및 결점두 제거		커피맛과 향의 특성 평가		무게에 따라 보관

4) 세미 워시드 방법

■ 세미 워시드 가공법

출처 : http://blog.naver.com/kenya01/220280495416

■ 생두 선별

출처 : http://blog.naver.com/momoscoffee/220282107452

수확한 커피체리를 물로 씻고 기계에 의해 외피와 점액질을 제거한다. 워시드 방법과 유사하지만 점액질을 제거하는 발효과정이 없어 단시간에 점액질을 제거할 수 있다. 파치먼트에 점액질을 제거 한 후 바로 햇빛에 건조시킨다.

세미 워시드 방법은 물 사용이 적고 워시드 방법에 비해 환경오염을 줄일 수 있다. 품질은 내추럴 방법보다 안정적이고 향미는 워시드 방식에 가깝다.

표 5-6 세미 워시드 방법 가공과정

수확	➡	이물질 제거	➡	펄핑	➡	점액질 제거	➡	세척	➡	건조	➡	탈곡	➡	분류 및 선별	➡	커핑	➡	포장 및 보관
잘 익은 체리		낙엽, 나뭇가지, 덜 익은 체리 등 제거		껍질 및 과육 제거		파치먼트에 붙은 점액질 제거		물로 세척		건조방법에 따라 건조		파치먼트와 생두를 분리		생두크기 및 결점두 등		샘플로스팅 후 커피특성 평가		무게에 따라 관리

Chapter 06

커피 로스팅

1. 로스팅(Roasting)

1) 로스팅이란

커피생두를 볶아서 원두로 만드는 것을 로스팅이라 한다. 로스팅은 가공과정에서 가장 중요한 부분으로 커피 고유의 맛과 향 그리고 신맛과 쓴맛의 정도를 결정한다. 커피체리에서 얻어진 생두는 커피를 마실 때 느낄 수 있는 향기로운 커피향과 다양한 커피 맛을 가지고 있지 않다. 생두에 열을 가함으로써 생두 속에 잠재되어 있는 독특한 커피 맛과 향기를 발산 시킨다. 원두를 약하게 로스팅 할수록 신맛이 강해지고 맛이 부드러워 진다. 그리고 강하게 로스팅 할수록 쓴맛이 강해지기 때문에 로스팅 정도에 따라 맛의 기준이 된다.

따라서 로스팅된 결과에 만족하기 위해선 산지별 생두의 특징과 상태를 정확히 알아야 한다.

2) 커피 로스팅 정도에 따른 분류

표 5-2 수확방법에 따른 비교

단 계	배전 강도	색	맛, 향	SCAA 분류법
라이스 로스트 Light Roast	최 약배전	밝고 연한 황색	신맛이 강함	#95
시나몬 로스트 Cinnamon Roast	약 배전	황갈색	신맛이 잘 살아나는 단계 약한 단맛과 쓴맛	#85
미디엄 로스트 Medium Roast	약 강배전	담갈색	신맛이 강하고 쓴맛이 살짝 감미됨	#75
하이 로스트 High Roast	중 약배전	연한갈색	신맛이 엷어지면서 단맛이 나기 시작함	#65
시티 로스트 City Roast	중 중배전	갈색	균형 잡힌 맛과 강한 단맛과 쓴맛	#55
풀 시티 로스트 Full-City Roast	중 강배전	진한 갈색	약한 신맛과 중간 단맛과 쓴맛	#45
프렌치 로스트 French Roast	강배전	흑갈색	약한 단맛과 신맛, 강한 쓴맛	#35
이탈리안 로스트 Italian Roast	최 강배전	흑색에 가까움	약한 단맛과 아주 강한 쓴맛	#25

3) 로스팅 단계별 특징

커피는 기호식품이자 곡물이다. 따라서 진하고 쓴맛을 좋아하는 사람 또는 연하고 부드러운 신맛을 좋아하는 사람 등 다양한 맛과 향을 즐기는 사람들이 많이 있다. 이러한 다양한 맛과 향을 잘 표현 하는 것이 바로 로스팅 단계에서 결정된다.

로스팅 단계는 각 국가마다 조금씩 차이가 있지만 우리나라는 8단계로 나누어 이루어진다.

로스팅의 각 단계별 변화와 특징을 살펴보면 다음과 같다.

■ 커피 로스팅 분류

첫째, 라이트 로스팅(Light Roasting) = 최 약배전

로스팅의 초기 단계로 생두를 로스터에 투입해 생두가 열을 흡수하면서 수분이 빠져나가기 시작한다. 이 때 황색을 띠며 감미로운 향기가 나지만 이 단계의 원두를 가지고 커피를 추출하면 커피 본래의 단맛, 쓴맛, 깊은 맛은 거의 느낄 수 없다.

둘째, 시나몬 로스팅(Cinnamon Roasting) = 약배전

생두의 외피가 제거되기 시작하는 시점으로 황색에서 점점 황갈색으로 변한다. 이 단계에서는 뛰어난 신맛을 갖고 있기 때문에 그 신맛을 즐기고 싶다면 이 단계의 원두가 가장 이상적이다.

셋째, 미디엄 로스팅(Medium Roasting) = 약 강배전

아메리칸 로스트라고도 한다. 신맛이 강하고 쓴맛이 살짝 가미된 아메리칸 스타일의 커피는 이 단계의 원두가 최적이다. 주로 식사 중에 마시는 커피로 이 단계의 원두 색깔은 담갈색을 띤다.

넷째, 하이 로스팅(High Roasting) = 중 약배전

가장 일반적인 로스팅 단계로 갈색을 띤다. 이 단계부터 신맛이 엷어지고 단맛이 나기 시작한다. 신맛과 단맛이 잘 어우러져 부드러운 레귤러 커피 추출은 물론이고 핸드드립용 으로도 많이 사용하고 있다.

다섯째, 시티 로스팅(City Roasting) = 중 중배전

저먼(German Roast)이라고도 하며 균형 잡힌 맛과 강한 느낌의 향을 준다. 맛과 향이 대체로 표준이며 대부분의 로스터들이 많이 사용하고 있다. 색은 진한 갈색을 띤다.

여섯째, 풀 시티 로스팅(Full-City Roasting) = 중 강배전

아이스커피와 에스프레소 커피의 표준이며 크림을 가미하여 마시는 유럽스타일에 적합하며 짙은 갈색을 띤다. 신맛은 거의 없어지고 쓴맛과 진한 맛이 살아나면서 커피 고유의 맛이 최고에 달아는 단계이다.

일곱째, 프렌치 로스팅(French Roasting) = 강배전

커피의 쓴맛, 진한맛, 중후한 맛이 강조되며 원두 색은 검은 갈색이 된다. 표면에 기름기가 돌기 시작하며 커피의 진한 맛을 즐기기 위해서는 이 단계의 로스팅이 최적이다.

여덟째, 이탈리안 로스팅(Italian Roasting) = 최 강배전

진한 맛과 쓴맛이 정점에 달한다. 원두에 따라서 타는 냄새가 나는 경우도 있다. 로스팅 시간이 아주 짧다. 예전에는 에스프레소용으로 많이 사용되었지만 최근에는 많이 사용하지 않는다.

2. 로스팅 방식

현재 가장 많이 사용하는 로스팅 방식은 크게 세 가지로 구분 할 수 있다. 직화 방식, 반열풍 방식, 열풍 방식으로 나누어진다. 로스팅 방식은 직화 방식의 형태에서 반열풍 방식으로 변해가고 있다. 이러한 이유는 직화방식은 커피의 개성을 살리기에는 유리하지만 안정적인 커피맛을 표현하기에는 직화 방식보다는 반열풍 방식이 보다 안정적이고 좋은 결과를 얻을 수 있기 때문이다. 로스팅 방식은 기계에 따라 각각 장 · 단점을 가지고 있기 때문에 어떤 방식이 좋다고 단정하기가 어렵다. 그러므로 자신이 여러 방식의 로스팅 기계를 사용하여 얻은 경험을 통해 선택하는 것이 가장 좋은 방법이라고 할 수 있다.

1) 직화 방식

직화 방식은 반열풍 방식 및 열풍 방식과 다른 점은 드럼 겉면에 구멍이 일정한 크기와 간격으로 뚫려 있어서 드럼 밑 버너에서 공급되는 열량이 직접 전달되어 드럼에 뚫린 구멍을 통해 100% 열이 전달되는 방식을 말한다. 그러므로 열량조절에 특별히 신경을 써야 한다.

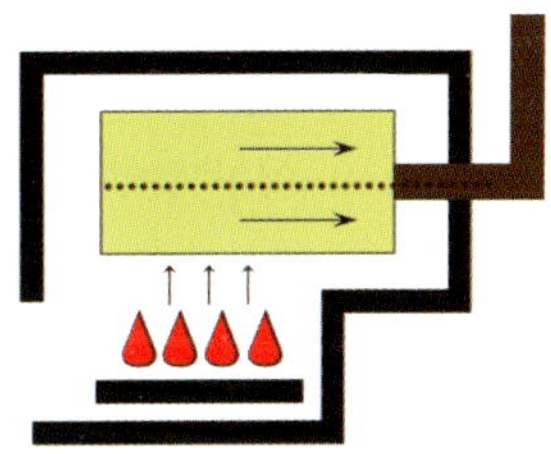

■직화식 로스터기

■장점

- 다른 방식에 비해 드럼 내부의 예열시간이 짧다.
- 저온 로스팅과 고온 로스팅이 모두 가능하다.
- 개성적인 커피 맛과 향을 표현할 수 있다.
- 산지별 생두의 특징에 맞게 다양한 로스팅 방법이 가능하다.
- 단종 블랜딩에 적합하다.

■단점

- 드럼내부의 열량조절이 어렵다.
- 균일한 로스팅이 어렵다.
- 외부환경에 영향을 많이 받는다.
- 다른 방식에 비해 혼합 블렌딩이 어렵다.
- 커피생두를 태울 수 있다.

2) 반열풍 방식

소형 로스팅 머신 대부분은 반열풍 방식을 사용하고 있는데 직화 방식과는 달리 드럼 표면에 구멍이 뚫려 있지 않고 드럼 뒷면에 일정한 간격으로 구멍이 뚫려 있다. 이는 직화로스팅 머신의 단점을 보완하고 보다 안정적인 커피 맛과 향을 표현하기 쉽기 때문이다.

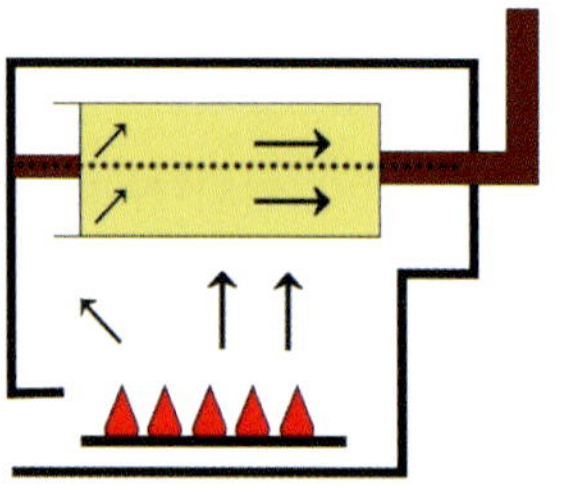

■발열풍식 로스터기

반열풍 방식은 직화 방식 보다 외부환경에 영향을 적게 받기 때문에 사용하는 생두에 문제가 없다면 언제나 균일한 커피의 맛과 향을 표현할 수 있다.

일반적으로 공급되는 열량전달이 드럼 표면으로 약 60%정도 전달되며 나머지 40%는 드럼 뒷면을 통해 열풍으로 전달되는 방식이다.

■장점

- 드럼 내부로 공급되는 열량조절이 쉬워 열량의 손실이 적다.
- 직화방식에 비해 균일한 로스팅을 할 수 있다.
- 혼합 블렌딩에 적합하다.
- 안정적인 커피 맛과 향을 얻을 수 있다.
- 로스터 기준에 따라 로스팅이 가능하다.

■단점

- 드럼 내부의 예열시간이 직화 방식에 비해 길다.
- 개성적인 커피 맛을 표현하기가 직화 방식보다는 어렵다.
- 고온 로스팅을 할 경우 비릿한 맛과 풋향이 나타날 수 있다.
- 저온 로스팅이 어렵다.
- 초기화력 설정이 중요하다.

3) 열풍 방식

열풍 방식은 드럼 내부에 직접 열이 공급되지 않고 고온의 열풍만을 사용하여 드럼 내부로 주입하는 방식이다. 반열풍 방식보다 더욱더 안정적인 커피 맛과 향을 얻을 수 있는 방식이다. 직화 방식과 반열풍

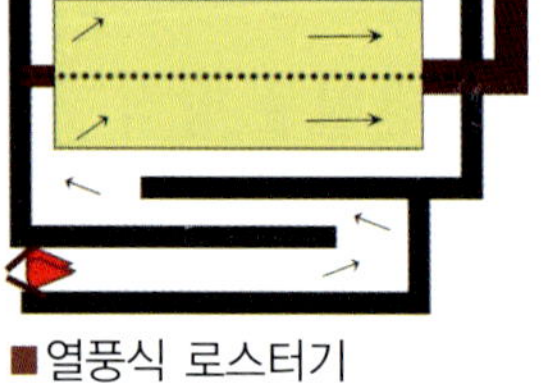

■열풍식 로스터기

방식은 드럼 아래 부분에 버너가 위치하고 있지만 열풍 방식은 드럼 뒷부분에 위치하여 순수한 열풍만을 이용하여 드럼 내부의 열을 전달하는 방식을 말하다.

■장점

- 가장 안정적인 커피 맛과 향을 유지할 수 있다.
- 단시간에 로스팅이 가능하다.
- 원두 표면을 태울 수 있는 확률이 직화 방식보다는 적다.
- 공급되는 열량 손실이 가장 적은 방식이다.
- 다른 방식에 비해 대량 로스팅이 가능하다

■단점

- 배전실과 냉각실이 별도로 설치되어 있어 열손실이 많다.
- 저온 로스팅이 어렵다.
- 개성있은 맛과 향을 표현하기에 한계가 있다.
- 배기온도가 높아 원두 고유의 맛을 잃어버리기 쉽다.
- 로스터의 창의성이 떨어진다.

4) 수망로스터

수망로스터는 원두커피를 만들기 위해 가정에서 쉽게 볶아서 신선한 커피 맛과 향을 즐길 수 있다. 수망로스터 이외에도 가정에서 쉽게 후라이팬을 사용하여 로스팅하는 팬로스팅과 둥근 드럼을 이용해서 로스팅하는 드럼 로스팅 등이 있다. 수망은 대, 중, 소 3가지 크기가 있다. 가능하면 큰 사이즈를 사용하는 것이 좋다. 왜냐하면, 큰 사이즈로 커피를 볶으면 작은 사이즈 수망보다는 생두의 움직임이 크기 때문에 비교적 잘 볶아지기 때문이다.

■수망로스터

수망로스팅은 내부가 잘 보이기 때문에 열이 너무 많이 받았다 생각되면 열에서 떨어트리면 바로 열원이 없어지니 온도조절이 편리 하다. 많은 양은 어렵고 100g-200g 정도씩 로스팅하면 편리하다.

수망로스팅은 가스버너의 화력을 이용해서 수망을 쉴새 없이 흔들어 생두를 볶는다. 화력조절은 가스버너의 불을 조절하거나 또는 가스버너와 수망의 높낮이 거리를 조절한다. 이때 수망이 불에 직접 접촉하게 되면 생두를 잘 섞어도 생두의 겉면이 타버리기 쉽다.

수망로스팅 단계별 과정은 가스버너의 화력에 따라 조금 다르겠지만 버너로부터 약 30cm 정도 간격을 두고 3분정도 수분 말리기를 시작 한다. 시간이 조금 지나면 코에서 구수한 빵 냄새, 단냄새가 나는 옐로우 색으로 변하는 시점에는 불을 강하게 해주는 것이 좋다. 수망과 버너의 높낮이 간격을 줄여 주면서 수망은 더 빨리 흔들어 준다. 그후 딱 딱 하고 단음에 가까운 소리가 들려오면 1차 크랙으로 볼 수 있다. 이때 생두의 색깔은 옐로우 색이 종료되고 황갈색으로 변화는 단계이다. 1차 크랙부터는 불을 줄여주면서 다시 수망을 버너와 간격을 30cm정도 높낮이 간격을 유지하고 크랙의 격한 정도에 따라서 조절 하면 된다. 1차 크랙이후 너무 강한 불로 로스팅하게 되면 2차 크랙이 생각보다 빨리 진행될 수 있다. 로스팅이 끝난 원두는 불을 끄고 마무리 쉐이킹을 한 후 가능한 빨리 수망에서 분리시켜 선풍기 등으로 식혀야 한다.

불의 세기에 따라 다르겠지만 보통 약 3분 정도 수분 말리기를 마치고 본격적으로 로스팅에 들어가면 3~5분 정도에 1차 크랙이 생기고 8~10분 정도에 2차 크랙이 일어난다.

■장점

- 눈과 귀, 코로 로스팅을 즐길 수 있다.
- 생두를 구입해서 직접 로스팅이 가능하다.
- 1차 크랙과 2차 크랙을 모두 느낄 수 있다.
- 본인의 취향에 맞게 로스팅이 가능하다.
- 가정에서 원두가 필요할 때 부담 없이 저렴하고 간편하게 할 수 있다.

■단점

• 불에 생두가 직접 닿아서 탄 냄새가 나기 쉽다.
• 원두 내부까지 골고루 열이 전달되기 어렵다.
• 쓴맛이 다른 커피에 비해 많이 난다.
• 커피볶는 연기 및 외피가 주위에 날린다.
• 수망을 계속 흔들어야 하기 때문에 팔이 아프다.

3. 로스팅 실전

로스터는 로스팅을 하기 20~30분 전에 기계를 예열하여 기계내부의 열흐름을 안정시키고 생두 투입 시 최상의 조건을 만들어 주기 위해 기계 예열이 꼭 필요하다. 예열은 낮은 온도에서 시작하여 천천히 고온으로 올려준다. 온도를 너무 빨리 올리면 기계 본체에 물리적인 충격이 가해질 수 있으므로 약 210℃ 까지 천천히 온도를 올려 준다.

로스팅 초기에는 생두 자체의 온도가 서서히 올라가면서 수분이 증발하는 흡열반응이 일어나고 생두의 차체온도가 약 190℃까지 노날하면서 발열반응이 일어나 고온의 열을 방출히어 내부 온도를 급속하게 상승시킨다. 이때 커피의 향기성분이 본격적으로 만들어지기 시작한다. 그리고 원하는 원두의 색이 나오면 신속하게 과정을 끝내고 원두의 자체온도를 최대한 빨리 떨어뜨린다. 워터퀀칭 즉, 매우 짧은 시간에 물을 분사해 온도를 순간적으로 떨어뜨린 후 곧 바로 쿨링카트 즉, 방출된 원두를 빙글빙글 돌리면서 찬공기를 이용하여 빠르게 냉각시키는 과정을 거친다. 로스팅 된 원두를 빨리 냉각 시키는 이유는 원두의 향미와 보관 상태를 결정하기 때문이다.

1) 로스팅 전 꼭 알아두어야 할 사항

(1) 로스팅 머신의 특성 파악

로스터는 머신의 용량 및 특성을 잘 파악 하여 자신이 원하는 커피 맛과 향을 얻는 것이 무엇보다도 중요하다. 그러기 위해서는 자신만의 로스팅 포인트를 결정하여 배전 정도에 따른 맛과 향의 차이, 시간 경과에 따른 맛과 향의 변화 등을 수시로 체크하여 최상의 커피 맛과 향을 얻을 수 있도록 노력해야 한다.

로스팅 머신 1kg의 최대 생두 투입량은 1kg, 최소투입량은 500g 이다. 가장 이상적인 투입용량은 80%에 해당하는 800g이 좋다.

(2) 로스팅하기 전 핸드픽(handpick) 과정을 거친다

핸드픽이란 로스팅하기전 원두의 맛에 영향을 줄 수 있는 결점두를 골라내는 과정이다. 생두의 결점두는 산지환경과 가공시설, 분류방법에 따라 다양하게 결점두가 발생한다. 결점두는 종류에 따라 전체 커피의 맛과 향에 큰 영향을 미치기 때문에 로스팅하기 전 핸드픽 과정은 매우 중요하다.

건조가 끝난 생두에서 발견할 수 있는 결점두는 벌레먹은 것, 깨진것, 너무 말라버린것, 흑두 등 다양한 종류가 있다.

커피 맛에 영향을 미치는 대표적인 결점두

과발효 결점두 쓰고 떫은맛, 시큼한 신맛
블랙 빈 결점두 쓴맛, 발효된 맛, 매운맛
벌레 먹은 결점두 타르맛, 입 안에 오랫동안 남는 쓴맛
미성숙 결점두 떫고 아린 맛

커피 맛에 영향을 미치지 않는 결점두

- 파치먼트 두
- 화이트 두

■ **핸드픽 과정** 출처 : http://blog.naver.com/cafebuna/220202391581

(3) 커피품종을 구분해야 한다

커피품종의 특징에 따라 로스팅 방법도 달라지기 때문에 품종을 구분하는 것이 좋다. 커피품종에 따라 체리가 단단한 품종이 있고 무른 품종이 있다. 일반적으로 타이피카종은 조밀도가 매우 약한 종자로 로스팅 시 화력조절에 각별히 신경을 써야 한다. 왜냐하면 무른 조직의 생두는 순간의 방심으로 커피를 태울 수 있기 때문이다. 이에 비해 카티모르종, 카네포라종은 비교적 조밀도가 강한 품종에 속하는 종으로 조밀도가 약한 품종에 비해 강한 화력을 필요로 한다. 그러므로 커피 품종도 다양한 맛과 향을 지니고 있어서 품종의 특징에 맞게 로스팅이 가능하기 때문에 커피품종에 따라 보다 좋은 로스팅 결과를 얻을 수 있다.

커피품종의 조밀도 정도

카네포라 〉 기디모르 〉 카투라 〉 문도노보 〉 버번 〉 타이피카

(4) 수확연도를 알아야 한다

수확연도에 따라 로스팅 기계의 온도와 화력을 조절하기 때문에 생두의 수확연도는 꼭 필요하다. 가장 좋은 맛과 향을 유지하기 위해서는 뉴크롭으로 로스팅하는 것이 좋다.

뉴크롭(new-crop)

수확한지 1년이 안 된 생두를 말한다.

- 색상 그린, 블루그린
- 향기 풋향, 매운향

패스트크롭(past-crop)

수확한지 1~2년 정도 된 생두를 말한다.

- 색상 옅은 그린
- 향기 건초향(마른 풀, 지푸라기 냄새)

올드크롭(old-crop)

수확한지 2년이 지난 생두를 말한다.

- 색상 흰색, 옅은 노란색
- 향기 향기 : 무향, 매운향

표 6-1 생두의 수확연도별 특징

수확연도	색상	수분 함량	생두 향기	온도
뉴 크롭(1년 이하)	그린, 블루그린	13% 이하	매운향, 풋향	높게
패스트크롭(1-2년)	옅은 그린, 그린	10%	건초 향	200도 기준
올드크롭(2년 이하)	옅은 그린, 옐로	7% 이하	무향, 매운향	낮게

(5) 가공 방법을 알아야 한다

가공 건조 방법에 따라 같은 품종의 커피라도 다른 맛과 향을 낼 수 있다. 따라서 로스터가 생두가 어떤 방법으로 가공 건조 되었는지 확인하여 커피체리의 가공 방법에 맞는 로스팅 방법이 필요하다.

신맛의 정도

워시드 건조커피 > 세미 워시드 건조커피 > 펄프드 내추럴 건조커피 > 내추럴 건조커피

단맛의 정도

내추럴 건조커피 > 펄프드 내추럴 건조커피 > 세미 워시드 가공커피 > 워시드 건조커피

(6) 생두의 조밀도를 알아야 한다

생두의 조밀도는 생두조직의 단단한 정도를 말하는데 조밀도는 커피 종자와 재배고도에 따라 다르게 나타난다. 고지대 생두가 저지대 생두보다 큰 일교차로 커피체리가 더 단단해지고 좋은 신맛과 깊은 향을 가지게 되는 것이다. 생두 조밀도는 로스팅 시 중요한 판단조건 중 하나로 생두의 초기 투입온도 설정, 가스압력의 정도, 로스팅 방법의 차이를 판별하는 기준점이 된다. 따라서 조밀도가 강한 생두는 약한 생두보다 생두의 조직을 활성화시키기 위해서 강한 화력이 필요한 것이다.

- **투입온도** 올드크롭 > 페스트크롭 > 뉴크롭 순으로 투입한다. 올드크롭이 가장 높다.
- **투입온도** 조밀도 강 > 조밀도 중 > 조밀도 약 순으로 투입한다.
- 생두의 특징에 따라 투입온도를 높게 또는 낮게 결정하여 투입하여 로스팅 한다.

4. 로스팅 머신의 구조

■ **로스팅머신** 출처 : http://blog.naver.com/lordglory99/220180697030

1) 호퍼

로스팅 할 생두를 담아 놓는 깔대기 형태의 통을 말한다. 예열이 끝나고 드럼 내부가 로스팅하기 적정 온도에 도달하면 호퍼 아래 투입구를 개방하여 미리 계량된 생두를 드럼내부로 넣어 준다.

2) 드럼

생두가 담겨져 열에 의해 로스팅이 이루어지는 곳을 말한다. 드럼의 용량은 1회에 투입할 수 있는 생두의 무게는 로스팅 머신용량의 약 80%가 가장 이상적이다. 드럼내부는 교반 날개가 달려 있어 생두가 한자리에 머물지 않고 골고루 섞여 열이 잘 전달 될 수 있도록 해준다.

3) 샘플러

로스팅 도중에 일정량의 콩을 드럼에서 꺼내어 생두가 볶이는 과정을 볼 수 있는 기구이다. 로스터는 생두를 로스팅 하면서 수시로 샘플러를 통해 콩의 진행과정을 관찰한다. 특히 콩의 색깔, 형태, 외관 그리고 향을 맡음으로써 로스팅 되는 상태를 파악하여 적절히 조치를 한다.

4) 쿨러

로스팅이 이제 막 끝난 원두는 내부의 열로 인해 계속 로스팅이 진행되기 때문에 빨리 원두를 식혀 주어야 한다. 쿨러에 교반 날개가 달려 있어 원두를 회전시키면서 외부공기를 이용하여 잘 식혀 준다.

5) 댐퍼

드럼과 연통사이를 개폐하는 장치를 말한다. 댐퍼를 개방하면 드럼 내부의 열이나 연기 등이 외부로 빠져 나가게 된다. 그리고 댐퍼를 차단하면 로스팅할 때 발생하는 드럼 내부의 열과 냄새 그리고 채프 등이 배출이 잘되지 않는다. 모든 로스팅 머신에 댐퍼가 설치되어 있지는 않고 기종과 성능에 따라 다소 차이가 있다.

6) 버너

노즐을 통해 열을 드럼으로 공급하는 장치를 말한다.

7) 사이클론

사이클론은 연통을 통해 채프가 외부로 유출되지 않도록 채프를 모아 주는 장치를 말한다. 로스팅을 하게 되면 생두에서 원두로 진행되는 과정에서 실버스킨이나, 외피, 가루 등이 많이 생기는데 이를 채프라고 한다.

8) 기타

드럼내부 온도를 표시하는 장치 로스팅 머신의 전원 공급 장치, 드럼이나 냉각팬을 회전시켜주는 모터, 냉각 팬을 작동하는 스위치 등 로스팅 머신에 장착되어 있는 모든 것을 말한다.

5. 로스팅 공정

1) 생두분석

로스팅을 하기 전에 생두의 상태를 확인한다. 왜냐하면 생두마다 각기 다른 수분함량, 크기, 품종, 밀도 등에 대한 생두의 특성을 파악한다.

2) 로스팅 단계 결정

생두의 특성과 로스팅할 원두 양에 따른 적절한 투입 온도를 결정하고 로스터가 결정한 기준에 적합한 최적의 로스팅 단계를 미리 정해 놓는다.

3) 전처리

생두에 이물질이나 결점두가 섞여 있으면 로스팅 후 커피 맛과 향에 좋지 못한 영향을 많이 미치기 때문에 로스팅을 하기 전에 이러한 불순물들을 골라내어 최상의 커피 맛과 향을 유지 할 수 있도록 한다.

4) 예열

점화 스위치를 켜서 원활한 로스팅을 하기 위해 드럼 내부를 충분히 예열을 해 주어야 한다. 로스팅 머신을 이용할 경우에는 절대적으로 필요한 시간이다. 커피를 볶아주는 둥근 드럼을 약한 화력으로 최소한 30분 이상 가열하여야 한다. 이때 드럼 내부의 온도가 상승하여 투입온도에 도달 했더라도 드럼 내부는 충분히 가열이 되지 않은 상태이므로 주의해야 한다. 실제로 예열이 안 된 상태로 로스팅을 하게 되면 생두가 잘 볶아지지 않는 현상이 나타난다.

5) 로스팅

(1) 투입

충분하게 드럼 내부가 가열되어 적절한 온도가 되면 로스팅할 생두를 투입한다. 이때 생두가 열을 흡수하면서 생두 내부의 수분 증발로 풀 냄새 같은 좋지 못한 냄새가 나기 시작한다.

(2) Yellow 단계

그린색을 가진 생두는 로스팅이 시작되면서 색상의 변화가 일어나게 된다. 로스팅 시작 후 약 5분 정도가 지나면 드럼온도가 140도 가 되면서 생두는 엷은 노란색으로 변하면서 은피가 서서히 분리되면서 원두는 지속적으로 수축한다. 시간이 지날수록 점점 짙은 노란색에서 계피색으로 변하면서 고소한 향이 사라지고 신향이 나기 시작한다. 로스팅 진행중에 샘플러를 통해 색, 형태, 향 등을 확인한다.

(3) 1차 크랙

옐로우 단계가 끝나면 점점 짙은 색으로 변하면서 생두가 최대로 수축하면서 강한 신향이 나기 시작한다. 온도가 180~190도 정도가 되면 원두의 내부조직은 다공질로 이루어져 있어서 공급한 열량에 따라 원두조직이 팽창되기 시작한다. 이때 나는 소리를 크랙소리라 하는데, 이는 원두를 구성하고 있는 많은 구멍들이 팽창하는 소리를 말한다. 이때 원두의 센터 컷이 벌어지면서 커피 고유의 향이 나기 시작한다. 원두 부피는 40~60% 커지고 무게는 약 15~17% 감소한다. 색상은 캐러멜화에 의해 엳은 갈색을 띈다.

(4) 2차 크랙

1차 크랙 이후 점차 갈색을 띄며 원두에 연기가 나기 시작하면 2차 크랙이 일어나기 직전임을 알 수 있다. 원두에서 강한 파열음이 나면서 2차 크랙이 진행된다. 이는 원두를 구성하고 있는 많은 구멍들이 팽창하는 소리를 말한다. 이 시점은 원두 내부의 열량이 원두 외부로 발산하는 과정을 의미하는데 색상은 짙은 갈색으로 변한다. 로스팅이 계속 진행되면서 오일이 원두 표면으로 이동하게 되는데 이때부터는 더 이상 원두의 부피는 커지지 않는다. 이때 원두의 크기는 생두에 비해 부피는 100% 팽창하고, 무게는 약 18~23%정도 감소한다.

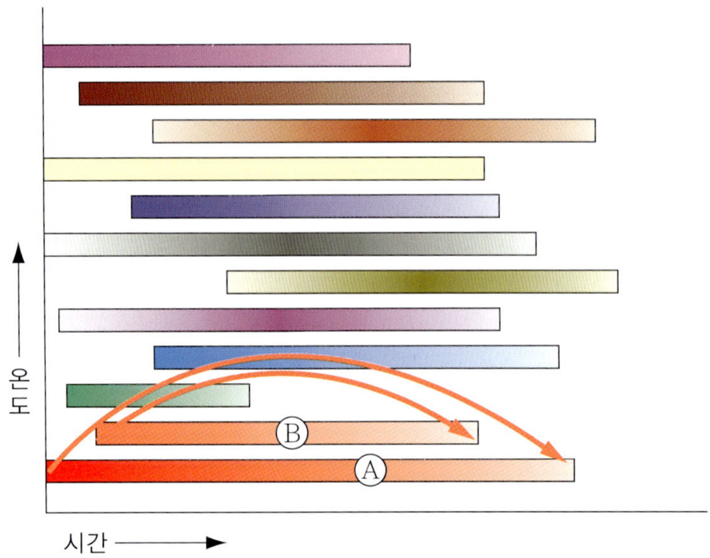

■ **로스팅과정** : 시간과온도에 따른 커피 성분의 추출관계

출처 : http://blog.naver.com/ljhtree/40184259535

❶ B부분은 1차 크랙이 일어난 후 화력 조절을 하지 않은 경우 온도의 변화를 (그래프의 변화) 나타낸 그래프이다.

❷ A부분은 1차 크랙이 일어난 후 화력 조절을 한 경우 온도의 변화를 나타낸 그래프이다.

(5) 배출 및 냉각

로스터가 원하는 로스팅 단계가 되면 빨리 원두를 배출고로 개방하여 원두를 배출시키고 빠른 시간 내에 식혀주어야 한다. 왜냐하면 로스팅이 끝났지만 원두는 내부의 열로 인해 계속 로스팅이 진행되기 때문이다.

(6) 마무리

밖으로 배출된 원두가 충분히 냉각되면 원두의 색상, 향 등을 체크하고 결점두나 이물질이 있는지 없는지 확인을 한다.

표 6-2 로스팅 단계별 특징

로스팅 단계	특 징	에그트론(Agtron) 분류
Light Roast	옅은 갈색을 띠며 신맛이 강하고 향, 바디감은 약하다. 매우 약하게 볶은 상태를 말한다.	#95
Cinnamon Roast	신맛이 강하고 원두의 표면은 건조한 상태이며 커피의 단점을 체크할 수 있다.	#85
Mediumt Roast	신맛을 느낄 수 있으며 견과류 맛이 난다.	#75
High Roast	신맛은 조금 약하고 바디감이 나타나는 시점이다.	#65
City Roast	신맛이 거의 사라지고 더 뚜렷한 품종의 특성이 나타난다.	#55
Full City Roast	단맛이 강하고 원두표면에 오일이 비친다.	#45
French Roast	품종의 특징은 줄어들고 바디감을 강하게 느낄 수 있다.	#35
Italian Roast	바디감과 단맛은 줄어들고 쓴맛이 강해진다.	#25

Part Ⅱ

커피실무론

Chapter 07_커피 추출

Chapter 08_에스프레소 추출

Chapter 09_커피의 향미평가, 커핑

Chapter 10_커피 아로마

Chapter 11_서비스 매뉴얼 - 고객응대

Chapter 12_카페 메뉴

Chapter 07

커피 추출

1. 추출이란?

1) 추출의 의미와 과정

추출은 커피입자에서 커피 성분을 뽑아내는 것을 의미한다. 먼저 로스팅한 원두를 분쇄한 후 뜨거운 물을 부어 커피입자 속으로 스며들어 커피성분들을 입자 밖으로 흘러나오게 하는데 이것이 바로 커피다.

각 나라의 산지별 좋은 품질의 생두를 선별하여 생두가 지닌 각각의 특성, 품종, 생산 여건(고도/토질/기후 등), 수확연도, 가공 방법, 수분 함량과 밀도 등을 고려하여 최상의 상태로 로스팅된 원두를 추출 방식에 따라 분쇄하여 그 커피의 특성에 따른 향미 성분을 최대로 표출해 내는 것을 말한다. 이때 커피의 좋은 향기, 상큼한 맛과 달콤한 맛은 먼저 추출되고 커피성분 중 쓴맛이나 떫은맛 같은 좋지 못한 맛은 천천히 추출된다. 그러므로 커피 추출 시 추출 기구의 특성을 잘 파악하여 추출하는 것도 중요하다.

커피를 추출하는 과정은 분쇄된 커피 입자들이 뜨거운 물을 만나서 뜨거운 물이 커피가 가지고 있는 여러 성분들을 녹여 커피의 가용성 성분이 용해되는 과정에서 용출된 성분들을 물의 침지 또는 여과 방식으로 추출해 내는 것이다. 이를 간략히 표현해 보면 다음과 같다.

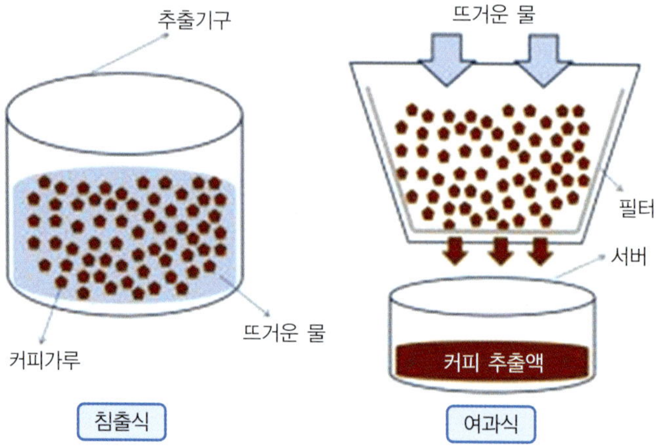

■ 커피추출 방법

그러므로 추출기구의 특성을 잘 파악하여 한 잔의 커피를 추출해서 맛있게 즐기기 위해서는 다음과 같다.

- 신선한 원두를 선택한다.
- 볶은 상태를 파악한다.
- 추출 기구에 알맞은 입자로 분쇄 한다.
- 적당한 커피 양을 담든다.
- 서버에 뜨거운 물로 충분하게 예열을 해 둔다.
- 신선한 뜨거운 물을 사용한다.
- 추출에 맞는 물 온도를 유지한다.
- 올바른 추출 방법으로 추출한다. 이때 추출 속도와 시간을 지켜서 추출 과정이 이루어져야 한다.

2) 다양한 추출 방식

커피추출방식은 그 동안 놀라운 발전을 해 왔다. 수작업으로 분쇄한 원두커피를 끓여 가라앉힌 고전적이고 전통적인 터키식 침출법에서 부터 핸드드립, 모카포트, 프렌치 프레스, 사이폰, 더치드립, 에스프레소 커피머신, 자동 커피머신 등 다양한 추출기구들이 개발 되었다. 이처럼 다양한 커피 추출기구가 만들어지게 된 계기도 19세기 메리타 드립 방식이 고안되었고 이를 계기로 다른 여러 나라에서 다양한 기구를 이용한 추출법을 사용하였다. 이렇게 끊임없이 이어져 온 추출방식의 진화는 오늘날 커피산업 발전의 견인차 역할을 하였다.

■에스프레소 머신

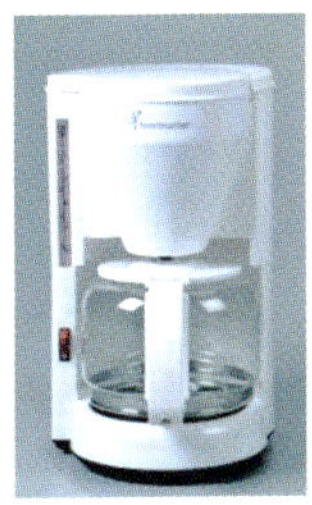
■기계드립

■모카포트

■사이폰

■이브릭

■프렌치프레스

■핸드드립

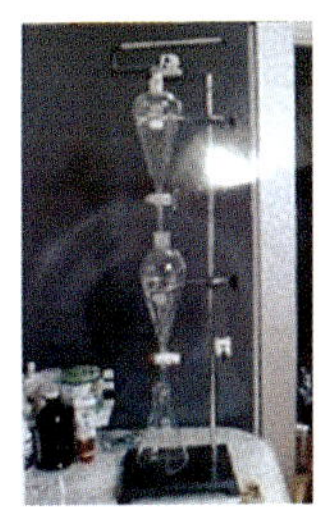
■더치드립

■**다양한 추출방식 및 기구** 출처 : http://blog.naver.com/fortecoffee/220152325713
출처 : http://narziss7.blog.me/110109614975

(1) 추출 방식

커피를 추출하는 방식은 크게 침지방식과 여과방식이 있다. 침지식은 오래된 커피추출방법으로 추출용기에 분쇄된 커피가루와 뜨거운 물을 넣어 섞어서 가열한 다음 커피성분을 우려내는 방식이다. 이 추출방법은 맛과 향이 강하고 진하다는 특징을 가지고 있다.

여과식은 추출용기안에 분쇄된 커피가루가 담긴 종이나 금속으로 된 필터를 뜨거운 물이 한번 통과하여 커피성분을 뽑아내는 방식으로 커피추출액은 별도의 용기에 받는다. 드립여과라고도 한다. 이 추출방법은 농도와 향기가 풍부하고 중후하며 조화된 맛을 가지고 있는 것이 특징이다.

그러나 커피 추출 기구 특성상 침지식과 여과식 방식 이외에 다른 형식의 커피 추출 유형도 있다. 이를 알기 쉽게 표현하면 다음과 같다.

표 7-1 추출 방식의 분류

침지식 추출	여과식 추출	기타 추출
우려내기방식 (프렌치프레스) 달임방식 (이브릭)	드립식 (핸드드립, 더치드립 베트남 핀드립 커피메이커)	진공여과식 (사이폰) 가압추출식 (에스프레소, 모카포트)

3) 커피 추출을 위한 준비

커피를 추출하기 위해서는 여러 가지로 중요한 요인들이 많이 있지만 그 중에서 커피 원두와 물 그리고 추출 방식에 맞는 기구를 잘 선택해야 한다.

커피 향과 맛을 잘 살리기 위해서 다음의 소건들을 잘 갖추어야 한다.

구분	내 용
원두	• 원두는 신선할수록 좋다. • 추출에 알맞은 로스팅 정도를 선택 한다. • 추출하고자 하는 기구 특성에 맞게 분쇄를 한다. • 추출에 적당한 원두커피 양을 준비한다.
기구	• 커피기구는 추출에 알맞는 것을 준비한다. • 온도계(물의 온도 측정)를 준비한다. • 타이머(추출 시간 측정)를 준비한다. • 그 외에 필요한 도구들을 준비한다.
물	• 신선한 물을 준비한다. • 추출에 필요한 물의 양을 충분하게 준비한다. • 여러 번 끓인 물은 이산화탄소가 손실되어 좋지 못하다. • 마일드한 맛의 커피추출은 연수로, 강한쓴맛의 커피추출은 경수로 한다.

좋은 향과 맛있는 커피를 추출하기 위해서는 원두를 추출직전에 분쇄하고 각각의 추출기구에 맞는 적합한 분쇄와 적당한 커피 양을 사용하여야 한다.

추출기구 특성에 맞는 원두 분쇄 정도는 다음과 같다.

(1) 에스프레스 용

짧은 시간에 추출을 해야 하기 때문에 곱게 분쇄 한다.

(2) 사이폰 용

진공추출방식이기 때문에 물이 빨리 통과할 수 있도록 드립용 보다 곱게 분쇄 한다.

(3) 더치커피 메이커 용

에스프레스보다 굵은 정도이고 드립용 보다는 고운정도로 분쇄 한다. 더치커피는 너무 곱게 분쇄를 하면 물길이 잘 나지 않고 너무 굵게 분쇄를 해도 추출시간이 단축되어 진다.

(4) 드립용

드립용은 사이폰보다 굵고 모카포트보다는 고운 중간 정도의 굵기로 분쇄한다. 특히 핸드드립은 물의온도가 85~86도의 뜨거운 물에서 커피의 고형성분이 제대로 추출되기 때문에 물의 온도도 중요하다. 만약 물의 온도가 85도 이하일 경우에는 커피가 제대로 추출되지 않아 커피 맛이 싱겁다. 그러므로 물의 온도, 분쇄정도, 물줄기, 물의 양, 추출시간 등 여러 조건에 따라 추출된 커피 맛은 다양하게 나온다. 그리고 분쇄도가 고운 경우에는 약간 낮은 온도에서 추출하고 분쇄도가 굵은 경우에는 높은 온도에서 추출하는 것이 좋다.

(5) 모카포트용

모카포트 커피 추출 시 커피의 분쇄정도는 드립용 보다 조금 굵게 분쇄 한다. 이 커피는 가압추출방식으로 열을 가하면 하부포트에 담김 물이 끓어오르면서 증기가 되어 커피가 담겨 있는 바스캣 필터를 통과하여 커피가 상부포트에 황금색 거품을 내며 커피가 추출된다.

(6) 프렌치프레스용

프렌치프레스는 침지식이기 때문에 너무 곱게 분쇄하면 과다추출되어 커피가 너무 진해 질 수 있다. 그러므로 커피입자는 조금 굵게 분쇄는 것이 좋다. 추출시간은 약 3~5분이 적당하다.

표 7-2 원두분쇄입자와 물의 접촉 시간과의 관계

물의 온도	낮은 온도	높은 온도
원두 분쇄도	굵은 분쇄	가는 분쇄
로스팅 정도	강 배전	약 배전

커피를 추출할 때 추출속도가 빠르게 진행 하게 되면 커피 맛이 연할 수 있다. 이런 경우에는 원두 분쇄가 너무 굵어 물과 접촉시간이 짧아져서 과소추출(Under extraction)이 된다. 그리고 원두 분쇄 정도가 너무 고운 경우 물과 접촉시간이 길어져서 과다추출(Over extraction)이 되어 커피가 아주 진하다.

그러므로 추출 기구에 잘 맞는 크기로 원두를 분쇄하여 추출해야 하는데 다음과 같다.

표 7-3 커피추출 시 기구 특성에 맞는 분쇄 정도

분 류	미세한 굵기	가는 굵기	중간 굵기	굵은 굵기
분쇄도	0.3mm 정도	0.5mm 정도	0.5~0.7mm 정도	1.0mm 정도
기구 유형	이브릭/ 에스프레소	사이폰	드립식	프렌치프레스
분쇄 상태				

2. 핸드드립

1) 핸드드립의 특징

가장 자연적이고 일상에서 접할 수 있는 것으로 원두를 분쇄하여 중력의 원리를 이용해 뜨거운 물을 천천히 부어 추출하는 방식을 말한다. 이 핸드드립의 추출방식은 멜리타 벤츠(Melitta Bentz)라는 독일 여성이 개발하였다. 그 후 일본으로 전파되어 일본인들이 다양한 형태의 드리퍼를 개발하여 원두각각의 고유한 맛과 향을 유지하면서 커피를 추출하는데 성공하였다. 특히 핸드드립은 기계로 추출하는 것이 아니라 사람이 직접 커피를 추출하기 때문에 물의 온도, 분쇄정도, 물 줄기, 물의 양, 추출시간 등 물과의 접촉 시간이 커피 알갱이 입자마다 달라지기 때문에 드립을 할 때 마다 추출되는 커피 맛의 변화가 생긴다. 그러므로 균일하게 분쇄하여 일정한 물줄기로 커피를 내리는 것이 중요하지만 여러 조건에 따라 커피를 내리는 사람마다 독특한 개성적인 손맛에 커피 맛이 좌우되는 방식이기도 하다.

2) 핸드드립의 도구

(1) 드립포트

분쇄된 원두는 뜨거운 물에 접촉하고 있을 때 수용성 성분들이 녹아 나온다. 그러므로 분쇄된 커피와 물이 닿아있는 면적과 시간이 아주 중요한 역할을 한다. 드립포트는 여러 가지 다양한 모양이 있다. 이러한 커피포트는 무엇보다도 물의 흐름과 속도가 안정적이어야 하므로 포트의 모양이 일반 주전자의 형태와는 많이 다르다.

드립포트의 재질은 스테인리스, 동, 범랑 등으로 되어 있고 각각의 재질에 따라 보온성과 가격등 여러 가지 장 · 단점이 있다.

이처럼 커피를 추출하려면 다양한 모양과 재질의 포트 중에 자신이 물을 내리는데 편안한 손잡이와 적정한 무게 그리고 실용적인 가격의 포트를 선택하는 것이 좋다.

표 7-4 다양한 드립포트의 종류

종류	특징	리브의 형태
핸드드립포트 700ml	• 스테인리스로 관리가 쉽다 • 처음 시작 하는 이에게 추천한다. • 비교적 저렴하다. • 1~2인용으로 사용하기 편리하다. • 연습용으로 적합하다.	
하리오 부오노 드립포트 1200ml	• 무광으로 처리되어 자국이나 흠집이 눈에 띄지 않아 좋다. • 초보자나 빠르게 드립커피를 내리는 이에게 추천한다. • 직화가 가능하다. • 4~5인용으로 사용하기 편리하다. • 물줄기가 빨라 하리오 드립에 적합하다.	
칼리타 동 드립 포트 600ml	• 고급스러운 동 재질로 열전도율이 높고 장식용으로 좋다. • 온도 유지가 잘되며 드립을 즐기는 이에게 추천한다. • 동 포트 중 가장 작은 사이즈다. • 1~2인용으로 사용하기 편리하다.	
칼리타 알라딘 동 포트 900ml	• 인테리어용으로 좋은 고풍스러운 디자인이다. • 동 재질의 장점을 갖춘 고급제품으로 장식용으로도 좋다. • 가격이 조금 비싸다. • 3~4인용으로 사용하기 편리하다.	

출처 : http://blog.naver.com/cconma/196856447

(2) 드리퍼

❶ 종류 및 재질

핸드드립에 필요한 가장 기본적인 도구인 드리퍼는 종이 여과지를 넣어 커피 추출 시에 다양한 모양의 드리퍼 특성을 살릴 수 있도록 각각 독특한 구조로 되어 있다. 일반적으로 우리가 사용하는 드리퍼 재질은 보온성, 경제성, 편리성에 따라서 플라스틱 드리퍼, 도자기 드리퍼, 동드리퍼 그리고 융드립에 사용하는 융드리퍼 등 다양한 제품으로 만들어 졌다.

표 7-5 드러퍼 재질의 장 · 단점

종류	장 점	단 점
플라스틱	• 가격이 저렴하고 투명하다. • 뜸들이는 과정을 볼 수 있다. • 드립 시 물줄기 조절이 가능하다.	• 오래 사용하면 드리퍼 내부 벽이 갈라져 흠집이 생길 수 있다. • 보온성이 떨어진다. • 오래 사용하면 커피물이 베여 미관상 좋지 못하다.
도자기	• 가격이 저렴하고 보온성이 뛰어나다. • 오래사용해도 변하지 않는다. • 드립 후 관리가 비교적 간편하다.	• 열전도율이 낮다. 그래서 드립 전 뜨거운 물로 예열이 필요하다.
동	• 보온성과 열전도율이 뛰어나다. • 고급스럽게 보여 장식품으로도 좋다. • 커피를 내릴 때 시각적으로 좋다.	• 가격이 조금 비싸다. • 사용 후 바로 씻어 물기 없이 보관한다. • 관리가 조금 어렵다.
융	• 커피오일까지 우러나와 종이필터보다 맛이 더 진하고 고소한 커피 맛을 느낄 수 있다.	• 위생관리가 어렵다. 드리퍼 사용 후 빨리 세척하고 세균의 번식을 막는다.

표 7-6 드리퍼의 종류

종류	특징	리브의 형태	추출구
메리타	중간부터 아래로 리브가 형성되어 있고 드리퍼 바닥면에 물이 고였다가 추출되므로 묵직하고 진하게 추출된다. (추출구 1개)		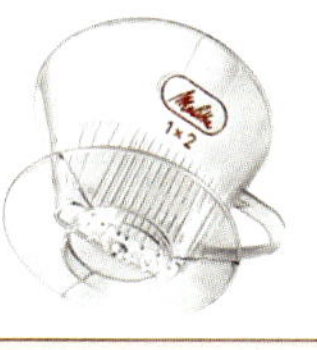
칼리타	상단에서 하단까지 촘촘하게 리브 형성(추출구 3개). 초보자부터 전문가가 사용한다.		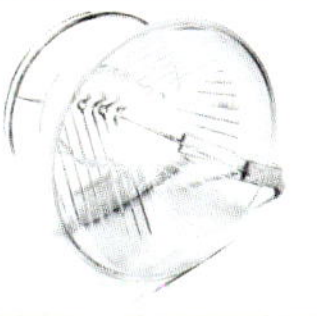
고노	둥근 원추형 모양으로 리브는 중간부터 아래로 형성되어있다.(추출구 1개). 진하면서 부드러운 맛을 추출한다.	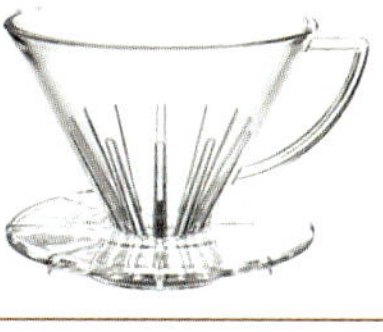	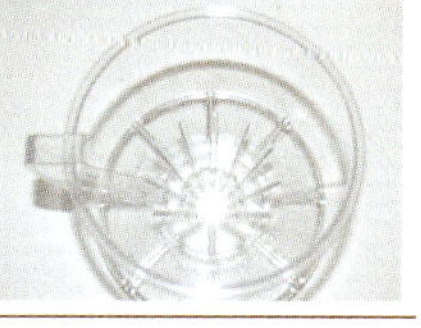

종류	특징	리브의 형태	추출구
하리오	고노와 같이 둥근 원추형 모양으로 상단에서부터 회오리형의 리브가 추출구 까지 이어져 있다.(추출구 1개). 추출 속도가 빠르기 때문에 잡미가 없는 깔끔하고 부드러운 커피를 추출한다. 깔끔한 맛을 중요시하는 아이스커피에 적합		

출처 : http://sohory.blog.me/80104837520
출처 : http://blog.naver.com/roro3311/220130293837
출처 : http://blog.naver.com/bangstar321/220085260362
출처 : http://blog.naver.com/dnjsrud7798/80196725139
출처 : http://blog.naver.com/enwy57/220083323285

❷ 리브의 역할

리브는 드리퍼와 필터 사이에 공간이 만들어져 있어 커피를 추출할 때 물의 흐름을 원활하게 하여 추출할 때 생기는 공기와 가스의 배출을 도와서 여과지 안에 있는 커피의 성분이 원활하게 녹아나도록 도와준다. 만약 드리퍼에 리브가 없다면 종이 필터가 드리퍼에 밀착되어 커피 추출 시 물 빠짐이 원활하지 않아 좋은 맛의 커피 추출이 어렵고 또한 여과지가 드리퍼 벽면에 붙어 쉽게 제거하기 어려울 수 있다. 리브는 드리퍼 특성에 맞게 리브의 개수, 모양, 길이가 종류에 따라 다르다.

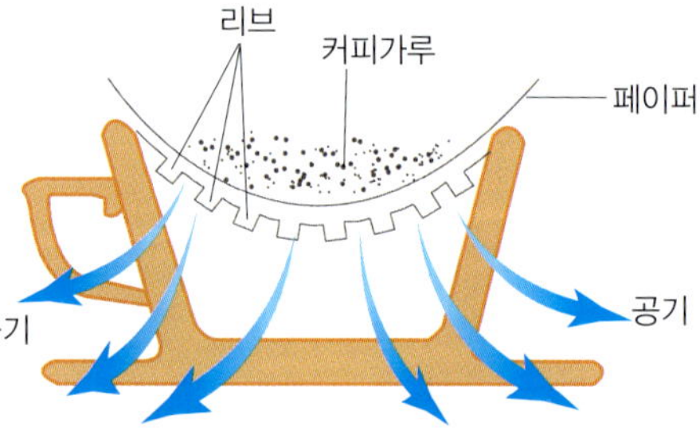

■ 리브의 역할

(3) 분쇄기

커피원두를 분쇄하는 기구로 칼날이 회전하면서 분쇄하는 충격식과 롤러로 회전하는 분쇄기가 있다. 가정에서 흔히 사용되는 것은 롤러로 되어 있는 수동밀이나 소형 전동 그라인더를 많이 사용하고 있다.

■칼리타

■하리오

■홈아트

■칼리타 K2

■코맥 이중날 커피밀

■코맥 세라믹날

■칼리타 CT-5

■코맥 아리아 핸드밀

■**다양한 핸드밀의 종류**

(4) 서버

느리퍼 밑에 놓고 추출한 커피를 받아내는 용도로 사용한다. 주로 플라스틱, 유리 등의 제품이 있으며 사이즈는 1~2인용, 3~4인용이 가장 일반적으로 많이 사용하고 있다.

(5) 페이퍼 필터(여과지)

커피 추출에 필요한 여과 방식에서 분쇄한 커피 찌꺼기를 걸러내는 역할을 하는 여과지는 하얗게 표백 처리된 흰색 여과지와 누런 천연 펄프 여과지가 사용되고 있다.

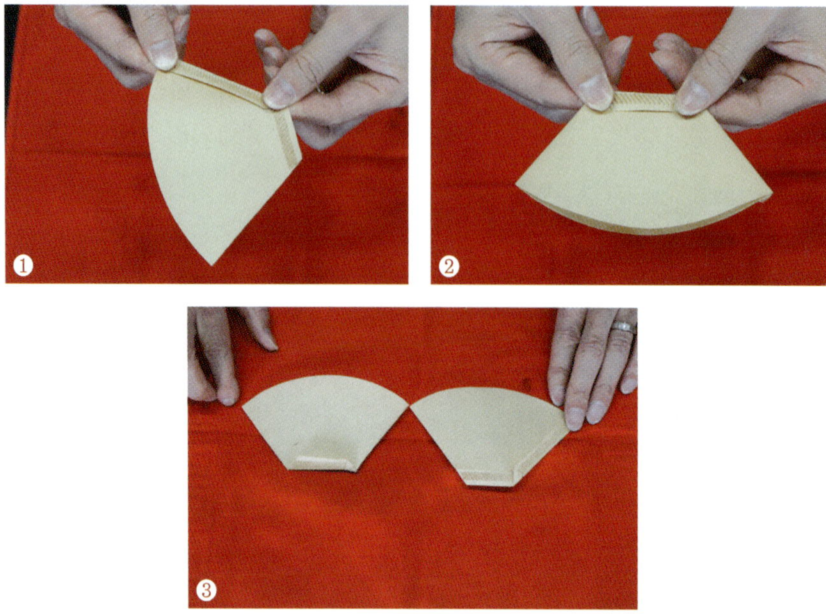

■ 페이퍼 필터 접기

(6) 온도계와 스톱워치

커피 추출은 온도와 시간이 매우 중요하다. 같은 원두를 사용해도 물의 온도에 따라 커피 맛은 달리지는데 온노가 낮으면 신맛과 떫은맛이 강하고 온도가 높으면 쓴맛이 강해진다. 그러므로 약배전 원두는 89~92℃, 중배전은 85~88℃, 강배전은 80~84℃ 정도가 이상적이다.

스톱워치는 커피추출시간 측정에 사용하고 있다. 가장 이상적인 추출시간은 2인분 이하일 경우 3분 이내가 좋고 5인분은 약 5분 정도 시간에서 추출하는 것이 좋다. 단시간에 추출한 커피는 균형감이 상실되기 때문에 적당한 시간에 커피를 추출하는 것이 좋다.

현재 사용되고 있는 온도계와 스톱워치는 여러 가지 유형의 다양한 제품들이 있다.

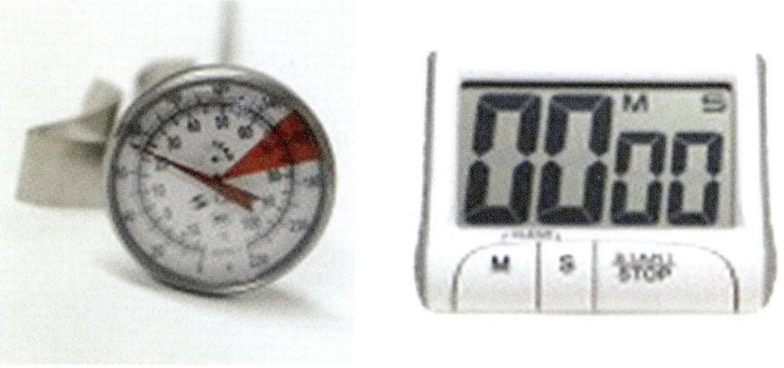

■온도계와 타이머

(7) 계량스푼

계량스푼은 커피원두의 정확한 양을 측정하기 위해 사용된다. 일반적으로 원두 10g을 사용할 경우 150ml의 커피를 추출한다.

1. 커피포트 2.핸드밀 3.원두커피 4.드리퍼 5.서버 6.시게
7.온도계 8.계량스푼 9. 페이퍼

■핸드드립 추출도구

3) 핸드드립의 기본 요령

(1) 핸드드립의 자세

커피를 추출할 때 물을 안정적으로 잘 부어주기 위해서 핸드드립 시 자세는

매우 중요하다. 물론 사람의 신체조건과 테이블의 높이에 따라 다르기 때문에 본인이 추출하기 편안한 자세가 제일 좋다. 그러나 아래 사항을 참고하여 좋은 자세를 유지하는 것이 중요하다.

- 다리는 어깨넓이로 벌린 후 왼발을 약간 앞으로 한다.
- 무릅과 허리를 약간 굽혀 안정적인 자세를 잡는다.
- 팔은 몸에 가볍게 붙이고 힘을 너무 많이 주지 않는다.
- 다른 손은 테이블위에 가볍게 올려 몸의 균형을 잡아준다.
- 손목이 아닌 팔 전체를 이용하여 돌려주며 물줄기의 흔들림을 줄인다.
- 손에 힘을 빼고 자연스럽게 드립포트를 돌린다.
- 드립 시에 시선은 항상 물줄기에 둔다.
- 드립 테이블의 높이는 70~80cm가 적당하다.
- 테이블 높이에 따라 허리를 약간 구부리는 경우도 입다.

(2) 커피 양의 조절

일반적으로 커피 한 잔(1인분)을 추출할 때 원두커피 10g에 150cc 정도의 물을 사용하고 실제로 커피를 추출할 때에는 100ml만 추출한다. 그러나 두 잔(2인분)을 추출할 때 원두커피 20g에 300cc 정도의 물을 넣고 커피는 200ml를 추출한 다음 뜨거운 물을 100ml 정도 첨가하여 300ml로 해서 마신다. 왜냐하면, 커피 맛과 향의 좋은 성분은 먼저 추출되기 때문이다.

또한 세 잔 이상의 커피를 추출할 때는 원두커피 양을 10% 정도 줄이고 반대로 추출 커피량은 늘려야 맛있는 커피를 즐길 수 있다. 하지만 인원수가 많지 않다면 2인분을 기준으로 해서 여러 번 커피를 추출해서 마셔야 커피의 좋은 향과 맛을 더욱 더 느낄 수 있다.

커피 맛의 농도는 개인의 취향에 따라 다르다. 커피 농도의 강약은 여러 가지 변화 요인에 따라 많은 차이가 있다.

표 7-7 분쇄 커피량과 추출 커피량

구분	분쇄 커피량	물 사용량	추출 커피량
1인분	10g	150cc	100ml
2인분	20g	300cc	200ml
3인분	30g	450cc	300ml
4인분	40g	600cc	400ml

추출 커피 양을 기준으로 뜨거운 물로 희석하여 각자 취향에 맞게 커피 농도를 맞추어 마신다. 왜냐하면, 커피 맛과 향의 좋은 성분은 먼저 추출되기 때문이다.

표 7-8 커피 농도 변화 요인

분류	← 약하게	강하게 →
투입 커피량	적게	많게
추출 커피량	다량	소량
추출 커피입자	굵게	가늘게
볶음도	#65 이상	#45~#25
추출 기구	칼리타, 메리타, 프렌치프레스 등	고노, 융, 이브릭, 모카포트, 에스프레소 등
추출 속도	빠르게	느리게
추출 온도	저온으로	고온으로

(3) 물 붓기

- 드립퍼에 여과지를 장착한다.
- 분쇄된 원두를 붓는다.
- 원두가 평평하도록 드립퍼를 살짝 흔든다.
- 정확히 가운데에 물을 부어 물 줄기를 만들어 준다.
- 되도록 가는 물줄기로 시작한다. 단, 후반에는 농도를 맞추기 위해 물 줄기를 굵게 하는 경우도 있다.

- 드립퍼의 중심에서 시작하여 바깥쪽으로 나선형을 그리며 물이 끊어지지 않게 물줄기를 일정하게 유지한다.
- 드립퍼에 물을 적당히 붓고 난 뒤 부풀어 오름 현상이 줄어들고 원두가 밑으로 꺼져 내리는 현상이 생길 때 가운데서부터 다시 물을 동일한 물줄기로 내리면서 천천히 원을 그려준다. 보통 1차~3차 또는 4차 드립 까지 한다.
- 물줄기의 높이는 가능한 한 2~3cm 정도를 유지하여 불규칙한 물의 낙차로 커피 맛의 균형을 깨뜨리지 않도록 조심한다.

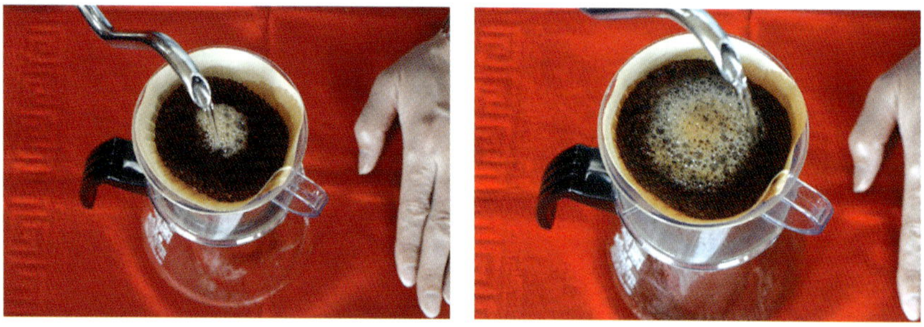

■물 붓기 방법

(4) 뜸들이기

목적 추출 전 커피 가루를 충분히 불려 커피가 가지고 있는 고유 성분 및 커피내의 탄산가스와 공기를 제거하여 물이 용이하게 흐를 수 있는 길을 만들어 주어 원활하게 커피 추출 이 이루어지도록 하기 위함이다.

- 드립퍼 종류에 따라 방법이 조금 다르지만 대부분 나선형을 많이 사용한다.
- 물의 온도는 약 85~90도 사이가 적당하다.
- 뜸들이기 시간은 약 20~25초가 적당하다. (원두가 물을 먹으면 팽창을 하면서 맨 윗부분에 원두에서 갈라짐이 보일 때)
- 신선한 원두일수록 부풀어 오름 현상이 좋다. 단, 물의 온도가 낮으면 부풀어 오름이 상대적으로 약할 수 있다.
- 서버에 물이 줄줄 떨어지지 않을 정도로 물을 붓는다.(서버에 한두방울의 물이 떨어질 정도면 좋다).
- 커피 전체에 고르게 물을 준다.

■고노 방법

■칼리타 방법

■뜸들이기 방법

표 7-9 뜸들일 때 물의 양에 따른 향미의 변화

구분	과정	결과
적절한 물량	뜸이 완료되고, 10~20초 후에 커피물이 떨어진다.	커피 성분이 고르게 추출된다.
많은 물량	뜸 주입 시 물이 서버로 주루룩 흐른다.	성분을 충분히 우려내지 못해 밋밋한 커피 맛이 된다.
적은 물량	뜸을 주었으나 커피가 한 방울도 추출되지 않는다.	커피 향미를 우려내지 못해 커피의 부정적인 향미가 돌출된다(쓰다/떫다/탁하다).

3. 여러 가지 핸드드립

1) 칼리타 추출

- 드리퍼 밑에 추출구가 3개 있다.
- 일본에서 만들었다.
- 메리타보다 물의 흐름이 다소 빠르다.
- 깔끔하고 부드러운 커피 맛을 낼 수 있다.
- 중간 · 약배전에 많이 사용하는 드립방식이다.

추출 방법

뜸들이기

- 드리퍼에 페이퍼를 장착시킨다.
- 나선형으로 드리퍼 안쪽에서 바깥쪽으로 천천히 커피 전체를 적셔 뜸을 들인다. 가능하면 페이퍼에는 물을 직접 닿지 않게 한다.

1차 추출

- 뜸으로 부풀어 오른 커피는 25~30초 후 1차 드립을 한다.
- 드리퍼 중앙에서 나선형으로 안에서 밖으로, 밖에서 안으로 물을 돌려 준다(1차추출 에서는 원하는 추출 양의 30% 내외로 물을 준다).

2차 추출

- 1차 추출과 같은 방법으로 드립을 한다. 단, 1차보다는 드립 속도를 조금 빠르게 한다. 이때 추출 양은 60% 전후로 물을 주며 물의 흐름이 흔들림이 없이 일정하게 드립을 해야 한다.

3차 추출

- 흔들림이 없이 일정하게 물을 돌려 준다. 하지만 1, 2차보다는 물줄기가 조금 굵어도 좋다.
- 원하는 양의 80%까지 추출하고 빠져 나온다.

4차 추출

- 원하는 양의 100%까지 추출되면 드립을 멈춘다.
- 드리퍼를 바로 서버에서 제거한다. 왜냐하면, 추출 후 찌꺼기에서 우러나오는 좋지 못한 잡미를 없애기 위해서이다.

마무리 및 테이스팅

- 커피 맛을 시음 후 취향에 따라 기호음료를 첨가해서 마신다.

2) 메리타 추출

- 1908년 독일의 메리타 벤추 여사가 고안한 방식이다.
- 드리퍼 아래쪽에 추출구 구멍이 1개이다.
- 유럽이나 미국에서 많이 사용하고 있는 방식이다.
- 드립할 때 드리퍼에 물이 고여 있는 시간이 길어 칼리타보다 추출 속도가 늦다.
- 중간 · 강배전에 잘 어울리며 원두를 약간 가늘게 분쇄하여 사용하면 좋다.
- 추출을 시작하면 멈추지 않고 계속해서 불을 부어 완성한다.
- 깔끔하고 안정적인 맛이 칼리타 드립보다 부족하다.

추출 방법

뜸들이기

- 나선형으로 물을 빠르게 커피 전체에 주어 뜸을 완성한다.

1차 추출

- 뜸으로 부풀어 오른 커피는 25~30초 후 1차 드립을 한다.
- 드리퍼 중앙에서 나선형으로 안에서 밖으로, 밖에서 안으로 물줄기를 멈추지 않고 드립헌디.

2차 추출

- 물의 양과 추출되는 커피 양의 균형을 유지하면서 멈추지 않고 계속해서 물을 부어 원하는 양의100%까지 추출되면 드림을 멈춘다.

마무리하기

- 원하는 양의 100%까지 추출되면 드림을 멈추고 바로 드리퍼를 바로 서버에서 제거한다.

3) 고노 추출

- 드리퍼 아래 큰 구멍이 있는 원뿔모형을 가지고 있다.
- 고노 드리퍼는 드리퍼 중간부터 리브가 형성 되어 있다.
- 드립방식이 점 드립과 선 드립으로 구분 되는데 고노추출은 점 드립에 속한다. 뜸들이기 할 때는 한방울 한방울의 물을 떨어뜨려 뜸들이기를 한다.
- 다른 드립 방식보다 커피의 맛이 진하고 바디감이 뛰어나다.
- 융 드립에 가까운 드립 방식이라고 할 수 있다.
- 칼리타 방식 보다 물 빠짐이 좋기 때문에 점 드립 이후 1차 드립에서 마무리까지 속도의 완급 조절을 잘 하여 드립 해야 한다.

추출 방법

뜸들이기

- 드립포트를 이용하여 드리퍼 한 가운데에 물을 한방울 한방울씩 떨어뜨려 뜸을 드린다.

1차 추출

- 뜸들이가 완성된 후 추출을 시작한다. 이때 한 가운데 물을 일정하게 부어 준다. 너무 많은 양을 물을 붓지 않는다.

2차 추출

- 1차 추출 이후 드리퍼에 물이 중간 정도 빠져 조금 움푹 들어갔을 때 다시 물을 흠뻑 부어 준다.

3차 추출

- 2차와 동일하게 추출을 한다. 이때 물을 부을 때 물 줄기에 따라 원두커피가 부풀어 올랐다가 내렸갔다가 반복적으로 드립을 하기 때문에 추출하는 동안 내리는 원두커피와 호흡을 같이 한다는 기분으로 드립을 하면 된다.

마무리하기

- 원하는 양의 100%까지 추출되면 드립을 멈춘다.
- 드리퍼를 바로 서버에서 제거한다. 왜냐하면, 추출 후 찌꺼기에서 우러나오는 좋지 못한 잡미를 없애기 위해서이다.

테이스팅

- 커피 맛을 시음 후 취향에 따라 기호음료를 첨가해서 마신다.

4) 하리오 추출

- 고노 드리퍼와 유사한 아래 큰 구멍이 있는 원뿔모형을 가지고 있다.
- 고노 드리퍼와는 달리 리브가 유선형으로 처음부터 끝까지 되어 있다.
- 추출 구멍도 고노에 비해 0.5cm 정도 커서 유속이 빠르다.
- 진한 커피를 추출하고자 할 때 적합하다.
- 고노보다 바디감은 다소 약하지만 감칠맛은 더 느낄 수 있다.
- 추출을 시작하면 멈추지 않고 처음부터 끝가지 계속해서 안쪽에서 바깥쪽으로 바깥쪽에서 안쪽으로 물을 주어 완성한다.

추출 방법

뜸들이기

- 드리퍼에 페이퍼를 장착시킨다.
- 나선형으로 드리퍼 안쪽에서 바깥쪽으로 천천히 커피 전체를 적셔 뜸을 들인다. 가능하면 페이퍼에는 물을 직접 닿지 않게 한다.

1차 추출

- 뜸으로 부풀어 오른 커피는 25~30초 후 1차 드립을 한다.
- 드리퍼 중앙에서 나선형으로 안에서 밖으로, 밖에서 안으로 물을 돌려 준다. 이때, 물 붓는 속도를 조절해서 너무 빨리 물을 붓지 않도록 주의한다.

2차 추출

- 물의 양과 추출되는 커피 양의 균형을 유지하면서 안에서 밖으로, 밖에서 안으로 멈추지 않고 계속해서 물을 부어 원하는 양의 100%까지 추출되면 드립을 멈춘다.

마무리하기

- 원하는 양의 100%까지 추출되면 드립을 멈추고 바로 드리퍼를 바로 서버에서 제거한다.

4. 여러 가지 기구를 이용한 추출 방법

1) 사이폰

- 사이폰은 일본에서 흔히 부르는 이름이고 원래 이름은 베큐엄 브로어(vaccum brewer)이다.

- 커피를 추출할 때 시각적인 연출 효과가 아주 좋다.
- 물 끓이는 연료 방식으로는 알코올램프, 할로겐램프 등이 있지만 주로 알코올램프를 많이 사용하고 있다.
- 알코올을 사용할 때 반드시 메틸 알코올을 사용 한다.
- 커피 필터(여과장치)는 종이와 융 필터가 있지만 종이 필터를 더 많이 사용하고 있다. 종이필터는 사용이 간편하지만 융 필터는 사용 후 세척 및 보관 등의 어려움이 있다. 만약 융 필터를 사용 했다면 잘 세척하여 물기를 제거하여 냉장 보관한다.
- 사이폰 추출은 약배전과 중배전에 적합하다. 강배전의 커피를 사용할 경우 고온 추출로 커피의 쓴맛이 강함을 느낄 수 있다.

■ **사이폰 추출 기구의 명칭** 출처 : http://hotelleader.blog.me/100209749528

(1) 사이폰 사용 시 주의사항

❶ 프라스크 외부에 물기를 마른 수건으로 잘 닦아 준다. 물기가 있는 상태에서 열을 가하면 유리파손의 원인이 된다.

❷ 알코올 램프를 플라스크 하단 중앙에 잘 배치 시킨다.

❸ 가열할 때 플라스크 안에 기포가 올라오면 로드를 끼워 넣는다. 이때 로드를 끼워 넣고 10초 정도 후에 물이 올라가기 시작한다.

❹ 로드에 물이 다 올라오면 나무스틱으로 10회 정도 저은 후 약 30초 후 알코올 램프를 치우고 다시 10회 정도 저어 준다. 이때 커피가 로드에서 플라스크로 다시 내려 올 때 거품이 많이 나올수록 추출 상태가 좋다고 볼 수 있다.

❺ 사용 후 로드를 분리 할 때는 손바닥으로 로드 윗부분을 잡고 좌우로 여러 번 흔들면 쉽게 분리할 수 있다. 그리고 커피 찌꺼기 역시 손바닥으로 로드 윗부분을 2~3회 정도 톡톡 두드리면 쉽게 분리된다.

❻ 사이폰을 세척할 때 세제나 스펀지는 사용하지 않고 뜨거운 물을 사용하여 깨끗이 씻어 준다.

(2) 추출 방법

■ 기본 준비

- 플라스크 외부의 물기를 마른 수건으로 잘 닦는다.
- 알코올 램프를 플라스크 하단 중앙에 잘 놓아둔다.
- 상단 로드에 분쇄한 커피가루를 약 20g 정도를 넣는다(1인분 : 10g, 2인분 : 18g, 3인분 : 25g, 4인분 : 33g).
- 초시계, 나무스틱, 물 등을 준비한다.

1. 로드에 커피필터(압력추)를 끼워서 로드 하단에 필터 고리를 당겨서 끝부분을 로드에 걸어준다.

2. 추출할 커피 량은 일반적으로 12~15g을, 물 120~150cc 정도를 기준으로 한다.

3. 플라스크 용기에 커피 량에 맞추어 뜨거운 물을 붓는다.

4. 알코올 램프에 불을 붙여 플라스크 용기에 물을 가열한다.

5. 플라스크 용기에 물을 가열 하는동안 로드를 스탠드 옆으로 기울여 장착한다. 이때 로드를 끼우지는 않는다.

6. 하부 플라스크의 물이 끓어 수면위로 물의 기포가 생겨 물방울들이 올라오면 로드를 똑바로 세워 플라스크에 정확히 장착한다.

7. 하부 플라스크에서 끓는 물이 상부 로드에 있는 원두커피를 밀고 올라오면 나무스틱으로 10회 정도 밖에서 안으로 잘 저어 준다.

8. 약 10회 정도 저은 후 30초 후 알코올 램프를 제거한다. 램프를 제거한 다음 다시 10회 정도 빨리 저어준다. 저어주는 동안 커피는 플라스크로 내려오기 시작한다.

9. 커피가 하단 플라스크로 나 내려오면 미지막에 진공 압력이 빠지면서 황금색 거품이 잘 일어나야 추출이 잘 이루어져 좋은 맛의 커피를 음미할 수 있다.

2) 모카포트

- 증기압에 의한 커피를 추출하는 방식이다.
- 맛이 진한 커피를 추출하기 때문에 우유를 섞어서 마시기에 적합하다.
- 모카포트 구조는 3단계로 구성되어 있다. 상단포트는 추출된 커피가 모이는 곳이고, 중앙필터는 분쇄된 원두커피를 담는 곳이다. 마지막으로 하단포트는 물을 담아 두는 곳이다.

추출 방법

1. 하단 포트에 압력밸브 아래까지 물을 붓는다. 여기서 압력 밸브는 스팀압이 너무 높을 때 안전밸브 역할을 한다.

2. 필터 바스켓에 다소 곱게 분쇄한 커피를 평평하게 탬핑하여 가볍게 눌러 담는다. 이때 탬핑이 너무 강하면 크레마가 생기지 않을 수 있다.

3. 커피를 담은 필터 바스켓을 하단포트 위에 맞추어 놓고 상단 포트와 하단 포트를 돌려서 단단하게 장착한다.

4. 가스레인지 불에 모카포트 전용 삼할이를 사용해 올려놓는다. 화력을 중간 정도로 조절한다. 커피의 향미를 충분히 우려내기 위해서이다.

5. 치-익하는 소리가 나면서 3~4분 후 상단포트로 커피가 끓어올라온다. 포트 중간정도 커피가 올라오면 불을 조금 줄여준다. 황금색 크레마는 곧 사라진다.

6. 불을 끄고 20초 정도 두었다가 끓어오른 커피를 안정화시킨 후에 커피 잔에 따라서 마신다. 이때 초콜릿이나 우유를 부어 마시면 더욱 맛있는 커피를 즐길 수 있다.

3) 프렌치프레스

- 우유 거품을 내거나 차를 우려내어 마시기도 한다.
- 필터가 사용되지 않는다.
- 필터로 인한 커피 오일 흡수, 필터 자체 냄새, 커피향 감소 등을 제거할 수 있다.
- 커피침전물이 깔끔하게 제거되지 않아 미관상 좋지 못하다.
- 커피추출 방법 중 가장 간편하고 쉽게 커피를 추출할 수 있다.
- 추출커피 중 분쇄입자가 가장 굵다.
- 프랑스 보덤사가 만들어 널리 보급하였기 때문에 흔히 보덤이라고 부르기도 한다.

추출 방법

1. 원두를 1.0mm 정도 굵게 분쇄하여 용기에 넣는다(커피량은 250cc 용량의 기구일 때, 10g 정도를 넣는다).

2. 90~95℃의 뜨거운 물을 일정한 양을 천천히 붓는다.

3. 나무숟가락으로 거칠게 10~12회 정도 잘 저어 준다. 그 다음 뚜껑을 덮는다.

4. 뚜껑을 덮은 후 약 5분 정도 기다린다.

5. 약 5분 정도 기다린 후에 필터를 천천히 내려서 스크린부분이 바닥에 닿아 더 이상 내려가지 않을 때까지 누른 후 추출을 마무리한다.

6. 커피 찌꺼기를 감안하여, 전체 추출량의 1/3 정도는 남기고 예열한 잔에 따른다. 이때 안전감을 주기 위해 한 손가락으로 뚜껑을 잡아도 무관하다.

4) 이브릭

- 제즈베(cezve)라고도 한다.
- 터키식 방식이며 가장 오래된 커피추출 법이다.
- 커피를 가장 곱게 갈아야 한다. 왜냐하면 물에 직접 끓여 마시는 것이기 때문이다.
- 커피입자와 함께 마시기 때문에 조금 강한 바디감을 느낄 수 있다.

추출 방법

1. 이브릭의 종류 및 잔 세팅

2. 가장 곱게 분쇄한 커피를 이브릭에 담는다. 또는 물을 먼저 이브릭에 붓고 커피가루를 넣어도 된다.

3. 개인 취향에 따라 설탕을 첨가한다. 또는 5번과 같이 이브릭에 커피가 끓을 때 설탕을 넣어서 한 번 더 저어서 끓여 낼 경우도 있다.

4. 물은 8부 정도 붓고 약한 불로 가열한다.

5. 거품이 일어나면서 끓어오르면 스틱으로 저어서 가라앉힌다. 이렇게 2~3번 반복하여 충분히 끓여 내면 커피추출과정은 끝난다.

6. 불을 끄고 끓은 커피를 안정화시킨다. 보통 20~30초 정도면 충분하다. 그리고 예열한 컵에 조심스럽게 따른다.

Chapter 08

에스프레소 추출

1. 에스프레소의 특성

1) 에스프레소의 정의

에스프레소(Espresso)는 일반적으로 빠르다는 의미인 'Express'에서 유래되어 '빠르게 추출되는 커피'란 뜻을 가지고 있다. 커피머신을 이용하여 6~7g의 곱게 분쇄한 원두를 적당한 압력(7~9bar)과 고온의 온도(90~95℃)와 고압의 수증기(9~15기압)로 20~30초 동안 20~30ml의 커피를 추출한 커피를 에소프레소 라고 한다. 에소프레소는 '데미타세(Demitasse)'라는 작은 잔에 담아 마시며 양이 적고 아주 진하며 쓴맛과 단맛, 신맛의 균형이 조화로운 이탈리이 커피로 잘 알려져 있다.

에스프레소(Espresso)는 모든 커피메뉴의 기본이며 매우 중요하다. 가장 기본이 되는 에스프레소 추출은 시간과 양에 따라 그 명칭이 달라진다. 리스트레토, 에스프레소, 롱고로 구분할 수 있다. 리스트레토는 에스프레소 잔을 기준으로 짧은 시간에 적은 양 (15~20ml)을 추출하는 방식으로 신맛을 많이 느낄 수 있다. 그래서 설탕을 가미해서 에스프레소로 마시면 좋다. 에스프레소는 (25ml~30ml)의 양을 추출하는 방식으로 신맛이 감도는 단맛과 쓴맛의 균형으로 에스프레소와 마끼야또, 아메리카노와 같은 메뉴에 적합하다. 롱고는 많은 양(30ml~50ml)을 추출하는 방법으로 강한 쓴맛과 향 때문에 카푸치노, 카페라떼, 카라멜 모카, 카라멜 마끼야또 등 우유를 넣는 메뉴에 적합하다.

도피오는 에스프레소 2샷 더블(Double)을 의미한다. 도피오는 진하기 때문에 아이스아메리카노, 아이스라떼 아이스모카 등 얼음이 들어가는 메뉴에 적합하다.

■리스트레또 ■에스프레소 ■롱고

■ **리스트레또, 에스프레소, 롱고의 비교** 출처: 올 어바웃 에스프레소 이승훈

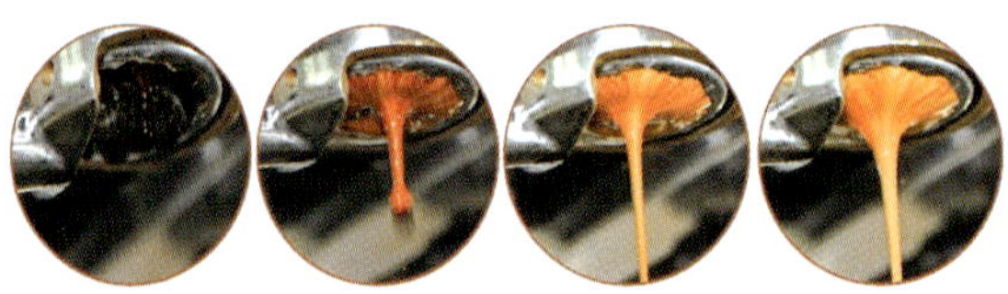

■정상적인 추출 과정의 예

■과소추출 과정의 예

■과다추출 과정의 예

■ **에스프레소 커피의 추출과정** 출처: 올 어바웃 에스프레소 이승훈

2) 크레마

크레마는 에스프레소 위에 뜨는 황금색이나 갈색 빛을 띠는 크림을 말한다. 크레마는 부드러운 촉감과 함께 용액 층을 덮어 커피가 빨리 식는 것을 막아주고 향을 보존해 주는 역할도 한다. 크레마가 많다고 해서 좋은 품질의 에스프레소는 아니다. 하지만 대부분 오래된 원두를 사용할 경우 크레마가 적거나 거의 없는 경우가 많고 농도도 흐리고, 색상도 탁하다. 그리고 숙성이 완전히 되지 않은 원두는 크레마 보다 가스가 많이 나와 시간이 지나면 가스가 빠지면서 크레마가 금방 사라지게 된다. 추출조건에 따라 크레마의 차이가 많이 있지만 일반적으로 3~4mm정도의 크레마가 형성되어 있는 에스프레소가 가장 맛있다고 할 수 있다.

커피추출조건은 커피원두의 신선도, 커피품종과 숙성, 블렌딩, 로스팅, 분쇄정도, 원두의 양, 탬핑의 정도, 물의 온도와 양, 추출시간, 추출압력 등에 따라 크레마가 차이가 있을 수 있다. 또한 로스팅 단계인 중배전 커피의 경우 황금색의 크레마를 많이 볼 수 있다. 그리고 커피의 진한 맛을 느낄 수 있는 강배전 커피의 경우 약간 적색을 띄는 크레마를 감상할 수 있다.

표 8-1 추출조건에 따른 에스프레소

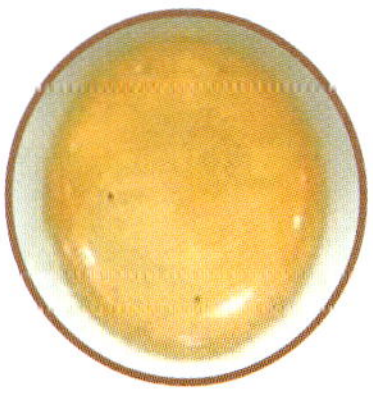	1. 신선도가 떨어진 커피를 사용하여 추출한 경우 2. 그룹온도가 낮은 상태에서 추출한 경우 3. 입자가 굵거나 원두 투입량이 적은 경우
	1. 탬핑 기울기가 일정하지 않은 상태에서 추출한 경우 2. 그룹헤드 청소가 제대로 되지 않는 상태에서 추출한 경우 3. 입자가 불규칙한 상태에서 추출한 경우

	1. 높은 추출온도에서 추출한 경우 2.? 신선한 원두로 투입량이 많은 상태에서 추출한 경우
	1. 분쇄 커피 입자가 너무 가는 경우에서 추출한 경우 2. 커피 투입량이 많은 상태에서 추출한 경우 3. 낮은 펌프압력 상태에서 추출한 경우
	정상적인 조건에서 추출한 경우

출처 : http://blog.naver.com/nikor2222/220253483492

3) 커피의 숙성여부에 따른 크레마

에스프레소 추출 후 시간 경과도 매우 중요하다. 원두 로스팅 후 시간의 경과에 따른 커피품질의 변화는 크레마 형성에 밀접한 관계를 가지고 있다. 그래서 커피의 신선도가 질 좋은 크레마를 형성하여 커피의 향미를 더욱 풍부하게 해준다. 또한 원두 숙성정도는 크레마의 지속성과 밀접한 관계를 가지고 있다. 숙성이 되지 않으면 크레마 보다 가스가 많이 나온다. 이러한 크레마는 휘발성 가스가 날아가면서 금방 사라지게 된다.

■포스팅 직후 바로 추출할 경우

(추출 완료 10초 후)

(추출 완료 20초 후)

■숙성된 커피로 추출할 경우 (추출 완료 10초 후) (추출 완료 20초 후)

■커피의 숙성여부에 따른 크레마의 지속성 출처 : 올 어바웃 에스프레소 이승훈

4) 에스프레소 커피의 시각적 특성, 맛의 특성, 바디감의 특성

시각적 특성은 에스프레소를 시음하기 전 크레마 색상으로 품질을 평가한다. 크레마의 색상은 에스프레소 품질을 평가하는 데 첫 번째 단계로 매우 중요하다. 크레마 색상은 보통 연한 황금색 및 갈색에서 진한 황금색과 갈색으로 다양한 색상을 형성하고 있다. 특히 추출이 잘 된 에스프레소는 붉은 기운의 갈색으로 표면에 호피 무늬가 형성된다. 크레마의 밀도와 지속성 또한 중요한 요소이다. 보통 에스프레소 잔을 기울이면 밀도와 지속성을 평가할 수 있다.

맛의 특성은 추출이 잘 된 에스프레소 커피는 쓴맛, 신맛, 단맛의 조화가 뛰어나며 커피 품질에 따라 초콜릿 향, 과일 향, 아몬드 향 등의 맛을 느낄 수 있다. 에스프레소 커피는 일반커피에 비해 마신 후 오랫동안 입안에서 향을 의미할 수 있다. 하지만 추출이 잘 못되었거나 원두 품질이 좋지 못한 에스프레소 커피는 상큼한 신맛이 아닌 날카로운 신맛과 쓰고 텁텁한 맛이 나며 풀향이나, 발효가 일어날 때 느낄 수 있는 향, 경우에 따라 곰팡이나 악취 같은 냄새 등이 나기도 한다.

바디감의 특성은 에스프레소 커피를 마셨을 때 입안에 가득찬 느낌을 표현한 것이다. 정상적으로 추출이 잘 된 에스프레소는 입 안에서 크림 같이 부드럽고 매끄러운 느낌의 풀 바디감을 느낄 수 있다. 바디감이 약한 에스프레소 커피는 품질이 떨어진다고 볼 수 있다.

5) 커피추출 - 과소 추출, 과다 추출, 정상 추출의 차이

과소 추출과 과다 추출의 원인은 크게 추출하는 사람(입자크기와 투입량)과 기계적인 원인(추출온도와 압력)으로 구분 되지만 추출 후 곧바로 크레마의 색깔, 질감, 지속성에서 나타나게 된다.

과소 추출은 간단히 말해서, 분쇄된 커피입자의 맛을 결정하는 성분을 충분히 녹여내지 못하여 추출시 쏟아져 버리는 현상인데, 커피입자의 굵기가 다소 굵어 9기압의 압력에 버티지 못한것이다.

(1) 과소 추출(Under-extracted coffee)

분쇄된 커피입자의 맛을 결정하는 성분을 충분히 녹여내지 못하여 커피 맛을 이루는 성분이 적게 추출되어 크레마의 색깔이 너무 연하고 지속성이 없으며 크레마 층이 얇거나 추출 후 곧바로 사라질 경우를 말한다. 이런 경우 맛이 밋밋하거나 조화롭지 못하고 텁텁한 맛이 강하여 커피의 성분과 향미가 충분히 추출되지 못한 상태를 과소 추출이라고 한다.

표 8-2 과소 추출의 이유

원인	현상	개선 방법
원두가 너무 굵게 갈렸을 때	물의 통과시간이 빨라 커피의 고형성분이 제대로 추출되지 않는다.	그라인더 분쇄도를 조절한다.
너무 적은 커피량을 사용 했을 때	포터필터에 적은량을 사용하여 물의 통과가 빨라진다.	적정 커피량을 사용한다(2잔 기준 약 18g).
탬핑이 약할 때	원두입자 사이의 공간이 많아 물이 빨리 통과한다.	약 20kg의 압력으로 탬핑을 한다.
낮은 추출 온도일 때	온도가 낮으면 커피 고형성분이 적게 추출된다.	커피머신의 물온도를 90~95℃로 유지한다.
높은 펌프 압력일 때	펌프 압력이 높으면 많은 양의 물이 빨리 통과한다.	머신의 압력을 7~9bar로 유지한다.
바스켓이 팽창했을 때	필터를 오래 많이 사용할수록 필터바스켓의 구멍이 넓어져 추출이 빨라진다.	정기적(6개월~1년)으로 소모품을 교체한다.

(2) 과다 추출(Over-extracted coffee)

과다추출은 과소추출의 반대개념으로 커피맛을 이루는 고형성분이 너무 많이 추출된 것을 말한다. 과다추출의 경우 크레마의 색상이 너무 진한 갈색을 나타나며 눈으로 보일 정도의 큰 거품과 하얀반점 등이 뚜렷하다. 크레마 중간에 크레마 층이 없어 검은 액이 보이기도 한다. 이런 경우 맛이 조화롭지 못하고 너무 쓰거나 불쾌한 신맛과 텁텁한 맛이 강하게 난다.

표 8-3 과다추출의 이유

원인	현상	개선 방법
원두가 너무 곱게 갈렸을 때	원두입자가 너무 가늘면 물이 통과할 때 느려 커피 고형성분이 너무 많이 추출되는 것을 말한다.	그라인더 분쇄도를 조절한다.
커피의 양이 많을 때	포터필터에 너무 많은 양의 분쇄커피를 사용하면 물의 통과가 어려워진다.	적정 커피량을 사용한다(2잔 기준 약 18g).
탬핑이 강할 때	원두입자 사이의 틈을 너무 좁게 만들어 물이 통과하기 어려워진다.	약 20kg의 압력으로 탬핑을 한다.
높은 추출 온도일 때	온도가 너무 높으면 커피 고형성분이 많이 추출된다.	커피머신의 물 온도를 90~95℃로 유지한다.
낮은 펌프 압력일 때	펌프 압력이 낮으면 물이 천천히 통과해 커피 맛과 향 이외에 잡다한 맛이 많이 추출된다.	머신의 압력을 7~9bar로 유지한다.
바스켓구멍이 막혔을 때	필터를 많이 사용할 경우 필터바스켓의 구멍이 막혀 추출이 느려진다.	정기적(6개월~1년)으로 소모품을 교체한다.

(3) 정상 추출(Correctly extracted coffee)

정상추출을 말할 때는 20-30초간 1온스의(약30ml) 에스프레소가 추출되는 상태로 원두를 분쇄한 것이다. 정상 추출의 경우는 입자 크기가 적당하고 커피 투입량과 추출량이 적절하며 기계성능(온도와 압력)이 적합한 경우 커피는 처음에는 한 두 방울씩 떨어지며 꿀과 같은 점성을 보이며 걸쭉하게 추출되며 크레마 색상이 황금색 또는 붉은 광택의 갈색 바탕에 호피 무늬가 형성된다. 이런 경우 에스프레소는 질감이 부드럽고 지속성이 길고 맛과 향이 뛰어나다.

2. 에스프레소 머신의 발전과정

커피 본래의 성분을 보다 많이 우려내려는 노력에서 에스프레소 추출기가 탄생을 했다. 에스프레소 머신은 커피 추출 시 약 90℃의 물과 9기압을 유지시켜 주어 분쇄된 커피가루 케이크를 통과하여 농축액을 추출하게 하는 역할을 한다. 19세기 초 독일에서 처음으로 수증기압을 추출에 이용하여 보다 많은 커피성분을 추출하기 시작하였다. 그 이후 유럽 각 지역으로 전파 되었다. 에스프레소 머신은 1905년 이탈리아의 베제라(Bezzera)가 수증기압을 커피추출에 이용한 추출기를 개발하여 에스프레소 머신의 특허를 받았다. 1946년 이탈리아의 가지아(Gaggia)가 베제라의 단점(쓴맛이 너무강하고, 가끔 커피추출 실패)을 보완하여 스프링으로 동력이 전달되는 피스톤 방식의 머신을 특허받아 오늘날의 크레머가 생성되는 에스프레소 머신 형태로 발전하였다.

커피머신의 종류는 전문 바리스타가 사용하는 반자동 머신부터 완전자동 머신, 가정용 에스프레소 머신 등 다양하게 구성되어 있다. 반자동 머신은 그라인더로부터 원두를 분쇄 후 탬핑을 하여 커피를 추출하는 모든 과정을 바리스타가 진행하고 있다. 주로 커피전문점에서 많이 사용하고 있다. 완전자동 머신은 모든 기능이 커피기계 내부에 장착이 되어져 버턴만 누르면 커피가 나오는 시스템으로 구성되어져 있다. 레스토랑, 패스트푸드점, 베이커리, 카페, 도넛을 판매하는 곳에서 많이 사용하고 있다.

■반자동 에스프레소 머신

1) 에스프레소 머신의 부분별 명칭

■**전원** 기계에 전력을 공급하는 스위치를 말한다.

■**컵 워머** 컵을 따뜻하게 예열할 수 있어, 커피 컵을 올려놓는다.

■**스팀 밸브** 오른쪽으로 돌리면 스팀이 열리고 왼쪽으로 돌리면 스팀이 멈추는 원형밸브식과 손잡이가 있어 위, 아래로 올리며 내리는 레버식이 있다.

■**스팀노즐** 우유 스팀 시 스팀이 분사되는 곳이다. 스팀노즐 앞에 위치해 있는 분사구 개수는 기계에 따라 3~4개로 구성되어 있다.

■**온수 버튼** 뜨거운 온수를 사용할 수 있다. 아메리카노, 차, 뜨거운 물 등에 사용된다.

■**추출버튼** 일반적으로 싱글 포터필터용 버튼 두 개, 더블 포터필터용 버튼 두 개, 추출 양을 사용할 때마다 조절할 수 있는 연속추출 버튼이 있다. 싱글과 더블 포터필터용은 자동으로 세팅이 가능하다.

■**보일러 압력계** 전원이 꺼져 있을 때는 마늘이 '0'에 위치하며, 전원을 작동시키면 서서히 올라가 바늘이 1~1.5사이에 위치한다.

■**물 압력계** 추출 버튼 작동 시 바늘이 9기압으로 올라가야 정상적이다. 커피가 추출되는 동안 압력을 확인할 수 있다.

■**그룹헤드** 포타필터를 장착하는 부분을 말한다. 일반적으로 2그룹 머신을 가장 많이 사용하고 있지만 간혹 1그룹 포터필터를 사용할 경우도 있다.

■**포터필터** 커피를 담을 수 있는 도구를 말한다. 항상 뜨겁게 예열되어져 있어야 커피 맛에 나쁜 영향을 주지 않는다.

■**그룹 캐스킷** 포타필터가 그룹헤드에 잘 장착되어 추출 시 압력이 새지 않도록 막아준다. 정기적으로 교환하여야 한다.

■**스크린 홀더** 스크린을 고정시켜 주는 역할을 한다.

■**스크린** 포타필터에 물을 고른 분포로 분사하는 역할을 한다.

■**배수 트레이** 커피 및 온수를 배수로 흘려주는 받침대이다. 분리가 가능하다.

3. 분쇄(Grinding)

커피 분쇄의 목적은 커피입자를 일정한 크기로 잘게 부수어 커피의 고형물이 물에 쉽게 용해되어 추출이 잘 되도록 하는 것이다. 에스프레소 추출과 향미에 있어서 분쇄는 매우 중요한 역할을 한다. 에스프레소 커피는 미세한 입자로 분쇄하는데, 입자의 크기가 작아질수록 입자 내의 조직과 세포의 CO2 가스와 휘발성 향미물질이 쉽고 빠르게 추출된다. 원두를 미세한 입자로 분쇄하는데 사용되는 기구를 그라인더(Grinder) 라고 부른다. 좋은 커피맛과 향을 위해서는 기계특성에 알맞은 입자 크기로 분쇄해야 한다.

그라인더 중에서 가장 중요한 부분은 그라인더 날(디스크)이며 2개의 날이 회전을 통해 원두를 분쇄해주는데 그라인더는 날의 종류에 따라 롤러 커터(roller cutter), 코니컬 커터(conical citter), 플랫 커터(flat cutter), 칼날형(blade)등으로 구분한다. 롤러 커터(roller cutter)는 반대로 회전하는 두개의 실린더 사이로 가장 균일하게 분쇄한다. 코니컬 커터(conical citter)는 열 발생이 적으나 분쇄속도가 느려 많은 양을 분쇄하기에는 적합하지 않는다. 플랫 커터(flat cutter)는 두개의 금속판 사이를 통과며 비교적 균일하게 분쇄하고 다양한 굵기의 분쇄가 가능하다. 칼날형(blade)은 소형으로 주로 가정에서 많이 사용하고 있다. 분쇄입자가 고르지 않고 입자조절이 어려움이 있다. 이 중 어떤 글라인더를 사용하더라도 커피한잔을 추출하기 위해 필요한 양은 원두종류나 상태에 따라 조금씩 차이가 난다.

1) 그라인더 부분별 명칭

- **스위치** 스위치를 켜면 호퍼에 담긴 원두가 분쇄되어 도저로 이동한다.
- **호퍼** 원두커피를 담는 통이다. 일주일에 한번 정도 호퍼를 비운 후 물로 깨끗이 씻어 말려서 사용한다.
- **원두 투입 레버** 레버를 안으로 밀어 넣으면 호퍼에 담긴 원두가 도저로 내려가지 않고 막히며 밖으로 빼면 원두 투입구가 열린다. 원두가 담긴 호퍼

를 그라인더에서 분리할 경우 레버를 안으로 넣은 후 분리하면 유용하게 사용할 수 있다.

- **원두 입자 조절 레버** 숫자가 커질수록 입자가 굵어지고, 숫자가 작을수록 입자가 가늘어진다. 영문일 표시 경우 Grossa 방향은 입자가 굵어지고, Fine 방향은 자가 가늘어진다.
- **도저** 분쇄된 원두가 보관되는 통이다.
- **도저 레버** 앞으로 당기면 도저 안에 있는 커피가 배출된다.
- **포터필터 받침대** 포터필터를 걸쳐 놓는 받침대이다.

■ 커피 그라인더

4. 에스프레소 커피 추출 과정

1) 잔 점검하기

컵 워머 위에 사용할 잔이 잘 예열되어 뜨겁고 충분한지 확인한다.

■잔 점검하기

2) 포터필터 뽑기

몸 쪽에서 왼쪽으로 45℃ 정도 돌리면 그룹헤드에서 포터필터가 분리된다. 이때 떨어뜨리지 않도록 주의 한다.

■포터필터 뽑기

3) 물 흘려버리기

과열된 그룹헤드의 온도를 낮추기 위해 2~3초 정도 물을 흘려버리거나 그룹헤드 부위에 묻어 있는 찌꺼기를 청소하기 위함이다.

■물 흘려버리기

4) 필터 바스켓 닦기

필터 바스켓에 물기나 찌꺼기를 닦기 위함이다. 물이나 오염물질이 없더라도 항상 습관적으로 마른 행주를 이용하여 닦는다. 필터 바스켓을 깨끗이 닦지 않으면 물이 흘려내려 주위를 지저분하게 할 수 있다.

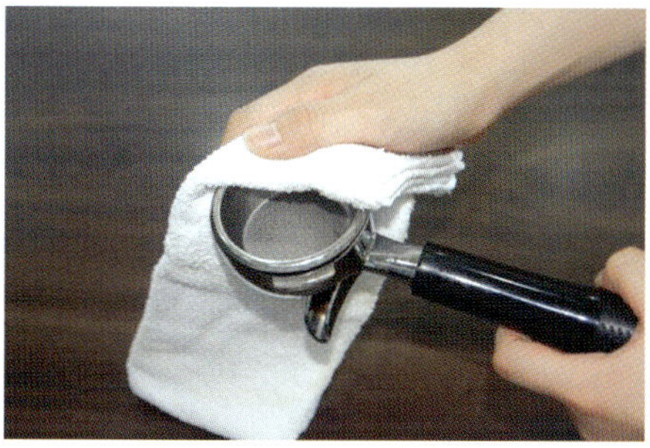

■필터 바스켓 닦기

5) 그라인더 작동

그라인더 받침대에 포터필터를 올려놓고 그라인더를 작동시킨다.

■그라인더 작동

6) 커피 도징

그라인더에 장착되어 있는 도징 레버를 당겨 포터필터에 분쇄된 커피가루를 채우는 작업이다. 항상 일정한 양이 도징 되도록 적정 양을 저울로 확인해 가며 기술을 익힌다. 포타필터 바스켓 안에 표시된 선은 탬핑 후 커피가루가 채워졌을 때의 적정선이기 때문에 커피 양을 육안으로 가늠할 수 있다.

■ 커피 도징

7) 탬핑과 태핑

- 탬핑이란 포터필터에 담긴 커피가루를 팸퍼로 적당한 힘을 가해 커피가루가 수평이 되게 꾹 눌러 고르게 다지는 작업을 말한다.
- 태핑 작업 없이 1차 탬핑 후 곧바로 추출할 수도 있다.
- 태핑이란 포터필터의 내벽에 붙어 있는 커피가루를 제거하기 위해 탬퍼의 손잡이 부분으로 포터필터 외벽을 가볍게 쳐 주는 작업을 말한다. 태핑이 끝나면 다시 2차 탬핑을 통하여 내벽에서 떨어진 커피가루가 단단하게 다져질 수 있게 수평을 유지하여 꾹 눌러준다.

탬핑과 태핑의 좋은 자세

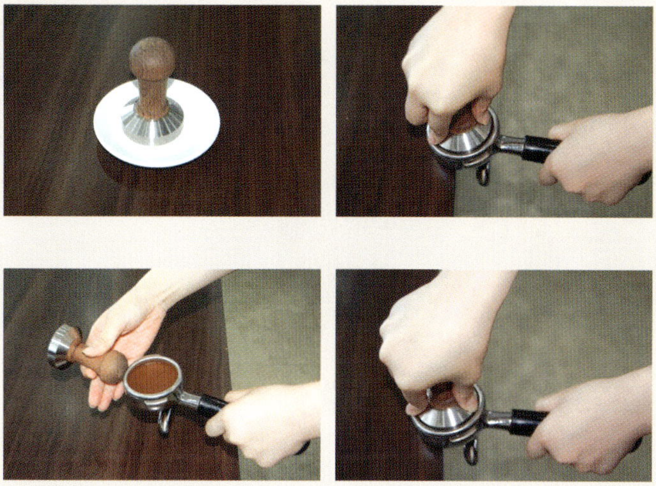

탬핑과 태핑의 좋지 못한 자세

8) 가장자리 털어내기

개스킷과 접촉하는 면을 손으로 닦아내어 커피 찌꺼기가 없도록 깨끗이 한다. 이 작업은 넉 박스 위에서 한다.

■ 가장자리 털어내기

9) 포터필터 장착하기

왼손으로 포터필터를 잡아 45도에서 몸쪽으로 90도가 되도록 그룹헤드에 장착한다. 포터필터의 날개 부분과 그룹헤드의 장착 부분이 잘 맞도록 확인하면서 장착한다. 장착할 때 너무 강하게 포터필터를 돌리지 않도록 한다. 그리고 포터필터에 원두 투입량이 너무 많아도 장착이 잘 되지 않는다.

■ 포터필터 장착하기

10) 추출 버튼 누르기

장착 후 즉시 버튼을 먼저 누른 후 잔을 추출구 아래 놓거나 또는 잔을 먼저 내려놓은 후 버튼을 눌러도 괜찮다. 가능하면 추출 버튼을 누른 후 잔을 추출구 아래로 놓는다. 왜냐하면 버튼을 누른 후 약 3~5초 후에 포터필터에서 에스프레소 추출이 시작하기 때문이다.

■ 추출 버튼 누르기

11) 포터필터 청소하기

포터필터를 뽑고, 바스켓 안에 있는 쿠키 상태를 점검한다.

■ 포터필터 청소하기

12) 쿠키 버리기

넉 박스 가운데 고무부분에 "쿵"하고 부딪혀 쿠키를 털어낸다. 이 때 쿠키가 갈라지거나 물이 튀면 원두투입이나 고르기가 잘못된 경우이다.

■ 쿠키 버리기

13) 물 흘려버리기

물 흘려버리기를 통해 남아 있는 커피 찌꺼기를 제거한다.

■ 물 흘려버리기

14) 필터 홀더 닦기

필터홀더 내외부에 묻은 찌꺼기를 린넨 또는 행주로 닦아 낸다.

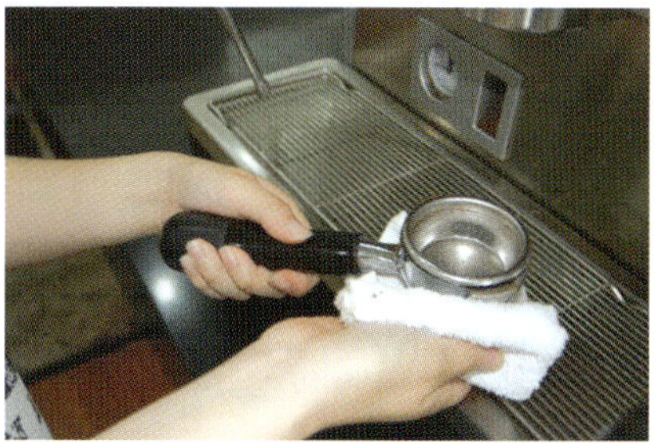

■필터 홀더 닦기

15) 포터필터 장착하기

포터필터는 항상 그룹헤드에 장착시켜두어야 온도가 유지되면서?커피추출에 좋은 영향을 준다.

■포터필터 장착

16) 추출하기

■추출하기

5. 우유거품 만들기

우유거품은 반자동 머신에 부착되어 있는 스팀노즐(스팀분사구)에서 발산되는 스팀을 이용하여 만든다. 이때 발산되는 수증기 압력을 이용하여 우유에 공기를 주입하여 거품을 만들어 내는 역할을 한다. 이때 우유표면에 스팀노즐을 적절하게 잘 맞추어야 거품이 잘 생긴다. 만약 스팀노즐을 깊게 담그면 공기의 유입을 막아 거품은 생기지 않고 온도만 상승하여 우유를 뜨겁게 데우는 역할만 하게 된다. 우유 거품이 곱게 만들어져야 카푸치노, 라떼 등을 만들 때 좋은 모양의 작품을 기대할 수 있다. 또한 마실 때 입에 느껴지는 감촉이 좋으며 쉽게 거품이 사라지지 않게 된다.

■적당한 우유 양

■노즐 위치

1) 우유 거품내는 과정

우유는 신선하고 차가울수록 거품이 잘 생긴다. 항상 필요한 양 만큼의 우유를 데워 사용하기 때문에 만들어야 할 커피 잔 수에 따라 피처의 용량을 달리하여 사용하는 것이 좋다. 일반적으로 교육용으로는 600ml(20온스) 2잔을 만들 수 있는 크기를 많이 선호하고 있다.

350ml(12온스) 피처 카푸치노 커피(180ml) 1잔 기준
600ml(20온스) 피처 카푸치노 커피(180ml) 2잔 기준
900mL(30온스) 피처 카푸치노 커피(180ml) 4잔 기준

■피처 종류

2) 피처에 우유 붓기

피처에 우유를 1/3 정도 붓는다. 피처 안쪽에 보이는 홈 아래 부분 에서 1cm 정도 밑에까지 붓는다. 가능하면 피처의 1/2 이상은 담지 않는 것이 좋다. 왜냐하면, 우유가 회전하며 거품이 생기는 공간이 필요하기 때문이다.

■피처에 우유 붓기

3) 우유스팀 하기 전 스팀 배출하기

스팀 분사구에 고여 있는 물이 우유에 섞이지 않게 하기 위해서 우유스팀 하기 전에 짧게 스팀을 해서 수증기를 빼준다. 이때 행주로 스팀노즐을 감싸고 열어야 한다.

■우유스팀 하기 전 스팀 배출하기

4) 우유에 스팀노즐 담그기

스팀완드의 헤드 부분까지만 우유에 담근다. 스팀노즐을 너무 깊이 담그면 우유온도가 빨리 올라가 부드러운 거품을 만들기 어렵고 또한 우유 표면에 너무 살짝 담그면 밸브를 작동시키는 순간 거품이 한꺼번에 확 일어날 수 있기 때문에 스팀노즐을 잘 담가야 한다.

■우유에 스팀노즐 위치

5) 스팀 밸브 열기

레버 또는 밸브를 재빠르게 충분히 열어준다.

■스팀 밸브 열기

6) 공기 주입하기

스팀노즐을 우유 표면에 위치시킨다. 그 다음 스팀분사구가 우유 표면에 위치하면 우유에 공기가 들어가는 소리(치익, 치익, 치익)를 들을 수 있다. 우유와 공기가 접촉되는 순간에 거품이 생기기 시작하며 우유에 공기가 주입되면서 거품이 만들어지고 우유부피가 증가 하게 된다. 너무 많이 공기를 주입시키면 거품과 우유를 혼합시킬 시간이 부족하기 때문에 우유온도가 올라가기 전 짧은 순간에 공기 주입을 마쳐야 한다. 이 때 우유온도는 약 35℃ 이하이어야 한다. 주의할 점은 스팀노즐을 우유 속으로 너무 깊게 담그면 공기를 빨아들일 수 없기 때문에 거품이 형성되지 않고 온도만 상승하여 우유만 데우는 역할만 한다. 반대로 우유 표면에 너무 살짝 담그면 소리만 크게 나고 성글성글한 거품만 생겨 우유 질감이 풍부하고 부드러운 거품을 만들 수가 없게 된다.

■ 스팀노즐 위치 및 우유에 공기투입 과정

7) 혼합과 온도 맞추기

원하는 양만큼 거품이 만들어졌으면 공기주입을 멈추고 우유 위에 형성된 거친 거품을 고운 거품으로 만들어 주기 위해서 보일러 내에 있는 1~1.5 bar의 압력을 이용한 회전을 통하여 거품과 우유를 혼합시켜 준다. 이때는 최대한 움직임을 자제해 주어 롤링 포인트가 어긋나는 것을 방지해 주어야 하며 공기 주입 소리(치익, 치익, 치익)가 거의 나지 않아야 한다. 일반적으로 공기주입과 우유를 회전시켜 혼합이 잘 되었다면 거품이란 느낌보다는 생크림 같이 보이게 된다. 이 때 온도는 약 65~70℃ 정도 까지 예열한다. 만약 우유 온도 조절을 잘못하여 70℃ 이상 올라가면 우유의 유당(Lactose)성분이 변화하여 비린내가 날수 있다. 그리고 잔거품이 오히려 많이 생겨 좋은 거품이 되지 않는다. 그러므로 우유를 혼합하는 짧은 시간에도 우유피처 밑 부분을 수시로 만져서 온도조절을 잘 하게 되면 고운 거품을 지닌 벨벳 밀크를 만들 수 있다.

■우유거품 혼합과 온도 맞추기

8) 밸브 잠그기

우유의 온도가 약 65~70℃로 데워지면 신속하게 스팀 밸브를 완전히 잠근다. 이 때 주의할 점은 스팀분사가 완전히 멈추지 않은 상태에서 피처에서 스팀 완드를 뽑으면 우유거품 표면에서 공기가 주입이 되어져 거친 거품이 형성되어 곱고 부드러운 거품을 망칠 수 있다.

■밸브 잠그기

9) 스팀노즐 닦기

스팀노즐은 사용 후 바로 밸브를 열어 증기와 함께 남아 있는 우유를 제거한 다음 젖은 행주로 스팀노즐 및 분출구에 묻어 있는 우유를 깨끗하게 닦아준다.

■ 스팀노즐 닦기

10) 잔여 거품 없애기

잔에 우유를 붓기 전에 작은 잔여 거품들이 남아 있을 수 있다. 이 거품을 없애기 위해서는 피처를 작업대에 2~3회 정도 두드리고 회전을 시켜 우유와 우유거품이 잘 혼합되도록 한다. 너무 무리해서 피처를 돌리면 우유거품이 넘칠 수 있기 때문에 주의해야 한다.

■ 잔여 거품 없애기

11) 우유거품 따르기

예열되어 있는 보조피처에 우유거품을 적당하게 나누어 사용한다. 우유거품을 따를 때는 우유거품이 뭉치지 않게 적당하게 회전을 시킨 다음 피처를 5~10cm 정도 높인 후 카푸치노 잔을 비스듬히 들고 카푸치노 잔 한 가운데 우유거품을 떨어뜨린다. 이때 한 가운데 떨어뜨리는 것이 가장 중요하며 크레마가 깨지지 않게 천천히 우유거품을 2번 정도 원을 그려 안정화를 시켜준다. 그 다음 우유를 카푸치노 잔에 반 정도 부었을 때 빠르게 피처를 내려 잔 가운데서 쭉 부어 주면 된다. 너무 빠르게 한꺼번에 부으면 크레마가 깨져 보기 좋은 모양이 나오지 않는다.

두 번째 카푸치노를 만들 때는 보조 피처에 담긴 우유를 스팀피처에 부어 준 후 피처를 회전을 시켜 우유를 혼합시킨다. 그 다음 첫 번째 카푸치노 만드는 방법으로 하면 된다.

■우유거품 따르기 및 우유 붓기

Chapter 09

커피의 향미평가, 커핑

1. 커핑(Cupping)이란?

소비자들이 커피에 대한 욕구가 다양해지면서 커피시장 역시 많은 변화를 하고 있다. 그 중 하나가 커핑이다. 커핑은 커피 생두의 맛을 객관화한 방법으로 평가하여 커피가 지니고 있는 향미와 품질을 전문적으로 감별하는 과정을 말한다. 이는 소비자들에게 질 좋은 커피를 공급하고 또한 열악한 환경에서 커피를 생산하는 생산국의 농부들에게 그에 맞는 보상과 앞으로 커피산업의 미래를 위해 커피품종, 재배, 가공방식 등을 세계적으로 교류하여 이를 샘플로서 연구하여 보다 더 질 좋고, 맛있는 커피를 생산하기 위함이다.

커핑의 스펠링을 보면 Coffee+ing 아닌 앞에 Cup가 들어가 Cupping임을 알 수 있다. 커핑은 생두의 장 · 단점을 폭 넓게 느끼고 이에 특성과 가능성을 가늠하기 위한 생두평가, 원두의 배전도와 로스팅의 완성도를 파악하기 위한 원두평가, 그리고 블랜딩 혼합에 활용과 그 특색에 따른 어울리는 신 메뉴 개발 등에 활용되는 커피의 맛과 향 평가로 나누어 볼 수 있다.

여기에 커피의 관능평가를 위해 후각(Olfaction), 미각(Gustation), 촉각(Mouthfeel)이 활용된다.

2. 향기의 구성

후각은 커피의 품종을 구별해주는 기본적인 관능 수단으로서, 전체 커피의 향기를 총칭하여 부케(Bouquet)라고 하며, 원두의 상태에 따른 서로 다른 온도와 물의 접촉 등에서 기화되는 여러 가지 화합물질의 상대적 휘발성에 따라 다음과 같이 크게 네 가지로 분류할 수 있다.

Bouquet	Fragrance 분쇄된 원두에서 느껴지는 향기
	Aroma 커피가루와 물이 만나 용해된 액상화 상태에서 느껴지는 향기
	Flavor / Nose 커피를 마실 때 느껴지는 증기 상태의 향기
	Aftertaste 커피를 마시고난 뒤의 잔류 성분에 의한 여운

커피의 향기는 생성원인에 따라 휘발성이 강하고 약함에 따라 Fragrance - Aroma - Flavor/nose - aftertaste의 순으로 인식할 수 있다.

즉, 효소반응(Enzymatic)계열의 향기는 생두가 분자량이 작고 휘발성이 가벼워 기체 상태로써 Fragrance에 두드러지게 나타나며, 그다음으로 가벼운 분자량과 휘발성을 지닌 향기는 Aroma에서 두드러지게 나타난다는 의미이며, 이는 복합되어 나타날 수 있다.

즉, 생두가 자라나며 생성되는 효소작용에 의한 향기는 주로 에스테르와 알데히드 화합물이며, 이중 에스테르? 화합물이 지배적인 Flower계통의 향이 가장 가볍고 휘발성이 강하여 주로 Fragrance를 느낄 때 쉽게 접할 수 있다. 그 다음으로 알데히드나 케톤 등의 화합물에서 나오는 Fruity와?Herbal 계통의 향기는?에스테르보다 조금 더 약한 휘발성과 큰 분자량을 지니고 있어서 Aroma

에서 느껴지기 쉽다는 것 이다. 물론 이것은 절대적이지 않으며,?복합되어 인식이 될 수 있습니다.

또한, 분자량이 크고 휘발성이 약한 향기물질은 물에 녹아 증기 상태에서 Nose와 Aftertaste에서 인식이 되기 쉽다는 것 이다.

커핑의 후각을 위한 훈련은 대표적으로 아로마 키트 등을 활용하고 있다.

■유기(효소)반응 [Enzymatic]

생두가 자라며 유기 생물로써의 내부에서 일어나는 효소 작용에 의해 생성되는 향

■갈변반응 [Sugar Browning]

생두의 로스팅 과정 중 당의 갈변 반응으로 생성되는 향

■건열반응 [Dry Distillation]

로스팅이 진행됨에 따라 섬유질의 건류반응에 의해 생성되며, 주로 강배전 단계에서 두드러지는 향.

■향 결점 [Aromatic Taints]

커피의 화학적인 변화로 지방의 변질에 의해 나타나는 향

이렇게 네 가지의 그룹으로 나뉘어 연습하면 커피의 향기 성분을 이해하시는데 많은 도움이 된다.

3. 샘플로스팅이란?

샘플로스팅의 주된 목적은 커핑을 위해?커피가 지닌 모든 향미요소가 발현된 상태로 로스팅하는 것이다. 여기엔 생두가 가진 장점뿐 아니라 단점인 향미 모두를 의미하며, 생두가 가진 정보를 파악하기 용이한 상태의 샘플을 확보하기 위한 중요한 작업이다.

샘플로스팅의 로스팅 정도(Roast Degree)는 Agtron Color가 Whole bean 일 때 58, Ground 상태일 때 63의 값의 색상으로 로스팅되어야 하는데 이는 Light에서 Light-Medium 사이 정도의 배전이다. 로스팅 시간은 8~12분 사이에 이루어 져야하며, 커피에서 탄맛과 그 요인이 되는 Scorching과 Tipping이 없어야 한다. 원두는 Baked로 볶여선 안 되며, 로스팅 후 8~24시간 이내에 사용하며, 원두 보관 시 반드시 냉장이나 냉동이 아닌 어두운 상태의 건암소나 실온(20℃)에 보관하여야 한다.

로스팅 정도(Roast Degree)에 따른 분류를 간략하게 설명을 하면 다음과 같다.

우선 로스팅 색상이 동일한 상태의 샘플이라는 가정 하에 화력과 시간에 중점을 두고, 나타날 수 있는 변수인 Burn과 Baked에 대한 설명이다.

그림 9-1 로스팅 정도에 따른 분류

색상	Whole bean 58# (동일)		
	Ground 71#	Ground 63#	Ground 59#
화력			
시간	5-7min	8-12 min	13~17min
결과	Burn	sample	baked

그림 9-2 로스팅 정도에 따른 분류

색상	Ground 75# above	Ground 77#	Ground 45# below
	Ground 83#	Ground 63#	Ground #
화력			
시간	5-6min	8-12min	15~min
결과	Burn	sample	baked

먼저, SCAA프로토콜에 의한 적당한 화력과 시간을 기준으로 한 샘플로스팅을 기준으로 했을 때, Burn은 주로 강한 화력으로 짧게 로스팅하여 홀빈 상태에

서 겉 표면은 샘플과 비슷한 색상이 나타날수 있지만 겉은 타고 속은 익지 않은 원두를 말한다.

반대로 베이크드는 주로 낮은 화력으로 장시간 로스팅을 하여 겉과 안의 색상이 거의 차이가 없을 정도로 균일하지만 생두가 가진 특성이 대부분 사라진 커피를 말한다. 예를 들면, 모두가 좋아하는 삼결살을 구울 때 약 불로 굽는다면 색상은 균일 하지만 육즙이 빠진 퍽퍽한 고기가 되는 걸 생각하면 된다.

빈의 내부 속까지 로스팅이 되기 때문에 구수한 맛을 좋아하는 한국인에겐 어느 정도 베이크드된 스타일의 로스팅을 선호하기도 한다.

혹시나 해서 덧붙이자면 위의 로스팅 색상과는 상관없이 겉이 타고 속이 덜익은 상태를 Burn, 화력의 변화의 폭이 적어 특성 없는 로스팅 스타일을 Baked라고 하지만, Baked는 정상적 로스팅 진행을 하다가 1차팝 이후 장시간 같은 열을 유지할 때 나오는 특성을 가진 로스팅을 말한다. 위의 표는 여러분의 쉬운 이해를 돕기 위한 표일 뿐이며 아그트론등의 값은 임의로 지정했으며, 같은 컬러라도 로스팅 분류가 다를 수도 있다는걸 설명하기 위해 로스팅 컬러를 동일한 값으로 가정해 본 것이다. 따라서 다양한 로스팅 스타일로서도 Burn 과 Baked의 특징이 나올 수 있다.

4. 커핑 준비사항

1) 로스팅

커핑을 하기 전 24시간 이내 로스팅을 마쳐야 하고 최소 8시간이 지난 원두를 사용한다. 로스팅 시간은 8~12분 정도의 라이트(light)에서 라이트 미디엄(light-medium) 사이가 좋다. 분쇄된 커피의 컬러는 에그트론(Agtron)수치로 55~60이며, SCAA Roast는 Tile #55가 적당하다. 커핑 커피는 탄맛이 나면 안되고 샘플로 사용될 커피는 밀폐용기에 담아 실내온도 20℃ 정도의 시원하고 어두운 곳에 보관해야 한다.

2) 분쇄

원두 분쇄도는 핸드드립 추출 보다 조금 가늘게 2.5~3mm 정도의 굵기를 사용한다(미국표준협회 20메시(mesh sieve) 필터를 약 70~75%통과한 것이다). 이런 분쇄 표준을 정하는 것은 분쇄 커피의 추출수율 즉 커피 풍미가 18~22%정도가 되도록 추출되어야 한다. 커피의 샘플 분쇄는 커핑하기 전 15분 이내에 이루어져야 한다. 만약 이것이 불가능하면 최대 30분 안에 분쇄된 것을 사용해야 한다.

3) 커피의 양

커피의 양은 원두 상태에서 무게를 체크한다. 보통 커핑용 컵은 5개를 기준으로 커핑을 실시한다. 원두양은 컵의 용량×0.55를 곱하면 된다. 예를 들어, 컵의 용량이 180ml라고 가정을 한다면 180ml×0.55=9.9g, 또는 150ml×0.55=8.25g이 원두의 적정 양으로 볼 수 있다. 용기에 따라 원두양은 조절이 가능하다.

커피와 물의 비율은 물 180ml(약6oz)에 커피 9.9g을 준비한다. 이 비율로 커피를 추출하면 가용성 성분의 농도가 1.1~1.3% 정도가 되어야 커핑하기에 좋다.

4) 물

깨끗한 물은 커피의 맛뿐만 아니라 커핑 에서도 아주 중요하다. 커핑에 사용되는 물은 깨끗하고 냄새가 없어야 한다. 특히 미네날 함유량이 100~200ppm 사이가 적당한데 그중에서도 125~175ppm 사이가 좋다.

5) 커핑컵

커핑 시 사용되는 컵의 재질은 강화 유리컵이나 도기로 만들어져 잡냄새가 나지 않아야 한다. 용량은 5~6oz가 적당하다. 샘플용 컵은 5~8개를 사용하지만 보통 5개가 적당하다.

6) 커핑스푼

열소산이 잘되는 은 재질 또는 스테인리스의 스푼으로 4~5ml의 용량으로 커피를 담을 수 있어야 한다.

7) 물 붓기

신선하고 깨끗한 물을 끓인 것으로 온도는 93~95℃ 정도의 물을 사용하는 것이 좋다. 물 붓기를 할 때는 모든 커피 입자가 골고루 적셔지도록 컵에 가득 부어준다.

8) 기타

원두커피 담는 용기, 커피 그라인더, 온도계, 초시계, 주전자, 컵, 시음용 커피를 뱉을 용기 등이 있다.

5. 커핑 시 배열순서

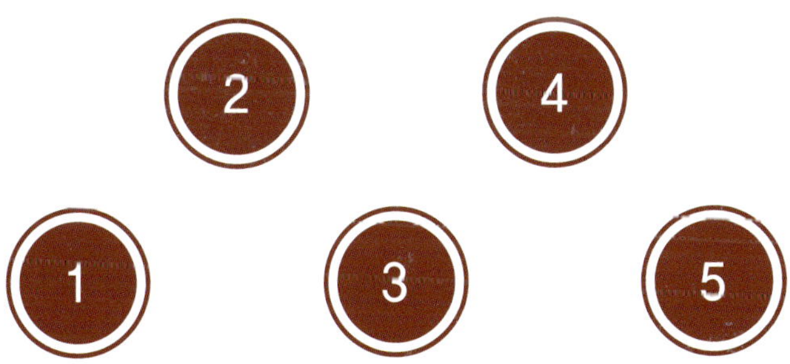

A-Grader Guild

A-Grader Guild

6. 커핑 순서 및 절차

1) 커핑용 기물 준비

커핑을 하고자 하는 산지별 커피 그린빈과 그린빈의 일부를 샘플 로스터를 이용해 볶아 그린빈과 갓볶은 원두를 나란히 준비한다. 그리고 커핑용 스푼, 커핑용 스푼을 린싱할 수 있는 린싱컵, 커피를 시음하기 위해 입에 머금었던 커피를 뱉어낼 수 있는 보조 컵, 샘플커피를 정확하게 측정할 수 있은 저울, 커피가 물에 담겨있는 시간에 따라 맛의 변화를 체크하기 위한 타이머 등을 준비한다. 커퍼들은 먼저 시각적으로 그린빈의 품질 그리고 볶은 빈의 품질을 평가할 수 있다.

■ 커핑 기물 준비

2) 컵에 샘플 나눠 담기

린싱용 컵 아래 용지에 샘플을 구분할 수 있게 한 후 린싱용 컵 5개에 커피원두를 무게를 체크한 후 똑 같은 양으로 나누어 담는다.

■ 린싱컵에 샘플 나눠 담기

3) 샘플용 커피 분쇄하기

샘플용 커피분쇄는 그라인더 칼날에 따라 다르지만 일반적으로 3~4mm 정도의 굵기로 분쇄하여 각각 컵에 담는다. 이 때 먼저 그라인더에 분쇄된 커피의 냄새를 제거하기 위해 샘플용 커피를 분쇄할 때 가능하면 다른 그라인더를 사용하는 것이 좋다. 커피의 샘플 분쇄는 커핑하기 전 15분 이내에 이루어져야 한다.

4) 분쇄된 커피 냄새 맡기

커피원두의 향기를 평가하는 것이다. 준비된 5개의 컵 중 하나씩 분쇄한 커피에서 나는 기체상태의 냄새를 맡는다. 이것을 프레그런스(Fragrance)라고 한다. 분쇄한 커피를 커핑을 할 컵에 코를 깊숙이 담고

숨을 들이 쉬며 원두의 셀이 파열되어 탄산가스와 함께 방출되는 커피의 향기를 맡고 분석하는 것이다. 이때 향기의 강도는 곧 샘플 커피의 신선도를 나타낸다. 단맛의 향기는 Acidy taste로 이어지며 자극적인 향기는 Sharp Taste로 이어진다.

5) 물 붓기

커피 향을 잘 맡기 위해 분쇄한 커피 컵에 뜨거운 물 약 93~95℃를 붓고 약 4분 정도 물에 불리게 놓아둔다. 물 붓기를 할 때는 모든 커피 입자가 골고루 적셔지도록 컵에 가득 부어준다. 물을 부을 때 바로 타이머로 시간을 체크하고 가능하면 한 사람이 물을 붓는 것이 좋다.

6) 물을 부은 후 커피 냄새 맡기

분쇄한 커피 컵에 뜨거운 물을 붓고 기다리면 커피의 입자들이 커피 컵 표면 위로 떠오르는 것을 확인할 수 있다. 이때 물을 부은 후 올라오는 수증기의 향을 맡는다. 시간은 4분 이내에 커피 아로마를 체크해야 한다.

7) 브레이크와 린싱하기

물을 부은 후 커피 향을 체크하면서 4분 후에 브레이크(break)를 한다. 브레이크는 커핑 전용 스푼으로 컵 위에 떠 있는 커피 찌꺼기들을 밀어 내면서 커피층 아래에 있는 향을 맡는 것이다. 이런 원리는 물의 뜨거운 온도 때문에 형성된 가스가 공기를 흡입하는 코의 동공에서 강하게 흡착되게 된다. 이 동작을 통해 전체적인 아로마의 특성, 즉 fruity, herbal, nut-like 등을 테스트하게 된다. 커핑 스푼으로 3번 정도 밀면서 향의 변화를 평가한다. 브레이킹(breaking)시 고유의 커피향을 가장 잘 맡을 수 있다.

브레이크를 할 때 각각의 컵에 대해서 실시하기 때문에 한 번 사용한 스푼은 다른 컵 커피 향미에 나쁜 영향을 줄 수 있기 때문에 반드시 린싱을 하고 다음 컵에 브레이크를 실시해야 한다.

8) 스키밍하기

브레이크(break)로 커피 향의 특성을 실시 한 후 4분 후에 컵에 떠 있는 커피 찌꺼기를 커핑용 스푼을 사용하여 깔끔하게 제거한다. 스푼 2개를 겹쳐서 사용하면 더 편리하다. 그리고 찌꺼기를 걷어내고 난 뒤 둥둥 떠다니는 부유물은 스푼 밑바닥으로 살살 눌러주면 된다. 이때도 린싱 후 다른 컵에 스키밍한다.

9) 커피 시음하기

찌꺼기를 걷어내고 물의 온도가 70℃정도가 되면 커핑용 스푼을 이용하여 6~8cc 정도의 커피를 뜬 다음 강하게 후루룩하고 입으로 빨아들인다. 이 동작은 혀와 입안 전체에 퍼지게 하여 플레이버와 후미를 평가하려는 것이다. 그리고 커피를 입안에 약 3~5초 정도 머금고 있다가 느껴지는 맛의 강도에 따라 맛을 구분 하는데 보통 맛과 향의 강도성, 다양성, 바디감과 밸런스, 풍부함과 신맛 등을 체크 한 후 준비한 보조 컵에 시음한 커피를 뱉는다. 커피가 식으면 두세 차례 반복해서 평가한다. 왜냐하면, 커피가 식으면서 온도의 변화가 커피의 기본적인 맛에 어떤 작용을 하는지 감지해야 하기 때문이다. 이렇게 함으로써 커피는 더 정확한 전체적인 맛을 구분할 수 있다.

일반적인 평균 로스트(미디움, 미디움-다크, 시티, 훌시티) 커피의 경우 향의 특성 중 당분이 캐러멜화되는 과정이 많이 나타나게 되고, 다크 로스트(이탈리안, 후렌치)의 경우 향의 특성 중 증류주를 만들 때 나타나는 냄새 또는 산화될 때 나타나는 냄새를 많이 느낄 수 있다.

10) 바디감 및 커피 여운 느끼기

입에 머금고 있던 커피를 조금 삼켰을 때 입안의 혀의 느낌으로 커피오일의 촉각과 미끄러움 등으로 커피의 지방 함량과 커피의 무게감, 점착성, 단백질의 함량 등을 감지하여 평가하고 입안에 남아 있는 커피의 여운을 분석하는 것이다. 입에 머금고 있던 커피를 우물우물 거리면 코의 동공으로 커피 향이 전달되면서 동시에 혀의 뒤쪽에 머무르는 커피 향이 커피의 뒷맛을 구분할 수 있게 만든다.

이 과정에서 느낄 수 있는 커피 향의 구성은 초콜릿 향, 나무 타는 향, 담배 향, 소나무 껍질 향, 송진 향 등과 자극적인 향을 느낄 수 있다.

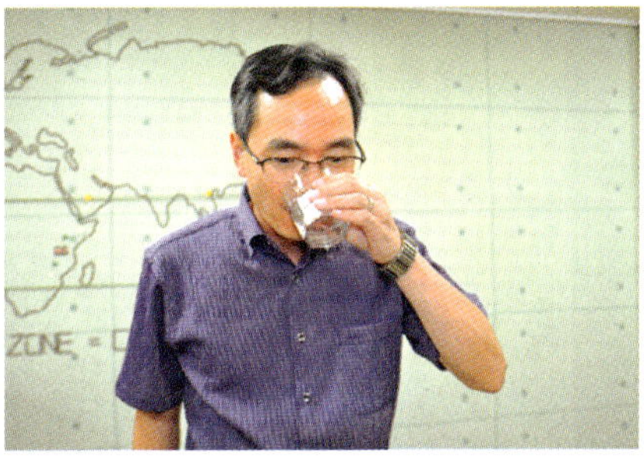

11) 결과 기록

커핑 채점 결과는 생두가격에 많은 영향을 미치기 때문에 매우 중요하다. 먼저 이름, 커핑날짜, 샘플명을 기재한다. 그리고 아로마, 프레그런스, 플레이버 등 모든 사항을 노트를 해서 최종적으로 그 결과를 항목별로 기록해서 순위를 결정한다.

커퍼들 모두가 느끼는 맛이나 포인트 표현력이 다르기 때문에 주관성이 많을 수밖에 없다. 그러므로 일관적인 기준으로 점수를 낼 수 있도록 많은 노력을 기울여야 한다.

Specialty Coffee Association of America Coffee Cupping Form

SPECIALTY COFFEE ASSOCIATION OF AMERICA

Name: ______________________

Date: ______________

Quality scale:			
6.00 - Good	7.00 - Very Good	8.00 - Excellent	9.00 - Outstanding
6.25	7.25	8.25	9.25
6.50	7.50	8.50	9.50
6.75	7.75	8.75	9.75

Sample #

Roast Level of Sample

Fragrance/Aroma Score: ☐ 6 7 8 9 10 — Dry / Qualities: / Break

Flavor Score: ☐ 6 7 8 9 10

Aftertaste Score: ☐ 6 7 8 9 10

Acidity Score: ☐ 6 7 8 9 10 — Intensity: High / Low

Body Score: ☐ 6 7 8 9 10 — Level: Heavy / Thin

Uniformity Score: ☐ ☐ ☐ ☐ ☐ ☐

Balance Score: ☐ 6 7 8 9 10

Clean Cup Score: ☐ ☐ ☐ ☐ ☐ ☐

Sweetness Score: ☐ ☐ ☐ ☐ ☐ ☐

Overall Score: ☐ 6 7 8 9 10

Total Score ☐

Defects (subtract) Taint=2 Fault=4 — # cups ☐ X Intensity ☐ = ☐

Notes:

Final Score ☐

Sample #

Roast Level of Sample

Fragrance/Aroma Score: ☐ 6 7 8 9 10 — Dry / Qualities: / Break

Flavor Score: ☐ 6 7 8 9 10

Aftertaste Score: ☐ 6 7 8 9 10

Acidity Score: ☐ 6 7 8 9 10 — Intensity: High / Low

Body Score: ☐ 6 7 8 9 10 — Level: Heavy / Thin

Uniformity Score: ☐ ☐ ☐ ☐ ☐ ☐

Balance Score: ☐ 6 7 8 9 10

Clean Cup Score: ☐ ☐ ☐ ☐ ☐ ☐

Sweetness Score: ☐ ☐ ☐ ☐ ☐ ☐

Overall Score: ☐ 6 7 8 9 10

Total Score ☐

Defects (subtract) Taint=2 Fault=4 — # cups ☐ X Intensity ☐ = ☐

Notes:

Final Score ☐

Sample #

Roast Level of Sample

Fragrance/Aroma Score: ☐ 6 7 8 9 10 — Dry / Qualities: / Break

Flavor Score: ☐ 6 7 8 9 10

Aftertaste Score: ☐ 6 7 8 9 10

Acidity Score: ☐ 6 7 8 9 10 — Intensity: High / Low

Body Score: ☐ 6 7 8 9 10 — Level: Heavy / Thin

Uniformity Score: ☐ ☐ ☐ ☐ ☐ ☐

Balance Score: ☐ 6 7 8 9 10

Clean Cup Score: ☐ ☐ ☐ ☐ ☐ ☐

Sweetness Score: ☐ ☐ ☐ ☐ ☐ ☐

Overall Score: ☐ 6 7 8 9 10

Total Score ☐

Defects (subtract) Taint=2 Fault=4 — # cups ☐ X Intensity ☐ = ☐

Notes:

Final Score ☐

June 2003

SPECIALTY COFFEE ASSOCIATION OF AMERICA

Specialty Coffee Association of America Coffee Cupping Form

Name: ______________________

Date: ______________

Quality scale			
6.00 - Good	7.00 - Very Good	8.00 - Excellent	9.00 - Outstanding
6.25	7.25	8.25	9.25
6.50	7.50	8.50	9.50
6.75	7.75	8.75	9.75

Sample #	Roast Level of Sample	Fragrance/Aroma Score: (6 7 8 9 10)	Flavor Score: (6 7 8 9 10)	Acidity Score: (6 7 8 9 10)	Body Score: (6 7 8 9 10)	Uniformity Score: ☐☐☐☐☐	Clean Cup Score: ☐☐☐☐☐	Overall Score: (6 7 8 9 10)	Total Score
		Dry / Qualities: / Break	Aftertaste Score: (6 7 8 9 10)	Intensity: High / Low	Level: Heavy / Thin	Balance Score: (6 7 8 9 10)	Sweetness Score: ☐☐☐☐☐	Defects (subtract) Taint=2 Fault=4; # cups ☐ X Intensity ☐ = ☐	
	Notes:								Final Score

Sample #	Roast Level of Sample	Fragrance/Aroma Score: (6 7 8 9 10)	Flavor Score: (6 7 8 9 10)	Acidity Score: (6 7 8 9 10)	Body Score: (6 7 8 9 10)	Uniformity Score: ☐☐☐☐☐	Clean Cup Score: ☐☐☐☐☐	Overall Score: (6 7 8 9 10)	Total Score
		Dry / Qualities: / Break	Aftertaste Score: (6 7 8 9 10)	Intensity: High / Low	Level: Heavy / Thin	Balance Score: (6 7 8 9 10)	Sweetness Score: ☐☐☐☐☐	Defects (subtract) Taint=2 Fault=4; # cups ☐ X Intensity ☐ = ☐	
	Notes:								Final Score

Sample #	Roast Level of Sample	Fragrance/Aroma Score: (6 7 8 9 10)	Flavor Score: (6 7 8 9 10)	Acidity Score: (6 7 8 9 10)	Body Score: (6 7 8 9 10)	Uniformity Score: ☐☐☐☐☐	Clean Cup Score: ☐☐☐☐☐	Overall Score: (6 7 8 9 10)	Total Score
		Dry / Qualities: / Break	Aftertaste Score: (6 7 8 9 10)	Intensity: High / Low	Level: Heavy / Thin	Balance Score: (6 7 8 9 10)	Sweetness Score: ☐☐☐☐☐	Defects (subtract) Taint=2 Fault=4; # cups ☐ X Intensity ☐ = ☐	
	Notes:								Final Score

June 2003

7. 커핑 부분별 채점법

커핑 채점은 일반적으로 SCAA 채점표를 기준으로 많이 하고 있다.

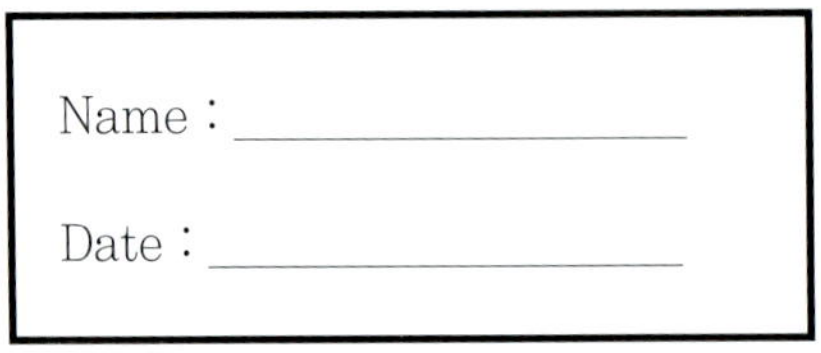

이름과 날짜 기록하기(name, date)

- 이름, 커핑 날짜를 기재한다.

커피샘플에 대한 정보 기록하기(sample)

- 테스트할 품목 즉, 커피의 샘플 번호를 적는다.

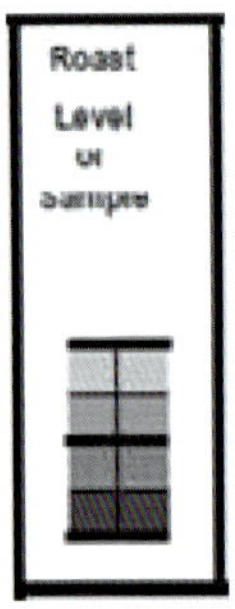

로스팅 정도 평가하기(roast level of samples)

- 분쇄된 커피의 로스팅 색깔을 체크한다.
  진하면 진한 쪽, 연하면 연한 쪽으로 샘플과 비슷한 컬러에 표시한다.

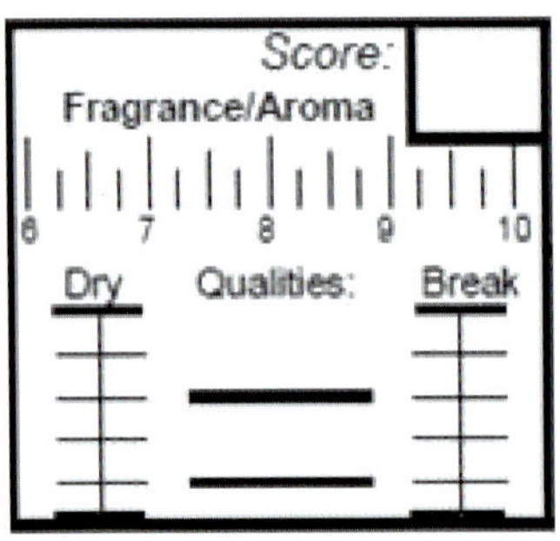

프레그런스/아로마 평가하기(fragrance/aroma)

- 프레그런스 : 분쇄된 원두의 향을 맡는다. 기본적으로 8점을 중심으로 향미가 강하면 8점 이상, 향미가 떨어지거나 좋지 않은 인상을 주면 8점 이하로 점수를 준다.
- 아로마 : 물을 부은 후 느끼는 향과, 브레이크할 때 수증기로 올라오는 향을 체크한다.
- 드라이(dry): 분쇄된 상태의 커피 향
- 퀄리티(qualities): 커피 샘플에서 나는 향과 특성
- 브레이크(break): 스푼으로 커피를 밀 때 나오는 향의 풍부성과 단맛 평가
- 드라이, 퀄리티, 브레이크는 커퍼가 평가할 때 참고로 할 뿐 직접적인 점수에는 해당이 되지 않는다. 프레그런스와 아로마로만 점수를 준다.

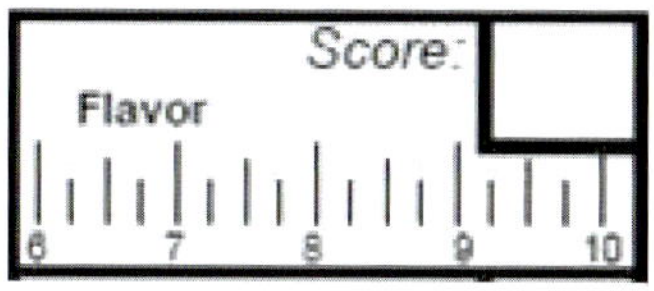

플레이버 평가하기(flavor, 향미)

- 커피를 입안에 넣었을 때 혀와 코로 전해지는 향미의 풍부성, 다양성, 강도성등의 종합적인 맛과 향을 평가한다.

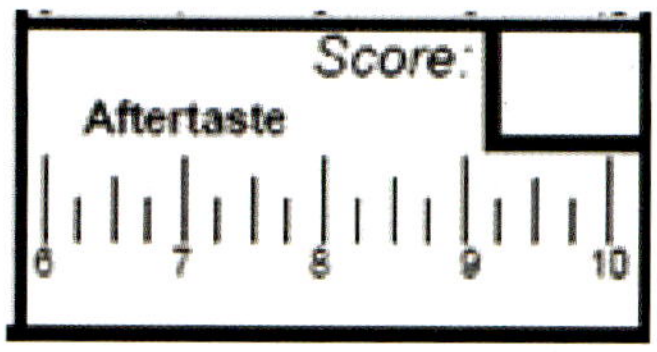

여운 평가하기(aftertaste, 뒷맛)

- 커피를 삼킨 후 숨을 내 쉴 때 느껴지는 맛과 향으로 좋은 향미가 오래 남을수록 좋은 커피이고 자극적이고 날카로운 느낌의 향미가 입안에 느껴지면 좋지 못한 커피라고 할 수 있다.

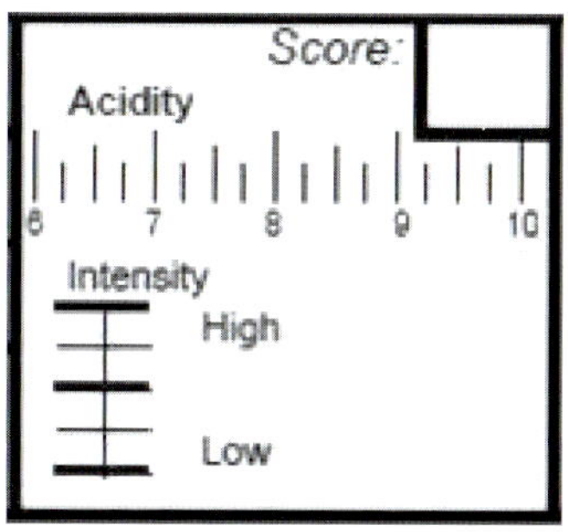

신맛 평가하기(acidity, 산미)

- 신맛은 커피를 시음했을 때 처음에 느껴지는 맛이다. 보통 산미를 체크하는 방법은 두 가지가 있다. 과일과 같은 산미와 식초 또는 기분 나쁜 산미로 구분한다.
- 커피에서 느끼는 신맛은 신선한 과일에서 느낄 수 있는 단맛과 신맛을 의미하며 식초에서 느껴지는 날카롭고 가벼운 신맛이 아니다. 자신이 마셨을 때 좋은 산미로 느꼈으면 8점 이상, 기분 나쁜 산미로 느꼈으며 8점 이하로 점수를 주면 된다.
- 인텐시티(intensity)는 신맛의 질적인 부분보다는 강도를 나타내는 것이다. 즉, 산미가 강하면 high로 산미가 약하면 low 에 체크하면 된다.

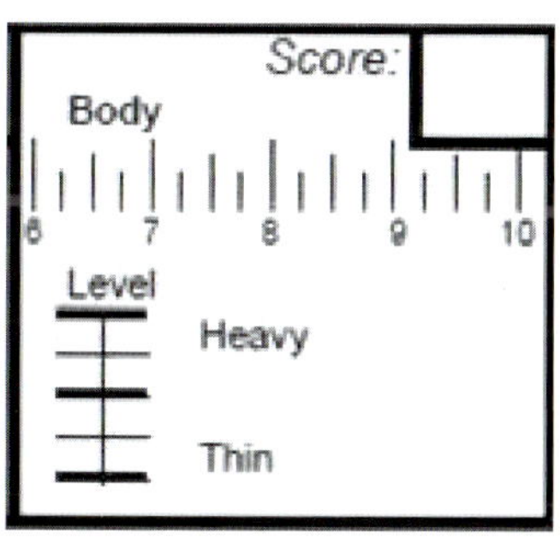

바디감 평가하기(bady, 질감)

- 커피를 시음 또는 마셨을 때 입안에서 느껴지는 무게감, 부드러움, 점성 등의 느낌을 말한다. 예를 들어, 물을 마셨을 때와 우유를 마셨을 때, 꿀물을 마셨을 때 느낌이 다르듯이 커피를 마셨을 때 느껴지는 느낌을 말한다.
- Level은 바디감이 좋으면 heavy, 낮으면 thin으로 체크한다. 그래서 보통 바디감과 레벨의 점수는 서의 일치한다.

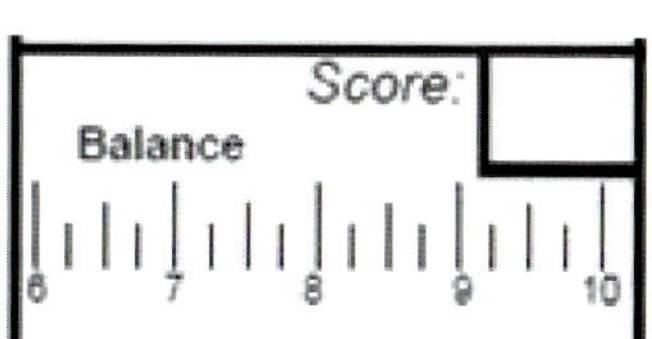

밸런스 평가하기(balance, 조화)

- flavor, aftertaste, acidity, bady 등 전체적인 향미의 조화로움을 평가한다.

동일성 평가하기(uniformity, 균일함)

- 5개 컵의 일관성을 평가하는 것으로 한 컵 당 2점을 부여하여 10점을 만점으로 한다. 일반적으로 커핑은 한 품목당 5개의 컵을 두고 테스트 한다. 왜냐하면, 한 개로 할 때보다 좀 더 자세히 평가를 할 수 있기 때문이다.
- 5개의 컵 모두 동일한 맛과 향을 지녀야 한다. 하지만 한 개의 컵이라도 커피의 맛과 향의 특성이 다르게 나타날 경우 2점의 점수를 부여하지 않고 체크된 부분만 합산하여 점수를 부여한다. 경우에 따라서 최대 0점을 받을 수도 있다.
- 5×2=10점

크린 컵 평가하기(clean cup, 깔끔함)

- 각 컵에서는 커피 맛이 아닌 다른 맛이 느껴져서는 안 된다. 왜냐하면, 결점두, 오염, 변질로 인한 부정적인 향미가 느껴지는지에 대한 평가이기 때문이다. 그래서 컵의 투명도라고도 한다.
- 5개의 컵 중 결점두 및 부정적인 향미가 느껴지는 것은 점수를 부여하지 않고 체크된 부분만 합산한다.
- 5×2=10점

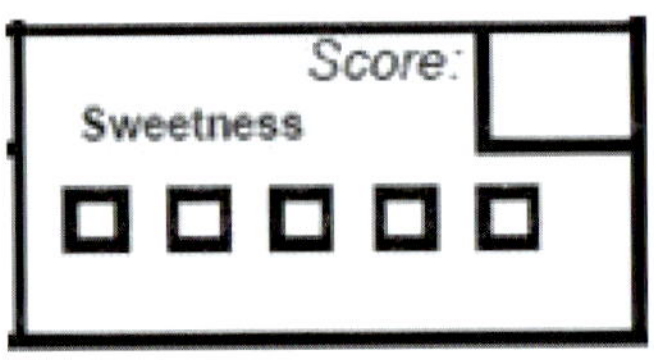

단맛 평가하기(sweetness, 단맛)

- 커피의 단맛을 평가하는 것은 결점두나 오염으로 인해 단맛이 느껴지지 않을 경우를 제외하고는 기본적으로 단맛이 있다고 평가한다.

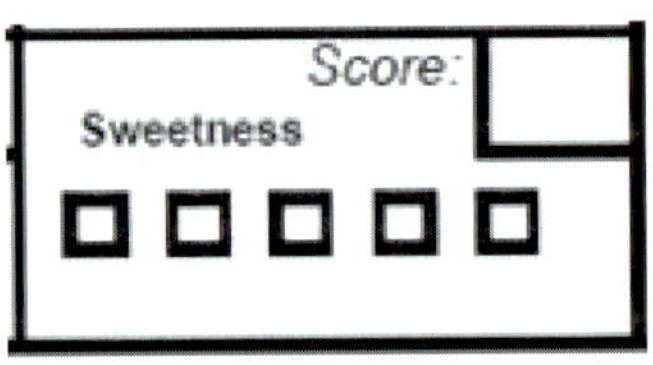

단맛 평가하기(sweetness, 단맛)

- 커피의 단맛을 평가하는 것은 결점두나 오염으로 인해 단맛이 느껴지지 않을 경우를 제외하고는 기본적으로 단맛이 있다고 평가한다.

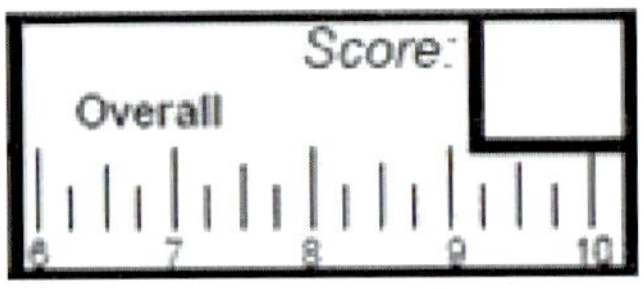

오버롤 평가하기(overall, 총체적 평가)

- 각 커피의 주관적인 선호도에 따라 평가하기 때문에 Cupper' s point라고도 말한다. 이 평가는 커피의 주관적인 평가를 반영할 수 있게 허락된 부분이다.

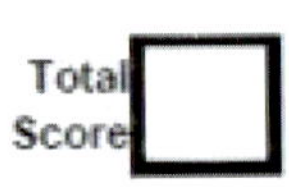

점수 합계하기(total score, 총점)

- 각 항목별 점수를 총 합산하여 적는다.

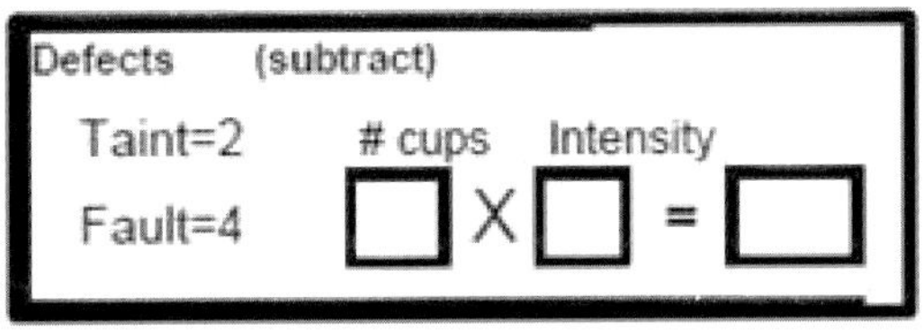

결점두 감점하기(defects, 불쾌한 향, 결점요인)

- 디펙트는 커피맛과 향에 좋지 못한 영향을 주는 요인으로 크게 두가지로 구분된다.
- 테인트(taint) : 오염, 부패 등으로 주로 아로마에서 느껴지는 것을 체크한다. 한 컵당 -2점씩 감점한다.
- 폴트(fault) : 전체적인 커피맛과 향에 영향을 미치는 심각한 결점을 체크한다. 한 컵당 ?4점씩 감점한다.
- 커퍼는 결점요인이 테인트인지 또는 폴트인지 디펙트의 원인을 찾아 그에 관련된 설명을 모두 기재해야 한다.

최종 점수 계산하기(final score, 최종점수)

- 각 항목별 점수를 총 합산하여 적는다. 단, 디펙트 점수는 제외하고 최종 점수를 적는다.

노트(notes, 메모)

- 커피 샘플에 관련된 내용들을 간단하게 기록한다.

Chapter 10

커피 아로마

1. 커피 플레이버 휠(Flavor Wheel)

플레이버 휠은 커피 향을 체계적으로 정리한 것으로 원형의 바퀴 모양으로 구성되어져 있다. 아로마 휠의 안쪽은 일반적인 향을 나타내고 바깥쪽으로 나갈수록 섬세하고 구체적인 향을 제시하고 있다.

커피 플레이버 휠은 테인즈(Taints)&폴트(Faults)와 맛(Tastes)&향(Aromas)으로 나누어진다. 테인즈(Taints)&폴트(Faults)는 커피 한잔이 나오기까지 전 과정에서 생길 수 있는 오염, 부패 등 아로마에서 느껴지는 결점원인과 그 결과를 말한다. 하지만 맛(Tastes)과 향(Aromas)은 커피를 인지하는 과정에서 발견할 수 있다. 그러므로 맛(Tastes)과 향(Aromas)에 대한 휠의 원리를 이해하는 것이 중요하다.

1) 맛

맛(Tastes)은 커피의 신맛, 단맛, 짠맛, 쓴맛을 4대 맛으로 1차 맛이라고 한다. 그리고 1차 맛은 다시 각 2개 그룹으로 나누어져 2차 맛을 형성한다. 신맛(신맛, 와인 맛), 단맛(상큼한, 달콤한), 짠맛(부드러운, 날카로운), 쓴맛(거친, 톡

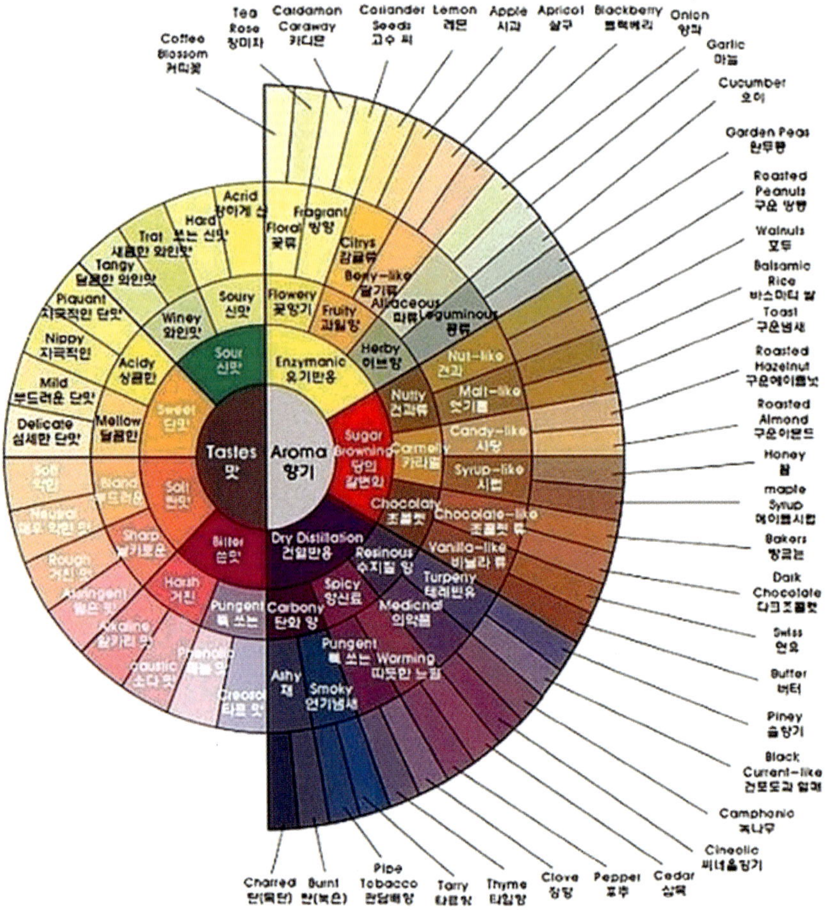

■ 커피 플레이버 휠 – 맛/향 출처 : http://cafedoume.blog.me/220290852601

아로마 휠의 구조

플레이버 휠의 왼쪽 반원은 맛의 휠이고 오른쪽 반원이 향의 휠이다. 커피의 핵심인 향은 커피에서 가장 복잡하고 중요한 요소 중의 하나다.

아로마 휠은 로스팅 과정을 분석하고 커피에서 만들어 낼 수 있는 모든 향을 형성과정별로 분류한 것 이다. 그러므로 아로마 휠의 반원을 시계방향으로 읽으면 일반적인 로스팅 순서가 된다. 상대적으로 가벼운 휘발성을 가진 아로마 들은 일정한 열을 받으면 로스팅이 진행되는 과정에서 가장 먼저 방출된다. 그 이후 생두 콩의 조직을 구성하고 있는 성분들이 열에 반응하면서 점점 단맛을 내기 시작하면서 로스팅이 진행된다.

쏘는)으로 구분된다. 2차 맛은 실제적으로 맛의 비중에 따라 결정된다. 예를들어, 신맛과 단맛이 함께 느껴질 때 신맛이 강하면 와인 맛, 단맛이 강하게 느껴지면 상큼한 으로 표현할 수 있다. 2차 맛은 또 다시 그 비중에 따라 각각 2개의 그룹으로 나누어져 3차 맛으로 나누어진다. 대부분 1차와 2차 맛에서 많은 비중을 차지하고 있고 3차 맛의 표현은 많이 쓰지 않고 있다.

2) 향

향(Aromas)은 어떠한 이유로 인해서 생기는지에 따라 유기반응(Enzymatic), 당의 갈변화(Sugar browning), 건열반응(Dry distillation) 3가지 종류를 1차향으로 구분한다. 1차향은 다시 향기 특성에 따라 3개의 그룹으로 2차향을 구성한다. 유기반응(꽃향기, 과일향, 허브향), 당의 갈변화(견과류, 캐러멜, 초콜렛), 건열반응(수지펄향, 향신료, 탄화향)으로 구분된다. 2차향은 다시 각 2개의 그룹으로 나누어져 있고, 2차향은 다시 각 2개의 그룹으로 3차향을 구성한다. 3차향은 다시 각 2개의 그룹으로 나누어져 있고, 각 2개의 그룹으로 4차향을 구성한다.

- **유기반응(Enzymatic)** 커피가 자라난 토양과 생육환경의 영향을 받아 아직 조직이 살아있는 생두에서 일어나는 효소반응 때 발생하는 향을 말한다. 향기 특성에 따라 꽃향기(Flowery), 과일향(Fruity), 허브향(Herby)으로 나누어진다.
- **당의 갈변화(Sugar browning)** 갈색반응에 의한 향기로 로스팅 과정에서 만들어지는 향을 말한다. 로스팅이 진행되는 순서에 따라 발현되는 향기가 다르기 때문에 각 단계에 맞는 세 가지의 향기는 견과류(Nutty), 캐러멜(Caramelly), 초콜릿(Chocolaty)으로 구분된다.
- **건열반응(Dry distillation)** 로스팅 과정에서 2차 크랙(Crack) 이후 커피가 타면서 생기는 향을 말한다. 적은 양은 향신료향으로 인식할 수 있지만 최근 건강에 대한 우려 때문에 좋지 않은 향으로 인식하는 경우가 많다. 향기 특성에 따라 수지펄향(Resinous), 향신료(Spicy), 탄화향(Carbony)으로 구분된다.

2. 커피 아로마 키트(Aroma Kit)

아로마 키트는 커피의 향을 잘 표현하고 설명할 수 있도록 훈련을 통해 커피 향을 감각적으로 구별하고 해석하고 평가하는 기본 능력을 향상시키기 위한 도구이다. 커피의 맛을 분석하고 파악하는 것은 커피 전문가들에게 가장 중요하고 기본적이다. 그러므로 아로마 키트로 꾸준하게 반복적으로 연습을 한다면 여러분도 커피 전문가가 될 수 있을 것이다.

■ 커피 아로마 키트

3. 아로마 키트의 주요 향 분류표

■엔자이메틱(Enzymatic) 아직 조직이 살아있는 생두에서 일어나는 효소반응 때 발생하는 향 화합물군이다.

꽃류(Flowerlya) : 색깔 구분해야 함		
	내 용	분류번호
	1. 장미향(Tea-Rose) 특별히 매혹적인 이향은 커피가 아주 신선하다는 것을 의미한다. 로부스타보다는 아라비카에서 더 강하게 나며 커피를 갈 때 보다 커피를 추출할 때 더 강하게 느낄 수 있다. 에사도르의 마라고지페에서 주로 많이 감지하고 맡을 수 있다.	#11

	내 용	분류번호
	**2. 커피꽃향(Coffee Blossom)** 커피꽃향은 고감도의 뛰어난 감식가라 하더라도 감지해 내기 힘든 향으로 이 커피향은 커피의 관능적인 우아함과 세련됨을 상징하고 있다. 주로 에디오피아의 하라, 파퓨아뉴기니의 시그리와 지역과 콜롬비아 자바섬에서 생산되는 커피들에게 많이 감지할 수 있는 향이다.	#12
	**3. 꿀향(Honeyed)** 복숭아나 향나무 또는 신선한 버터향 만큼 좋거나 세련된 향은 아니지만 아주 좋은 커피에서 느낄 수 있는 고급스런 향이다. 추출했을 때보다는 원두를 분쇄할 때 향이 진하게 올라온다. 멕시코의 리퀴담바나 파퓨이뉴기니의 시그리에서 더 많이 감지할 수 있다.	#19

과일류(Fruity) : 색깔 구분해야 함

	내 용	분류번호
	**4. 레몬향(Lemon)** 과일의 상큼함을 대표하는 레몬향은 레몬껍질에서 나는 신선하고 생기 있는 향으로 기억이 되며 이향은 커피가 신선하고, 우아하고, 완벽한 균형감을 갖게 한다. 주로 케냐AA와 콜롬지아 엑셀소에서 많이 감지되지만 파뷰이뉴기니 시그리에서도 강하지는 않지만 감지 할 수 있다.	#15
	**5. 살구향(Apricot)** 살구향은 우아한 분위기를 자아내는 커피일수록 더 많이 지니고 있다. 이 향은 확실하게 맡을 수 있고 분명하게 원기를 돋우는 특징을 가지고 있다. 주로 에디오피아 시다모의 전형적인 특징이라고 할 수 있다.	#16
	**6. 사과향(Applc)** 사과향은 커피에서 나는 향들의 바탕에 항상 깔려있는 향으로 특별한 커피 과육이 풍부하게 결합되어 있는 콜롬비아와 중미지역에서 많이 감지할 수 있다. 또한 수확된지 얼마 되지 않은 하와이 커피에서도 맡을 수 있다.	#17

허브류(Herbal) : 색깔 구분해야 함

	내 용	분류번호
	**7. 감자향** 감자향은 커피에서 나는 가장 흔한 향 중의 하나로 강하지는 않지만 이 감자향이 강하게 나는 경우는 콩을 선별할 때 충분하게 주의를 기울이지 않았다는 것을 의미한다. 주로 코스타리카, 콜롬비아 톨리마스에서 많이 맡을 수 있다.	#2
	**8. 완두콩향(Garden Peas)** 완두콩향은 생두상태이거나 약하게 로스팅 했을 때 나는 향으로 시간이 경과하면서 향이 약해진다. 추출했을 때 보다는 생두상태에서 완두콩향이 더 분명하게 나며 커피의 모든 향들이 균형을 이루는데 필수적이라고 할 수 있다. 우간다와 과테말라에서 생산하는 커피에서 많이 감지할 수 있다.	#3
	**9. 오이향(Cucumber)** 이 향은 강하지는 않지만 아주 특별한 향이라고 할 수 있다. 오이향은 수확한지 꽤 오래된 콩에서도 나무향 같이 풍기지만 오래되지 않은 콩에서도 확실하게 감지하는 경우도 있다. 주로 에디오피아의 모카 또는 케냐처럼 주로 아프리카에서 생산되는 커피에서 강하게 느낄 수 있다.	#4

■**슈가 브라우닝(Sugar Browning)** 로스팅 과정에서 일어나는 향으로 갈변반응 때 발생하는 향 화합물 군이다.

카라멜류(Carmelly) : 색깔 구분해야 함

	내 용	분류번호
	**10. 신선한 버터향(Fresh Butter)** 이 향은 신선한 버터를 녹였을 때 나는 향으로 품질이 뛰어난 아라비카에서 많이 감지할 수 있다. 신선한 버터향은 관능적 만족감을 불러일으키는 부드러움을 가지고 있기 때문에 다른 향들에 미치는 영향력은 아주 크다. 분쇄할 때보다는 추출할 때 감지할 수 있는 향이 훨씬 강하다. 주로 코스타리카 커피와 콜롬비아의 수프리모에서 강하게 맡을 수 있다.	#18

	내 용	분류번호
	**11. 캐러멜향(Carmel)** 이 향은 커피의 풍미를 확실하게 향상시켜주는 향으로 커피의 많은 향들 중에서 중요한 위치를 차지한다. 이 향은 특히 아라비카 커피를 추출할 때 뚜렷하게 감지할 수 있는 대표적인 커피향이다. 주로 안티구아의 엑셀소와 콜롬비아 수프리모 후일라에서 많이 느낄 수 있다.	#25
	**12. 볶은 땅콩향(Roasted Peanuts)** 이 향은 커피의 우아함을 상징하고 있지만 향이 너무 강하면 좋지 못하기 때문에 적당하게 느낄 수 있어야 좋다. 주로 "그리스의 맛"이라고 불리는 이향은 그리스에서 이 향을 내기 위해 생두에 덜 익은 땅콩을 첨가해서 같은 향을 내기도 한다.	#28

견과류(Nutty) : 색깔 구분해야 함

	내 용	분류번호
	**13. 볶은 아몬드향(Roasted Almonds)** 이 향은 커피향 중에서 가장 매력적인 향으로 꼽힌다. 특히 초콜릿향과 아주 잘 어울리는 향이다. 주로 자마이카 블루마운틴, 에디오피아의 리무, 콜롬비아의 엑셀소에서 많이 감지할 수 있다.	#27
	**14. 볶은 헤이즐럿향(Roasted Hazelunts)** 이 향은 강하든 약하든 커피 향에서 달콤한 부분을 담낭하는 향으로 약하게 로스팅되었다는 것을 뜻한다. 추출할 때보다 갈 때 강하게 향을 느낄 수 있다. 주로 콜롬비아 커피에서 강하게 감지할 수 있다. 특히 시에라 산맥의 산타마르타에 생산되는 커피에서 강하게 맡을 수 있다.	#29
	**15. 호두향(Walunts)** 이 향은 원두를 분쇄할 때 보다 추출할 때 더 뚜렷하게 느낄 수 있다. 보통 미각으로 감지되며 향이 오래 지속되어 다른향 들이 다 사라 져도 호두향은 남아 있다. 주로 브라질 커피를 음용할 때 후각과 미각에서 감지되며 파뉴아뉴기니의 시그리에서 감지할 수 있다.	#29

초콜릿류(Chocolaty) : 색깔 구분해야 함

	내 용	분류번호
	**16. 바닐라향(Vanilla)** 이 향은 커피향의 균형을 잡는데 기본적이고 핵심적인 향이다. 원두를 블랜딩하면 다른 향들을 점착시켜 강하게 하며 바디감을 살려주는데 아주 큰 역할을 한다. 주로 엘살바도르 마라고지페와 파푸아뉴기니의 시그리에서 맡을 수 있다.	#10
	**17. 구운 빵향(Toast)** 구운 토스트에서 나는 듯한 이 향은 로스터들이 로스팅이 잘 되었을 경우를 말한다. 이처럼 로스팅이 잘 되었을 경우 높은 고도에서 자라 버터향이 많이 나는 커피들과 블랜딩하면 아주 좋다.	#22
	**18. 다크 초콜릿향(Dark Chocolate)** 이 향은 커피의 주요 특징 중에 하나이다. 커피와 초콜렛은 공통점이 많은데 특히 열매로 콩을 생산해내며 열대지역의 나무 그늘에서 자란다. 또한 볶을 때 향이 아주 매혹적이고 추출할 때 보다는 분쇄할 때 향이 더 좋고 강하다. 주로 중남미 커피에서는 일반적으로 향이 많이 나지만 콜롬비아 커피에서는 이 향이 많이 나지 않고 드물게 난다.	#26

■**아로매틱 테인즈(Aromatic Taints)** 생두 가공 시 환경적 요인이 콩에 배어 일어나는 화학적 변화에 의한 향 화합물군이다. 이 향이 강하면 좋지 않지만 약할 때는 좋은 자질로 인정받는다.

토양류(Earthy) : 색깔 구분해야 함

	내 용	분류번호
	**19. 흙냄새(Earth)** 이 향은 커피 건조방식에 따라 생두에 흙냄새가 베어들거나 창고에 보관할 때 환경적 요인에 의해 콩에 영향을 미치는 경우를 말한다. 주로 엘사바도르의 마라고지페, 에디오피아의 하라와 시다모 그리고 파뉴아뉴기니의 시그리에서 이 풍미를 많이 감지할 수 있다.	#1

	내 용	분류번호
	**20. 짚향(Straw)** 이 향은 몬순시기에 생두를 보관하고 있는 창고에서 몇 달 동안 개방하여 습기를 충분히 머금게 하면 생두가 커지면서 매력적인 황금색을 띠게 된다. 특히 인도(몬순커피)에서 이 향을 제일 많이 감지할 수 있다. 이 짚향이 커피에 골고루 퍼지면 질이 좋은 커피로 인정한다. 주로 케냐의 키탈레와 아이보리 코스트의 로부스타에서 많이 감지 할 수 있다.	#5
	**21. 가죽냄새(Leather)** 이 향은 커피에서는 잘 느낄 수 없지만 커피에 대한 질 평가 및 진품여부를 판단하는 기준으로 이 향을 많이 사용한다. 특히 '모카' 커피에서 두드러지게 나타난다. 주로 최상급품의 에디오피아 하라 지역에서 이 가죽냄새를 많이 감지할 수 있다.	#20

발효류(Fermented) : 색깔 구분해야 함

	내 용	분류번호
	**22. 커피과육향(Coffee Pulp)** 이 향은 커피의 주요향의 하나로 꼽힌다. 특히 포도주의 상큼한 신맛처럼 느낄 수 있다. 이 향은 남미 지역에서 생두를 세척하는 방식에 의해 커피에 녹아든다. 주로 케냐AA, 안티구아의 엑셀소에서 두드러진다.	#13
	**23. 찐 쌀향(Basmati Rice)** 이 향은 찐 밥에서 나는 향을 연상하면 된다. 찐 쌀향은 로스팅 초기단계에서 맡을 수 있다. 로스팅이 서서히 진행되면서 다른 향들과 섞이면 구별이 쉽지 않기 때문에 많은 훈련을 통해 구별하는 능력을 키워야 한다. 주로 엘살바도르 아라비카와 아이보리코스트 로부스타에서 많이 감지 할 수 있다.	#21
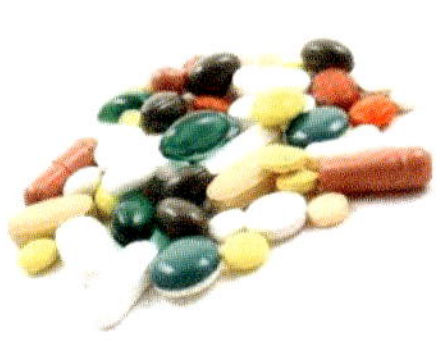	**24. 약냄새(Medicinal)** 이 향은 로스팅을 할 때 오래하게 되면 커피에서 약냄새가 난다. 그렇지만 이 향은 인위적으로 커피의 풍미를 내기위해서 일부러 사용하기도 한다. 주로 이탈리안 에스프레소와 같은 라틴스타일의 커피에서 많이 감지할 수 있는 향이다.	#35

페놀류(Chocolaty)

	내 용	분류번호
	**25. 요리된 고기향(Cooked Beef)** 요리된 고기향은 아주 좋은 아라비카 커피에서 나는 향으로 많은 사람들에게 사랑받고 있다. 특히 코코아 향과 완벽하게 어울리는 향이다. 주로 케냐와 콜롬비아 엑셀소에서 생산되는 커피에서 감지할 수 있다.	#31
	**26. 연기냄새(Smoke)** ,이 향은 로스팅 마지막 단계에서 나는 전형적인 향이다. 하지만 로스팅을 너무 과하게 하면 타르향이 발생된다.	#32
	**27. 고무냄새(Rubber)** 이 향은 아라비카 품종보다 로부스타 품종에서 조금 더 뚜렷하게 감지된다. 커피에서 고무냄새가 난다고 해서 부정적으로 받아들일 필요가 없다. 커피 자체의 고유한 향으로 느끼면 된다. 주로 파뉴아뉴기니의 시그리와 콜롬비아의 엑셀소에서 감지할 수 있다.	#36

■**드라이 디스틸레이션(Dry Distillation)** 로스팅 과정에서 가해지는 열 때문에 일어나는 건류현상에 의해 발생하는 향 화합물군이다.

향신료류(Splcy)

	내 용	분류번호
	**28. 정향(Clove-Like)** 이 정향은 커피에서 흔하게 맡을 수 없는 향이다. 그렇지만 이 향으로 인해 커피의 깊이감을 높여 주기 때문에 정향이 지닌 미묘하고 섬세함을 인정하고 있다. 주로 에디오피아의 하라 모카에서 두드러지게 느낄수 있다.	#7
	**29. 후추향(Pepper)** 이 후추향은 커피에 활력과 안정감을 불어넣어 주어 커피 맛을 한층 돋보이게 한다. 잠바브웨와 브라질에서 생산되는 커피에서 많이 감지할 수 있다.	#8

	내 용	분류번호
	**30. 고수씨향(Corkander Seed)** 이 향은 커피를 대표하는 다른 향들보다는 약하게 느낄 수 있지만 그래도 강력한 향에 속한다. 이 향은 미각과 후각 모두를 통해서 감지할 수 있는 특징을 가졌다. 주로 에디오피아의 시다모나 엘살바도로 파카마라스에서 생산되는 바디가 풍부한 커피에서 감지할 수 있다.	#9

수지류(Resinous)

	내 용	분류번호
	**31. 향나무향(Cedar)** 이 향은 독립적으로 나기 보다는 다른 향에 포함되어 은근히 느낄 수 있다. 이 향나무 향으로 세계적인 커피들의 진품여부를 판단하는 근거로 사용하고 있다. 이 향은 강력하지는 않지만 향이 풍부해서 품위를 느끼게 한다. 주로 하와이 코나와 자마이카 블루마운틴에서 감지할 수 있다.	#6
	**32. 까망까치밥 나무향(Black Currant-like)** 이 향은 세계 명품 커피들 중에서도 으뜸이며 이향으로 인해 커피에 생기를 불어넣는다. 아라비카 품종이나 로부스타 품종 모두 분쇄할 때 명확히 감지할 수 있는 향으로 아라비카에 있는 향들 중 가장 두드러진 특징을 가지고 있다고 할 수 있다.	#14
	**33. 메이플 시럽향(Maple Syrup)** 이 향은 단풍나무 수액으로 만든 감미료의 향을 말한다. 향이 아주 강해 다른 향에까지 영향을 주지만 향미를 향상시키는데 아주 큰 역할을 한다. 또한 로스팅할 때 유용하게 사용하는데 로스팅된 정도를 판단하는 좋은 지표가 되기 때문에 기억을 해 두면 좋다.	#24

열분해류(Pyrolytic)

	내 용	분류번호
	**34. 맥아향(Malt)** 이 향은 로스팅을 했을 때 약배전이나 로스팅이 충분히 되지 않았을 경우 감지할 수 있는 향이다. 특히 맥하향은 원두가 볶아진 정도에 따라 다르고 다른 향들과 조합력이 뛰어나 흡수가 잘 되기 때문에 감지하기가 어렵다. 그러므로 감별기준향 으로 기억을 해두는 것이 좋다.	#25
	**35. 담배냄새(Pipe Tobacco)** 이 향은 로스팅할 때 브라질에서 생산되는 아라비카 원두를 추출할 때 두드러지게 많이 느낄 수 있는 향이다. 이런 향은 말린 채소나 말린 채소를 구울 때 나는 향으로 서로 조합된 향이라고 할 수 있다.	#33
	**36. 볶은 커피향(Roasted Coffee)** 이 향은 커피의 원숙미를 더해 맛과 향을 돋보이게 한다. 주로 엠살바도르와 브라질의 아라비카 커피에서 많이 두드러진다.	

Chapter 11

서비스 매뉴얼 - 고객응대

서비스요원은 기본적으로 바른 자세와 마음가짐을 가져야 한다. 고객에게 신뢰를 주기 위해서는 밝은 표정과 미소, 정직함, 신속함 등을 보여주는 것이 매우 중요하다.

1. 서비스요원의 마음가짐

서비스요원은 각자 맡은 업무를 성실하고 능률적으로 수행할 때 기업이 발전하는 동시에 종사원 개개인도 보람 있는 생활을 영위할 수 있다.

■ 주인의식을 가진다.

기업의 성공은 서비스요원의 성공을 함께 가져 온다.

■ 고객에게 기쁨과 감동을 준다.

고객에게 기쁨과 감동을 주기위해서는 고객이 직접 표현하지 않는 마음까지도 읽어 내는 정성이 필요하다.

■ 고객에게 신뢰를 준다.

표준화된 서비스를 익히고 전문화된 서비스를 보여드린다. 그러기위해서는 항상 깨어 움직이고 모든 사항에 대해 준비하는 과정이 필요하다.

■ 고객을 대할 때 정성스러운 마음을 가져야 한다.

정성스러운 마음을 가지려면 항상 긍정적인 마인드로 고객을 대해야 한다. 그리고 항상 고객입장에서 생각한다.

■ 고객을 배려하는 마음을 가져야 한다.

욕심이 없으면 마음이 편안해 진다. 고객들에게 배려심을 가져 고객들이 편안한 시간이 되도록 해야 한다.

■ 비용절감에 적극적으로 나선다.

절약하는 것은 서비스요원의 기본이고 검소한 생활과 비용절감은 우리의 사명이 되어야 한다.

■ 예절바르게 행동해야 한다.

밝은 미소와 정중한 인사는 모든 서비스요원의 기본이다.

■ 항상 감사한 마음을 가져야 한다.

고객이 방문함으로써 기업과 우리가 발전할 수 있다.

■ 항상 정직해야 한다.

고객과 서비스요원 간의 정직성이 필수적이다. 아무리 작은 물건이라도 고객의 물건을 소중하게 보관하였다가 돌려드리거나 우편으로 배송해 드린다면 고객은 우리 기업을 다시 찾을 것이다.

■ 고객의 말을 경청하라.

서비스요원은 매일 수많은 고객과 대화를 하는 경우가 많다. 이때 고객이 하는 말에 대해서 신중하게 들어 주는 자세는 매우 중요하다.

■ 항상 긍정적인 태도를 가져라.

서비스맨이라는 자부심을 가지고 고객입장에서 생각하고 판단해서 항상 긍정적인 태도로 고객의 요구에 무엇이든지 들어줄 수 있는 태도가 중요하다.

2. 기본자세

1) 남성의 몸가짐

(1) 얼굴

- 매일아침 깨끗이 면도를 한다.
- 눈은 충혈 되거나 눈꼽이 끼지 않도록 한다.
- 향이 강한 화장품이나 향수는 사용하지 않도록 한다.
- 얼굴에는 상처가 없어야 하며 반창고를 붙이고 영업장으로 나가서는 안 된다.
- 밝은 얼굴을 한다.
- 수시로 거울을 보고 용모를 점검한다.
- 식사 후 이를 깨끗이 닦아 입 냄새가 나지 않도록 한다.

(2) 두발

- 장발과 파마는 금한다.
- 구레나룻은 귀 아래로 내려오지 않도록 한다.
- 앞머리는 눈을 가리지 않는다.
- 옆머리와 뒷머리는 귀나 와이셔츠 깃을 덮지 않도록 한다.

- 단정하게 손질한다. 흘려 내리는 앞머리는 스프레이를 사용하여 깔끔하게 한다.
- 매일 머리를 감아 비듬이 흘려 내리지 않도록 청결을 유지한다.
- 자주 빗질을 하여 단정한 머리 모양을 유지한다.

(3) 손과 손톱

- 항상 손의 청결을 유지한다.
- 손톱은 되도록 짧게 깍고 손톱 밑의 때가 없도록 유의해야 한다.
- 새끼손가락의 손톱을 기르는 행위를 금한다.

(4) 구두, 양말

- 신발은 발에 부담을 주지 않는 것을 우선적으로 선택한다.
- 신발은 장식이 요란한 디자인은 피해야 한다.
- 구두의 색깔은 화려한 것 보다 검정이 좋다.
- 끈을 잘 묶고 낡은 신발을 착용하는 것을 금한다.
- 구두나 신발을 구겨 신거나 질질 끌고 다니면 안된다.
- 양말은 색상에 신경을 써야 한다.
- 바지나 구두의 색상과 같은 계통의 양말을 신는 것이 좋다.
- 목이 짧은 양말은 보기 좋지 않다.

(5) 유니폼

- 앞치마, 모자, 티 등 깨긋한 복장을 유지한다.
- 유니폼이 없다면 근무하기 편한 옷을 입는다.
- 주 2회 이상 세탁해서 항상 깔끔하고 단정함을 유지한다.
- 단추가 떨어져 있거나 바느질이 터진 곳이 없는지 확인한다.
- 가능하면 곤색이나 검정색 계통의 바지를 입는다.
- 명찰은 자신의 얼굴이므로 왼쪽가슴에 이름이 보이도록 항상 착용한다.

2) 여성의 몸가짐

(1) 화장

- 너무 화려하지 않고 자연스럽게 한다.
- 향이 강한 화장품이나 향수는 사용을 금한다.
- 입술은 윤기 나는 립스틱 또는 자연스러운 중간 톤의 붉은 색을 약하게 한다.
- 눈 화장은 짙은 색은 피하고 엷고 자연스러운 색으로 한다.

(2) 두발

- 흐트러져 있지 않도록 한다.
- 가급적이면 짙은 염색과 파마는 피한다.
- 긴 머리는 헤어리본을 사용하여 단정히 올린다.
- 매일 머리를 감아 비듬이 흘려 내리지 않도록 청결을 유지한다.
- 지나치게 유행을 따르는 헤어스타일은 피한다.

(3) 손과 손톱

- 항상 손의 청결을 유지한다.
- 매니큐어는 무색으로 자연스러워야 한다.
- 매니큐어가 벗겨진 채로 활동하지 않도록 한다.
- 손톱은 단정하게 다듬고 불순물에 유의해야 한다.
- 화려하게 손톱을 붙이는 것을 삼간다.

(4) 액세서리

- 화려한 것은 피한다.
- 귀걸이와 목걸이는 화려한 것은 피하고 간결한 것으로 한다.
- 지나치게 고가의 시계나 장신구의 착용은 하지 않는다.

(5) 구두, 스타킹

- 신발은 발에 부담을 주지 않는 것을 우선적으로 선택한다.

- 깨끗이 닦아 항상 청결함을 유지한다.
- 구두는 가능한 단화를 신는 것이 좋다.
- 구두나 신발을 구겨 신거나 질질 끌고 다니면 안 된다.
- 스타킹은 커피색 계통의 색상이 좋다.
- 스타킹이 흘려 내리거나 올이 나가지 않도록 주의한다.

(6) 유니폼

- 앞치마, 모자, 티 등 깨끗한 복장을 유지한다.
- 유니폼이 없다면 근무하기 편한 옷을 입는다.
- 깨끗하게 세탁하여 다려 입는다.
- 어깨에 비듬 또는 머리카락이 묻어 있지 않아야 한다.
- 단추가 떨어져 있거나 바느질이 터진 곳이 없는지 확인한다.
- 블라우스가 스커트 밖으로 나오지 않도록 한다.
- 명찰은 자신의 얼굴이므로 왼쪽가슴에 이름이 보이도록 항상 착용한다.

3) 대기 자세

- 두 손을 모으고 허리를 편 자세로 손님들을 향해 서 있어야 한다.
- 서비스요원이 웃으며 잡담을 하지 않는다.
- 얼굴을 만지거나 벽에 기대서 다리를 꼬고 서 있는 등의 부적절한 자세는 취하지 않는다.
- 수시로 정리정돈 및 먼저 제거를 한다.
- 뒷짐을 지거나 주머니에 손을 넣고 서 있으면 안 된다.
- 고객과의 장시간 대화는 피한다.
- 고객을 가리킬 때 손가락으로 가려 켜서는 안 된다.

3. 인사 예절

인사는 예절의 기본으로 고객에게 진심으로 환영하는 마음의 표현이다. 그러므로 고객에게 감사하는 마음으로 예의바르고 정중하게, 밝고 상냥하게 인사를 해야 한다. 인사는 형식에 얽매여서 하는 딱딱한 인사보다 서로의 따뜻한 마음을 주고받을 수 있는 정겨운 인사를 해야 한다. 그러므로 인사는

첫째, 마음에서 우러나와야 한다.

둘째, 상대방에 대한 존경심과 친절함을 가져야 한다.

셋째, 상대방이 느낄 수 있는 첫 번째 감동을 준다.

넷째, 즐거운 마음에서 밝은 표정으로 망설이지 않고 자연스럽게 한다.

다섯째, 인사는 상대방을 위하는 것이 아니라 나 자신을 위한 것이다.

1) 인사 종류와 방법

표 7-2 원두분쇄입자와 물의 접촉 시간과의 관계

구 분	정중한 인사	보통 인사	목 례
대 상	• 출근하여 상급자를 처음 만났을 때 • 감사의 뜻을 표할 때 • 잘못된 일에 대해 사과할 때 • VIP 고객일 때	• 업장에서 상급자를 재차 만났을 때 • 고객을 처음 만났을 때 • 결재를 받기 위해 상급자의 집무실에 들어갈 때	• 동료나 친한 사람을 만났을 때 • 복도, 엘리베이터, 화장실 등 좁은 장소에서 상급자나 고객을 만났을 때
인사 각도	45도	30도	15도
시 선	발 1m 전방	발 2m 전방	발 5m 전방
인사 속도	하나, 둘 : 상체 구부림 셋 : 멈춤 넷, 다섯 : 상체 올림	하나 : 상체 구부림 둘 : 멈춤 셋 : 상체 올림	하나 : 상체 구부림 둘 : 상체 올림
손의 위치	남자 : 양손을 가볍게 쥐고 바지 재봉선에 댄다. 여자 : 왼손으로 오른손 위를 감싸서 아랫배에 가볍게 댄다.		
다리 및 발의 위치	다리는 곧게 펴고 무릎과 뒤꿈치는 붙이고 앞 발끝은 30도 정도로 벌린다.		
표 정	가벼운 미소를 짓는다.		
인사말	'안녕하십니까?' 등의 인사말을 1초 동안 구부린 상태에서 한다.		
주의사항	눈을 위로 치켜뜨지 말아야 한다.		

2) 고객응대 시 올바른 인사말

시 기	인사말	비 고
접객 시	• 안녕하십니까? 고객님 • 어서오십시오. 고객님 • 무엇을 도와드릴까요?	• 밝은 표정을 짓는다. • 힘찬 목소리로 인사한다.
머뭇거리는 고객에게	• 안녕하십니까? • 무엇을 도와 드릴까요? • 뭔가 필요하신 게 있으세요?	• 밝은 표정을 짓는다. • 상냥한 언어를 사용한다. • 공손한 자세를 취한다.
고객을 기다리게 할 때	• 죄송합니다. 잠시만 기다려 주십시오. • 오래 기다려 주셔서 감사합니다. • 오래 기다리게 해 죄송합니다.	• 공손하고 정중한 자세를 취한다.
주문을 받을 때	• 안녕하십니까? • 무엇을 도와 드릴까요? • 더 필요하신 메뉴는 없습니까? • 감사합니다. 잠시만 기다려 주십시오.	• 밝은 표정과 미소를 짓는다. • 모든 메뉴에 대한 많은 지식을 가지고 있어야 한다.
주문한 메뉴를 확인할 때	• 고객님이 주문하신 메뉴는 ○○○ 맞습니까? • 시간이 얼마정도 걸리는지 말씀드린다. • 감사합니다. 즐거운 시간되십시오.	• 밝은 표정과 미소를 짓는다. • 상냥한 언어를 사용한다.
반복해서 물을 때	• 죄송합니다. 다시 한 번 말씀해 주시겠습니까?	• 공손하고 정중한 자세를 취한다. • 상냥한 언어를 사용한다.
메뉴가 잘못 나왔을 때 또는 사과할 때	• 지금 바로 다시 만들어 드리겠습니다. • 대단히 죄송합니다.	• 공손하고 정중한 자세를 취한다. • 정중하고 예의바른 인사를 한다.
안내할 때	• 제가 안내해 드리겠습니다. • 이쪽으로 오십시오.	• 밝은 표정과 미소를 짓는다. • 공손하고 정중한 자세를 취한다.
전송 시	• 감사합니다. • 안녕히 가십시오. • 또 오십시오.	• 밝은 표정을 짓는다. • 힘찬 목소리로 인사한다.

3) 매장 관리 및 정리정돈

구분	내용
매장 주변	• 매일 수시로 청소하여 청결을 유지한다. • 매장 입구 및 출입문은 손자국이 없도록 수시로 닦는다. • 유리창이나 세워둔 간판 등은 주기적으로 청소한다. • 빈 박스나 쓰레기는 고객 눈에 띄지 않게 정리 정돈을 잘하여 깨끗하게 청결을 유지한다.
음악	• 시간대별로 다른 음악을 틀어 매장 분위기를 연출 한다. • 오후 또는 고객이 많을 때는 빠르고 경쾌한 음악을 틀어준다. • 음악소리는 고객의 대화에 방해가 되지 않게 틀어준다. • 여러 종류의 CD를 비치하여 둔다.
바닥 및 매장	• 매일 수시로 깨끗하게 청소한다.
커피머신 주변	• 항상 커피머신 주위에 쓰레기가 없도록 주의 한다. • 커피기계 및 정수기 등 작동여부와 컵 유무를 항상 확인한다.
진열대	• 고객이 없을 때 수시로 먼지 및 오물 등을 청소한다.
조명	• 조명의 밝기, 점등여부를 매일 점검하며, 월1회 먼지 등을 청소한다.
방향제	• 모퉁이나 화장실, 출입구 등에 방향제를 설치하여 향기롭고 쾌적한 매장을 유지한다.
화장실	• 항상 깨끗하게 청소한다. • 휴지와 비누, 수건 등을 항상 깨끗하게 관리한다. • 화장실에서 흡연을 하지 않도록 조치를 취한다.

4. 전화 응대

전화는 얼굴 없는 만남이며 동시에 음성을 통한 만남이다. 그러므로 전화 응대를 할 때는 정성을 기울여 부드럽고 상냥한 목소리로 친절하게 받도록 해야 한다. 왜냐하면, 전화를 거는 방법이나 받는 태도로 인하여 고객이나 상대방의 기분을 상하게 하는 경우가 많기 때문이다.

전화응대의 기본 요령

- 최대한 밝고 상냥한 목소리로 응대한다.
- 벨이 울리면 3회 이내에 받는다.
- 인사를 하고 소속명과 이름을 밝힌다.
- 시간이 걸렸을 때는 "오래 기다리게 해서 죄송합니다."라고 정중히 응대한다.
- 정확하고 친절하게 응대한다.
- 메모준비를 하고 용건을 경청한다.
- 필요시 고객의 성명, 전화번호, 용건내용 등을 메모한다.
- 마무리인사를 한다.
- 수화기를 내려놓는다.

1) 상황별 전화응대

상 황	응 대 요 령
전화기를 들 때	• 안녕하십니까? ○○○매장 ○○○입니다. 무엇을 도와 드릴까요.
상대방을 잘 모를 때	• 실례합니다만, 존함이 어떻게 되십니까? • 실례합니다. 어느 분을 찾으시죠?
대답을 할 때	• 네, • 네, 잘 알겠습니다. • 네, 그렇습니다.
인사할 때	• 안녕하세요? 고객님, 항상 저희 매장을 이용해 주셔서 감사합니다. • 안녕하십니까? 고객님, 항상 도와 주셔서 감사합니다.
기다리게 할 경우	• 죄송합니다. 잠시만 기다려 주십시오.
기다리게 했을 때	• 기다리게 해서 죄송합니다. • 오래 기다리게 해서 정말 죄송합니다.
사과할 때	• 신경 쓰지 못해서 정말 죄송합니다. • 정말 죄송합니다.
전화받을 사람이 부재중일 때	• 죄송합니다만. ○○○님은 잠시 자리를 지우셨습니다. • ○○○님은 휴무이십니다. – 제가 대신 전해드려도 괜찮으시겠습니까? – ○○○분으로부터 전화왔었다고 전해 드리겠습니다. – ○○○님께 전화 드리라고 전해 드리겠습니다. 이때 상대방의 이름, 회사명, 직책, 전화번호 등을 메모 후 복창하여 확인한다.

상 황	응 대 요 령
잘못 걸려 온 전화	• 전화 잘못 하셨습니다. • OOO사무실로 전화를 돌려드리겠습니다.
마무리 인사	• 전화 주셔서 감사합니다. • 즐거운 시간 되십시오. • 좋은 하루 되십시오.
전화를 끊는다	• 상대방이 수화기를 내려놓는 것을 확인한 후 전화기를 내려놓는다.

5. 고객의 불평처리

1) 고객 불평의 종류

■ 시설이나 설비와 관련된 불평

- 매장 내 냉 · 난방 장치
- 테이블 및 의자
- 매장 내 불편함
- 화장실 등

■ 매장 직원의 서비스와 관련된 불평

- 서비스의 지연 및 메뉴의 불일치
- 고객에 대한 무심한 태도
- 미숙한 업무 처리
- 직원의 무례한 언어나 행동
- 요금할인 관련

2) 불평 접수 시 주의사항

고객이 불평을 제기할 때는 대부분 흥분된 상태이기 때문에 가능하면 고객을 이해하고 고객의 입장에서 생각을 해야 한다.

- 고객이 제기하는 불평사항에 대해서 변명을 하지 않는다.
- 고객은 항상 정당하다는 생각을 가진다.
- 본인 실수가 아니더라도 고객 앞에서 해당 직원의 잘잘못을 운운하지 않는다.
- 고객이 제기하는 불평사항에 대해 개인적인 감정을 드러내지 않는다.
- 항상 고객의 입장에서 동조하고 이해하는 자세가 필요하다.

3) 불평처리 요령 및 절차

고객으로부터 불평을 받으면 고객의 불평내용을 경청하고 불평의 상황을 판단하여 즉시 조치를 취한다. 만약 불평의 정도가 심하여 본인이 처리하기 곤란하면 매니저나 책임자에게 보고하여 신속하게 처리하도록 한다. 불평한 고객이 매장을 떠날 때는 매장에 대해 좋은 인상을 가지고 떠날 수 있도록 하는 것이 매우 중요하다.

불평의 처리 절차를 살펴보면 다음과 같다.

■ 고객으로부터 불평 청취

- 다른 고객에게 방해가 되지 않도록 불평고객을 다른 장소로 이동시킨다.
- 고객의 입장에서 불평내용을 주의 깊게 경청한다.
- 되도록 불평내용을 기록한다.

■ 고객의 입장에 동조

- 상대방을 동조해가면서 긍정적으로 듣는다.
- 고객의 입장에서 나도 그럴 수 있다는 생각을 한다.
- 변명은 피한다.

■ 정중한 사과

- 고객의 불평내용에 대해서 정중하게 사과한다.
- 항상 개인의 입장이 아닌 매장을 대표한다는 공적 입장에서 판단해야 한다.

■ 해결방안 제시

- 권한 범위 내에서 해결방안을 제시한다.
- 불평상황에 대해서 합리적인 보상을 한다.

■ 불평사항 시정

- 고객이 제기한 불평사항을 신속하게 처리한다.
- 적극적인 자세로 임한다.
- 모든 일이 마무리된 후 불평한 고객에게 시정 내용을 다시 확인한다.

■ 처리결과 보고 및 기록

- 고객이 불평한 사항에 대해서 만족도를 확인한다.
- 고객의 불평내용 및 처리결과를 윗사람에게 보고한다.
- 재발 방지를 위해서 고객 불평 내용을 기록한다.

Chapter 12

카페 메뉴

에스프레소

재 료

에소프레소 ······································ 30ml

에스프레소는 공기를 압축하여 뽑아낸 커피를 데미타세(Demitasse)라는 작은 잔에 마시는 이탈리안 정통 커피를 말한다. 리스프레토(Ristretto), 에스프레소(Espresso), 룽고(Lungo), 도피오(Doppio)로 나누어지는데, 리스프레토는 짧은 시간에 추출한 30ml 이하의 적은 양의 에스프레소 커피, 에스프레소는 25~30ml의 분량, 룽고는 40ml 분량의 에스프레소 커피, 도피오는 에소프레소를 더블로 추출한 에스프레소 커피를 말한다. 공기를 압축하여 짧은 순간에 커피를 추출하기 때문에 카페인의 양이 적고, 커피의 순수한 맛을 그대로 느낄 수 있다.

만드는 방법

1. 예열된 데미타세 잔을 사용하여 직접커피를 추출한다.
2. 고객의 요구에 따라 리스트레토(15~20ml), 에스프레소(25~30ml), 룽고(35~40ml), 도피오(더블샷)로 추출한다.
3. 설탕과 물을 제공한다.

카페 비엔나

재료

에스프레소 ·· 30ml
설탕 ································· 2 티(Tea) 스푼
물 ·· 170ml
휘핑크림 ······································· 적당량

만드는 방법

1. 에스프레소 1oz(약 30ml)를 추출한다.
2. 잔에 뜨거운 물을 7~8부 정도 부은 후 설탕을 넣고 젓는다.
   (기호에 따라 설탕은 첨가하지 않아도 된다)
3. 휘핑크림을 살짝 올린다.

에스프레소 마끼아또

재 료

에스프레소 ·· 30ml
스팀 밀크 ·· 60ml

※ 3oz 데미타세잔을 기준으로 하였으면 거품위주로 스팀 밀크를 올린다.

만드는 방법

1. 에스프레소 1oz(약 30ml)를 추출한다.
2. 스팀 우유를 약간 넣는다.
3. 우유 거품을 살짝 올린다.

에스프레소 꼰파냐

재 료

에스프레소 ·· 30ml
휘핑크림 ·· 적당량

만드는 방법

1. 에스프레소 1oz(약 30ml)를 추출한다.
2. 커피 위에 휘핑크림을 올린다.

캐러멜 마끼아또

재 료

에스프레소 ································· 30ml×2
스팀 밀크 ···································· 220ml
캐러멜 소스 ······························ 20~25ml

만드는 방법

1. 캐러멜소스 20ml을 샷진에 담는다.
2. 1번의 샷글라스에 에스프레소 2oz를 추출한다.
   (추출된 에스프레소와 함께 소스가 잘 풀어지도록 저어 놓는다.)
3. 우유를 스티밍 하여 잔에 먼저 넣은 뒤 2번의 샷잔을 넣는다.
4. 캐러멜 소스를 활용하여 장식한다.

※ 캐러멜 소스와 캐러멜 시럽을 적당량 잘 혼합하여 사용하면 캐러멜의 향기가 더욱 풍성해진다.

카페라떼

재 료

에스프레소 ·· 30ml
우유 ·· 250ml

만드는 방법

1. 에스프레소 1oz(약 30ml)를 추출한다.
(로스팅 배전의 상태나 기호에 따라 2샷을 넣어도 된다)
2. 스팀 우유를 붓는다.
3. 거품을 얇게 올린다(총 거품양은 거품 50~80ml).
(사진 속 잔의 크기는 11oz를 기준으로 했으며, 일반 매장에서는 10 ±2oz의 잔을 사용한다.)

카페모카

재 료

에스프레소 ································· 30ml×2
우유 ·· 220ml
초코 소스 ······························· 20~25ml

만드는 방법

1. 초코 소스 20ml을 잔에 담는다.
2. 에스프레소 2oz를 잔에 추출한다.
3. 스팀 우유를 넣고 잘 저어 준다.
4. 기호에 따라 휘핑크림을 올리고 초코 드리즐로 장식한다.

초코 마끼아또

재 료

에스프레소 ·································· 30ml×2
스팀 밀크 ····································· 220ml
초코 소스 ·································· 20~25ml

만드는 방법

1. 초코 소스 20ml을 샷잔에 담는다.
2. 1번의 샷글라스에 에스프레소 2oz를 추출한다.
   (추출된 에스프레소와 함께 소스가 잘 풀어지도록 저어 놓는다)
3. 우유를 스티밍하여 잔에 먼저 넣은뒤 2번의 샷잔을 넣는다.
4. 초코 소스를 활용하여 장식한다.

카푸치노

재 료

에스프레소 ································· 30ml
우유 ··· 170ml
시나몬 파우더 ······························ 소량

만드는 방법

1. 에스프레소 1oz(약 30ml)를 추출한다.
2. 거품입자를 작고 고르게 스티밍한 우유를 준비한다.
3. 스팀 우유를 부어주고 컵 끝까지 우유거품으로 채운다.
4. 기호에 따라 계피가루로 장식한다.
(일반 매장에서는 5~9oz 정도까지 폭 넓게 카푸치노 잔으로 사용한다)

녹차라떼(그린티라떼)

재 료

그린티 파우더 ······································ 12g
스팀 밀크 ······································ 250ml

만드는 방법

1. 잔에 그린티 파우더를 1스푼(약 12g)을 수북이 담아 넣는다.
2. 잔에 물을 1oz 정도 부어 잘 저어준다.
3. 스팀밀크로 라떼아트를 하며 마무리.

※ 아이스로 할 때는 샷잔에 위에 동일한 방법으로 베이스를 만든 후, 잔에 얼음 우유 7~8부 정도를 채운 뒤 베이스를 부어 마무리 해준다.
기호에 따라 휘핑크림을 올리고 녹차가루를 살짝 뿌려 데코한다.

티

재료

잎차 ·· 2~4g
물 ··· 280ml

만드는 방법

1. 티팟에 잎차(각 차의 종류에 따라 양이 바뀔 수 있다) 2~4g을 넣어준다.
2. 잎차가 들어있는 티팟에 물을 8~9부 정도 채워서 4분 정도 우려낸다.
3. 티 스트레이너와 함께 서빙한다.

※ 차의 종류에 따라 우려내는 시간이 틀려지며, 일반적으로 끓는 물에서 한김 식은 온도로 사용된다. 다만 백차의 경우 85도 미만의 물을 사용해야 떫은맛이 없으며, 홍차도 기호에 따라 우려내는 시간을 3분정도로 줄이면 텁텁한 맛을 줄일 수 있다.

레몬에이드

재 료

레몬 ·· 1ea
탄산수 ·· 200ml
얼음 ·· 7~9ea
설탕시럽 ·· 20ml

만드는 방법

1. 레몬 한 개를 반으로 나누어 데코용으로 얇게 3~4개 슬라이스를 해둔다.
2. 나머지 레몬으로 스퀴즈에 레몬즙을 짜내어 설탕시럽 20ml를 잔에 담는다.
3. 잔에 얼음과 슬라이스된 레몬조각으로 디스플레이를 한 후 탄산수를 부어 마무리한다.

※ 레몬을 유자차를 만들 듯 청으로 만들어 두면 레몬에이드와 레몬티로 활용할 수 있다.

모히토

재 료

라임	1ea	얼음	7~9ea
애플민트 잎	8~10ea	설탕	소량
탄산수	200ml	모히토 시럽	20ml

만드는 방법

1. 라임 한 개를 반으로 나누어 8조각으로 슬라이스를 해둔다.
2. 민트를 설탕과 함께 으깬 후 라임시럽 20ml을 넣어 섞어준다.
3. 잔에 얼음과 라임을 넣고 2의 민트소스를 부어준다.
4. 잔 위를 라임 한 조각으로 디스플레이를 한 후 탄산수를 부어 마무리한다.

아이스 아메리카노

재 료

에스프레소 ········· 30ml
생수 ········· 250ml
얼음 ········· 12~14ea

만드는 방법

1. 400ml cup에 얼음 12~14개를 넣는다.
   (얼음은 제빙기의 종류에 따라 크기가 다르므로 레시피가 달라질 수 있다)
2. 생수를 컵의 8부 정도 채운다.
3. 에스프레소 1oz를 붓는다.

아이스 카페라떼

재료

에소프레소 ································ 30ml×2
우유 ·· 250ml
얼음 ·· 12~14ea

만드는 방법

1. 400ml 컵에 얼음 12~14개를 넣는다.
   (얼음은 제빙기의 종류에 따라 크기가 다르므로 레시피가 달라질 수 있다)
2. 우유를 7~8부 정도 붓는다
3. 에스프레소 2oz를 붓는다.

아이스 모카 마끼야또

재료

에스프레소 ································ 30ml×2
우유 ··· 200ml
얼음 ··· 8~9ea
초코 소스 ································ 20~25ml

만드는 방법

1. 370ml정도의 컵에 얼음 7~8개를 넣어준다.
   (얼음은 제빙기의 종류에 따라 크기가 다르므로 레시피가 달라질 수 있다)
2. 거품우유를 약 8~9부 까지 채운다
3. 샷잔에 초코 소스 20ml와 에스프레소 2oz를 부어 섞어준다.
4. 초코 소스 드리즐로 마무리 한다.

※ 기호에 따라 거품은 빼도 되며, 휘핑크림을 첨가해도 좋다.

아이스 캐러멜 마끼아또

재 료

에스프레소	30ml×2
우유	200ml
얼음	8~9ea
캐러멜 소스	20~25ml

만드는 방법

1. 370ml정도의 컵에 얼음 8~9개를 넣어준다.
   (얼음은 제빙기의 종류에 따라 크기가 다르므로 레시피가 틀려질 수 있다)
2. 거품우유를 약 8~9부까지 채운다.
3. 샷잔에 캐러멜소스 20ml와 에스프레소 2oz를 부어 섞어준다.
4. 캐러멜소스 드리즐로 마무리한다.

※ 아이스 마끼아또와 카푸치노는 프렌치프레소를 이용하면 거품을 잘 낼 수 있다.

아이스 카페 비엔나

재 료

에스프레소	30ml×2
물	200ml
설탕 시럽	15~20ml
얼음	12~14ea
휘핑크림	적당량

만드는 방법

1. 에스프레소 1oz(약 30ml)를 추출한다.
2. 잔에 얼음을 8~9개를 넣고 7~8부 정도 부은 후 설탕시럽을 넣고 젓는다.
   (기호에 따라 설탕시럽은 첨가하지 않아도 된다)
3. 휘핑크림을 살짝 올린다.

아이스 카푸치노

재 료

에스프레소 ································· 30ml×2
우유 ·· 200ml
얼음 ······································· 12~14ea
시나몬 파우더 ································ 소량

만드는 방법

1. 370ml 컵에 얼음 7~8개를 넣는다.
2. 우유를 5~6부 정도 붓는다.
3. 에스프레소 2oz를 붓는다.
4. 우유거품을 올리고 기호에 따라 시나몬 파우더로 장식한다.

더치커피

재 료

더치 원액 ························ 70ml
생수 ························ 150ml
얼음 ························ 4~5ea

만드는 방법

먼저 더치기구에 원두는 약 설탕보다 조금 더 굵은 분쇄로 갈아주어 상부로드에 필터를 끼운 후 담아둔다. 그 위에 원두 100g당 800ml 정도를 기준으로 물을 채운 후 1~2초 사이에 물방울이 떨어지도록 세팅하여 더치 원액을 추출한다.

1. 플룻잔(샴페인잔)에 얼음 3~4조각을 넣고 물과 더치를 2:1 비율로 담아 나간다.

※ 기호에 따라 아이스 아메리카노처럼 조금 더 큰 10~12oz잔에 얼음을 가득 넣은 후 물과 더치의 비율을 4:1로 나가도 된다.

부 록

바리스타 자격시험 출제예상문제

바리스타 적중예상문제

01. 현재 우리가 알고 있는 커피가 '커피'라고 불리워지기 시작한 시기는?

① 1550년 무렵부터　　② 1600년 무렵부터
③ 1650년 무렵부터　　④ 1700년 무렵부터

02. 커피의 다양한 맛과 그 맛의 근원이 되는 성분이다. 틀린 것은?

① 신맛 – 지방산　　② 쓴맛 – 카페인
③ 단맛 – 당질　　④ 떫은 맛 – 리놀레산

해설 리놀레산은 신맛의 원인인 지방산 중 필수 지방산이다.

03. 국가별 커피 표현법 중 틀린 것은?

① 일본 – 코히(コーヒー)　　② 베트남 – Caphe
③ 러시아 – Kophe　　④ 이탈리아 – Kaffee

해설 이탈리아 – caffe, 독일 – kaffee

정답 01. ③ 02. ④ 03. ④

04. 오늘날 상업적으로 재배되는 커피의 3대 원종에 속하지 않는 것은?

① 아라비카 ② 레귤러 ③ 로부스타 ④ 리베리카

해설 커피의 3대 원종 : 아라비카종, 로부스타종, 리베리아종(=리베리카종)

05. 커피의 품종 중 전 세계 재배의 75%~80%를 차지하고 있는 것은?

① 아라비카 ② 카네포라종의 변이종

③ 로부스타 ④ 리베리카

해설 카네포라종의 변이종 = 로부스타종

06. 커피는 6~7세기경 에티오피아의 기원에 따라 염소가 붉은 열매를 먹고 하는 행동을 통해 커피를 발견한 사람은?

① 칼디 ② 노르망 ③ 실비우스 ④ 제우스

07. 17세기말까지 세계의 커피공급은 어느 지역에 의존하였는가?

① 이탈리아 ② 예멘 ③ 파리 ④ 메독

08. 16세기경 커피에 코페아 아라비카라는 이름을 붙여 준 학자는?

① 리니우스 ② 코페 ③ 테란 ④ 리브수

09. 커피가 세계 각국으로 전파되었던 시기로 적당한 것은?

① 16세기 전후 ② 17세기 전후 ③ 18세기 전후 ④ 19세기 전후

10. 세계에서 가장 큰 커피 소비국은?

① 일본 ② 인도 ③ 미국 ④ 프랑스

11. 우리나라의 기록상 커피를 가정 먼저 마신 사람은 누구인가?

① 고종황제 ② 시인 이상 ③ 박영효 ④ 김홍집

12. 커피나무의 원산지로서 현재 정설로 받아들여지는 지역은?

① 아라비아 ② 영국 ③ 에티오피아 ④ 말레이시아

정답 04. ② 05. ① 06. ① 07. ② 08. ① 09. ② 10. ③ 11. ① 12. ③

13. 오늘날의 음료로서의 커피로 발전되었던 지역은?

① 아라비아 ② 영국 ③ 에티오피아 ④ 말레이시아

14. 유럽 최초의 커피 하우스로 이탈리아 베네치아에서 개점한 연도는?

① 1578년 ② 1645년 ③ 1674년 ④ 1798년

15. 우리나라 최초로 고종황제가 커피를 접한 시기는?

① 1645년 ② 1825년 ③ 1882년 ④ 1896년

16. 커피재배에 관한 설명이다. 맞지 않는 것은?

① 커피 음용이 시작된 초기, 커피는 예멘에 모여서 일부는 육로로 대부분은 홍해 항로를 따라 각지로 운반되었다.

② 1658년 네덜란드는 포르투갈로부터 빼앗은 실론에 모카로부터 커피나무를 옮겨 재배해서 성공했다.

③ 아프리카지역에서 발생한 사비병(coffee leaf rust)으로 인해 오히려 번성한 품종은 아라비카종이다.

④ 1600년대 동인도회사를 설립하여 바타비에 근거를 두고 커피의 재배지역을 확보한 나라는 네덜란드이다.

해설 곰팡이균에 의한 사비병에 강한 품종은 로부스타종이다. 즉, 사비병이 퍼짐에 따라 상대적으로 저항성이 좋은 로부스타종이 번성하게 된다.

17. 아라비아반도 고원지대에서 생산하는 아라비카종의 커피 수출항이던 곳은?

① 모카 ② 레반토 ③ 아덴 ④ 비다비아

해설 모카항의 이름에서 모카커피가 비롯됨.

18. 여행가들이 "커피를 추출하고 마시는 것에 관련된 예절과 법도가 있다"라고 할 정도로 커피를 마시기 전에 절을 하고 상대를 존경한다는 표현하는 문화를 가지고 있는 지역은?

① 이탈리아 ② 그리스 ③ 아랍 ④ 프랑스

19. 세계 커피 생산량의 약 30%를 차지하고 세계 최대의 커피 생산국은?

① 에티오피아 ② 콜롬비아 ③ 미국 ④ 브라질

정답 13. ① 14. ② 15. ④ 16. ③ 17. ① 18. ③ 19. ④

20. '커피의 원산지'라는 자부심을 가지고 있으며 커피를 단지 음료가 아닌 전통문화로까지 계승하고 있는 나라는?

① 에티오피아 ② 브라질 ③ 그리스 ④ 독일

21. 커피를 마시고 난 후에 잔을 엎어서 커피가 그리는 모양으로 자신의 앞날을 예측하는 커피점(占)으로 유명한 나라는?

① 오스트리아 ② 체코 ③ 그리스 ④ 에콰도르

22. 다음은 이탈리아의 커피문화에 대한 설명이다. 잘못 설명한 것은?

① '카푸치노'로 유명한 문화

② 이른 아침 노천카페와 길거리에서 수다스러운 입담과 함께 커피를 마신다.

③ 강하게 볶은 원두를 곱게 분쇄한 커피가루를 사용하여 데미타스 잔에 담아 그대로 마신다.

④ '틴토(tinto)'를 마시는 나라.

해설 '틴토(tinto)'는 콜롬비아의 대표적 커피이다.

23. 다음은 무엇에 관한 설명인가?

뜨거운 물속에 흑설탕을 넣고 끓여서 녹인 후 불을 끄고 커피가루를 넣고 저은 뒤 가루가 모두 가라앉을 때까지 5분쯤 두었다가 맑은 커피만을 마시는 것

① 러시안 커피(Russian Coffee) ② 콜롬비아의 틴토(tinto)

③ 카페라떼 ④ 카페오레

24. 다음은 각 나라와 대표적 커피를 연결한 것이다. 올바르지 못한 것은?

① 러시아 – 러시안 커피(Russian Coffee) ② 프랑스 – 카페오레

③ 오스트리아 – 카페 로열 ④ 콜롬비아 – 틴토(tinto)

해설 오스트리아는 비엔나커피로 유명하다. '카페 로열'은 커피에 코냑을 넣어 먹는 프랑스 문화이다.

25. 다음은 어느 나라의 커피문화에 대해 열거한 것인가?

㉠ 차(茶)에 세금을 부과한 타운젠트 법안이 통과되면서 커피를 마시기 시작 ㉡ 하루 4천 5백만 잔의 커피를 마셔대는 대량 소비국

① 미국 ② 영국 ③ 이탈리아 ④ 브라질

정답 20. ① 21. ③ 22. ④ 23. ② 24. ③ 25. ①

26. 다음에 열거한 커피문화 중 우리나라와 관련이 있는 것들로 바르게 연결된 것은?

> ㉠ 커피를 '嘉俳茶(가배차)' 라고 기록한 문헌이 있다
> ㉡ 최초의 서양식 호텔인 손탁호텔이란 곳에 최초의 커피숍 등장
> ㉢ 최초의 커피숍으로 '정동구락부'
> ㉣ 커피에 의한 독살 음모사건

① ㉠ ② ㉠, ㉡, ㉣ ③ ㉠, ㉢, ㉣ ④ ㉠, ㉡, ㉢, ㉣

27. 커피나무 중 아라비카종에 대한 설명 중 틀린 것은?

① 재배고도는 해발 800m 이상
② 병충해에 약함
③ 성장속도는 빠르나 쓴맛이 강하고 향미가 약하다
④ 평평한 모양으로 기다랗고 초록빛이 도는 파란색

28. 커피열매 속에는 대부분 두 쪽의 열매가 들어 있다. 그런데 씨가 하나밖에 없는 경우가 있고 그 모양이 둥근 형태인데 이것을 무엇이라 하는가?

① 피어리 ② 피베리 ③ 피넬리 ④ 피카리

29. 커피존 또는 커피벨트는 지구상의 위치는?

① 북위 23~남위 24도 사이 ② 북위 28~남위 30도 사이
③ 북위 20도 이하 ④ 남위 10도 이상

30. 다음에 열거한 것 중 커피열매의 내부구조와 관련이 없는 것은?

① center cut ② cherry ③ 은피 ④ 내과피

해설 cherry는 커피나무에 착상된 과실(커피열매)이 외형적 색이나 형태가 앵두와 비슷하다 하여 부르는 별명.

31. 다음은 커피의 정제법 중 건식법에 대한 설명이다. 틀린 것은?

① 정제 기간이 약 2주 정도 필요하다.
② 비용이 많이 들기는 하지만 좋은 품질의 커피를 얻을 수 있다.
③ 아주 오랜 옛날부터 사용되던 방식으로 인공건조와 자연건조가 있다.
④ 건조탑이라는 설비를 필요로 하는 것은 건식법 중 인공건조에 해당한다.

해설 ②는 습식법에 대한 설명이다.

정답 26. ④ 27. ③ 28. ② 29. ② 30. ② 31. ②

32. 다음 빈 곳에 들어갈 말로 맞는 것은?

> 커피 과실이 숙성함에 따라 2개의 배유(胚乳)는 서로 마주본 평면 부위가 접혀 내부로 들어간 모양이 되고, 평면부의 중앙에 ( ) 라고 불리는 공간이 존재하게 된다. 배는 배유(胚乳)의 가운데 모여 있고, 과육과 내과피(內果皮)의 사이, 내과피(內果皮)와 은피(銀皮)의 사이, 은피(銀皮)와 배유(胚乳)의 사이 및 ( ) 내에서는 점질물이 모여 있다.

① flat bean ② mucilage ③ silver skin ④ center cut

해설 flat bean : 커피열매의 평평한 형태를 일컬어 부르는 말(flat : 평평한, bean : 콩)
mucilage : 커피열매 내부에 들어 있는 점질물
silver skin : 은피

33. 다음은 커피의 정제법 중 건식법에 대한 설명이다. 틀린 것은?

① 별도의 설비에 대한 투자가 필요하지 않을 수도 있는 방법이다.
② 자연법이라고도 하며 기계를 사용하거나 자연광을 이용해 3일 정도 건조시킨다.
③ 체리의 윗부분과 아랫부분을 자주 고루 섞어주어야 하며, 밤에는 이슬을 피하기 위해 한 곳에 모아 덮개를 씌워주어야 한다.
④ 인건비가 비쌀 때는 건조탑이라는 시설을 이용하여 자연건조시킨다.

해설 건식법은 2~3주 정도의 건조기간이 소요된다.

34. 다음은 커피의 정제법 중 습식법에 대한 설명이다. 틀린 것은?

① 시멘트나 콘크리트로 만들어진 건조장이나 맨땅을 이용한다.
② 비교적 현대적인 방법이다.
③ 비용은 많이 들지만 좋은 품질의 커피를 얻을 수 있다.
④ 대부분 아라비카 커피의 생산국에서 사용되고 있는 방법이다.

해설 ①은 건식법에 해당된다.

35. 다음은 커피의 정제법 중 습식법에 대한 설명이다. 맞는 것은?

① 끈적끈적한 점액질(pectin)을 제거하기 위해 기계(huller)를 이용한다.
② 좋은 품질을 얻기 위해 출하와 무관하게 내과피를 빠르게 제거해야 한다.
③ 발효의 과정을 거친다.
④ 외피와 과육을 제거하기 위한 별도의 장비가 필요치 않는 것이 특징이다.

정답 32. ④ 33. ② 34. ① 35. ③

36. 하루에 50kg에서 100kg의 체리를 수확하는데 이중 원두가 차지하는 비율은?

① 10% ② 20% ③ 30% ④ 40%

37. 배합의 법칙 중 틀린 것은?

① 콩의 성격을 잘 알아야 한다.
② 원두는 품질이 안정된 것을 사용한다.
③ 개성이 있는 원두를 주축으로 하고 그 위에 보충의 원두를 배합한다.
④ 원두의 품질은 불규칙적으로 변화 가능성 있는 것이 좋다.

38. 배전 방식의 분류 중 틀린 것은?

① 롱 타임 로스팅(Long time roasting)
② 숏 타임 로스팅(Short time roasting)
③ 원 타임 로스팅(One time roasting)
④ 인터메디에이트 타임 로스팅(Intermediate time roasting)

39. 다음은 어떤 종류의 배전기에 대한 설명인가?

> 가장 오래되고 가장 일반적인 배전기로 원통형의 드럼을 가로로 눕힌 형태를 하고 있다. 드럼이 회전하는 것에 의해 원두가 골고루 섞이며 배전되고, 배전이 끝나면 앞쪽의 문을 열어 원두가 냉각기(cooling car)로 방출되도록 하는 방식을 택하고 있다.

① 직화식 배전기(Conventional Roaster)
② 열풍식 배전기 (Rotary fluidized bed roaster)
③ 숯불 배전기(Charcoal Roaster)
④ 마이크로 웨이브 배전기(Micro-wave roaster)

40. 배전기 중 1970년대 일본에서 개발된 것으로 열원으로 숯을 이용하는 것은?

① 숯불 배전기 ② 직화식 배전기
③ 열풍식 배전기 ④ 마이크로 웨이브 배전기

41. 원두를 이용, 우리가 마시는 음료를 만들기 위해서는 배합(blending)을 거친 후 세 가지 공정을 반드시 거쳐야 하는데 그 공정에 속하지 않는 것은?

① 배전(roasting) ② 분쇄(grinding) ③ 제조(making) ④ 추출(brewing)

정답 36. ② 37. ④ 38. ③ 39. ① 40. ① 41. ③

42. 두 가지 종류 이상의 커피를 혼합하는 것으로, 궁합이 잘 맞는 커피들끼리 혼합하여 맛과 향의 상승효과를 얻고자 함이 그 목적인 과정을 무엇이라 하는가?

① 배전(roasting) ② 분쇄(grinding) ③ 배합(blending) ④ 추출(brewing)

43. 커피 블랜딩(Coffee Blending)에 관한 설명이다. 맞지 않는 것은?

① 맛보다는 경제적인 목적, 즉 원가절감 차원에서의 커피 블랜딩이 이루어지는 경우도 상당히 많다.

② 커피를 볶는 과정으로 우리가 마시기 위해 반드시 거치게 된다.

③ 우리나라에서 볼 수 있는 원두커피는 국산이건 수입이건 관계없이 거의 100% 블랜딩 커피이다.

④ 커피 블랜딩의 시점은 로스팅 전 생두 블랜딩과 로스팅 후 원두 블랜딩으로 구분된다.

해설 ②는 배전(roasting)에 관한 설명이다.

44. 좋은 블랜딩을 위한 준비로 맞지 않는 것은?

① 특유의 맛과 향을 혀로 익히려고 스트레이트로 마시는 것은 좋지 않다.

② 상반되는 성질의 커피를 사용하여 밸런스가 좋은 커피를 만들어 본다.

③ 같은 성질의 커피를 축으로 하고 다른 성질의 커피를 액센트로 사용하여 일부 맛을 강조한 커피를 만들어 본다.

④ 특정의 커피를 축으로 하고, 이 특징을 잃지 않을 정도로 다른 커피를 가하여 특정의 커피 특징을 살리면서도 조화롭고 중후한 커피를 만들어 본다.

해설 오히려 여러 종류를 스트레이트로 마셔 특유의 맛과 향을 혀로 익히는 것이 좋다.

45. 훌륭한 블랜딩의 요령으로 적합하지 않는 것은?

① 원두는 신선하고 좋은 것이어야 한다.

② 각 원두의 특성을 정확하게 파악하여야만 한다.

③ 브라질 등 깉은 맛이 있는 원두를 베이스로 특성있는 원두를 배합한다.

④ 유사한 맛이 있는 원두 배합이 이상적이다.

해설 유사한 맛이 있는 원두 배합은 피하는 것이 좋다.

46. 배전(roasting)에 관한 설명이다. 맞지 않는 것은?

① 우리가 커피를 먹기 위해서 볶는 과정을 말한다.

② 커피는 배전에 의해 연한 초록색에서 갈색으로 변하는 것이 일반적이다.

정답 42. ③ 43. ② 44. ① 45. ④ 46. ③

③ 무게는 10~20% 증가하게 된다.

④ 수분함량이 떨어지며 부피가 2배 정도 증가한다.

해설 무게는 10~20% 줄게 된다.

47. 배전(roasting)에 관한 설명이다. 맞지 않는 것은?

① 원두는 약하게 볶으면 신맛이 강해진다.

② 원두는 강하게 볶으면 쓴맛이 강해진다.

③ 원두의 부피와 무게의 변화는 200℃ 이상의 고온에서 일어난다.

④ 강하게 볶으면 볶을수록 향이 점점 강해진다.

해설 너무 강하게 볶으면 향이 없어지게 된다.

48. 배전 시 물리적, 화학적 변화에 대한 설명이다. 맞는 것은?

① 부피가 약 50% 팽창하고 내부가 다공성으로 변한다.

② 무게가 14~20% 증가한다.

③ 당분의 일부는 SO2 gas로 변화하고 방출되기 시작한다.

④ 당분의 일부는 기체화되어 간다.

49. 다음은 배전(roasting)의 과정 중 어느 것에 관한 설명인가?

> 하프시티 로스트로 알려져 있다. 커피를 캔으로 포장해 수출할 때 주로 사용되는 방법인데 질 좋은 커피를 이 방법으로 볶는 것은 현명하지 못하다.

① 라이트 로스트(Light Roast)　② 미디엄 로스트(Medium Roast)

③ 하이 로스트(High Roast)　④ 시나몬 로스트(Cinnamon Roast)

50. 다음은 배전(roasting)의 과정 중 어느 것에 관한 설명인가?

> 뛰어난 신맛을 갖는 원두이며 그 신맛을 즐기고 싶다면 이 원두가 최적이다. 누런 색이던 원두가 계피색을 띠게 된다.

① 라이트 로스트(Light Roast)　② 미디엄 로스트(Medium Roast)

③ 시티 로스트(City Roast)　④ 시나몬 로스트(Cinnamon Roast)

정답 47. ④ 48. ① 49. ① 50. ④

51. 다음은 배전(roasting)의 과정 중 어느 것에 관한 설명인가?

> 시티, 아메리칸, 레귤러, 아침식사용 로스트라 불린다. 다목적이며 미국 사람들이 특히 좋아하며 아침식사용 또는 우유와 설탕을 넣어 마시는 일반적인 커피에 좋다.

① 라이트 로스트(Light Roast)　　② 미디엄 로스트(Medium Roast)
③ 다크 로스트(Dark Roast)　　④ 시나몬 로스트(Cinnamon Roast)

52. 다음은 배전(roasting)의 과정 중 어느 것에 관한 설명인가?

> 단맛이 나기 시작하는 단계이다. 가장 일반적인 단계로 갈색의 커피가 된다.

① 시티 로스트(City Roast)　　② 미디엄 로스트(Medium Roast)
③ 하이 로스트(High Roast)　　④ 에스프레소 로스트(Espresso Roast)

53. 다음은 배전(roasting)의 과정 중 어느 것에 관한 설명인가?

> 하이, 비엔나 로스트라 불린다. 원두에서 나온 기름이 막 표면을 가열하기 시작했을 때의 콩이며 색은 짙은 황갈색이며 기름때문에 약간 광택이 난다.

① 다크 로스트(Dark Roast)　　② 미디엄 로스트(Medium Roast)
③ 프렌치 로스트(French Roast)　　④ 에스프레소 로스트(Espresso Roast)

54. 다음은 분쇄과정에 관한 설명이다. 틀린 것은?

① 좋은 한 잔의 커피를 얻기 위한 4대 요소 중 하나다.
② 물과 커피입자의 접촉시간이 길어질수록 분쇄된 커피입자의 크기는 커져야 한다.
③ 장식용으로도 많이 애용되는 핸드밀의 경우 정교하지 않은 제품으로도 고른 분도를 얻을 수 있다.
④ 커피 추출시간이 길면 굵게 분쇄하고, 짧으면 곱게 분쇄한다.

해설 장식용으로도 많이 애용되는 핸드밀의 경우 웬만큼 정교한 고급품이 아니고는 고른 분도를 기대하기 어렵다.

55. 로스팅된 커피원두의 가치를 최대한 살려내기 위한 바람직한 커피 분쇄방법이 아닌 것은?

① 추출방법에 알맞은 분도를 선택
② 장식용으로도 많이 애용되는 핸드밀을 선택

정답 51. ② 52. ③ 53. ① 54. ③ 55. ②

③ 분쇄과정에서 발열과 미분을 최소화하면서 분쇄커피에 섞여 있는 삽피를 가능한 많이 걸러내는 것

④ 선택된 분도에 따라 분쇄된 커피입자의 크기가 일정하게 고른 분도를 유지

56. 다음은 분쇄과정에 관한 설명이다. 틀린 것은?

① 분쇄 시 발생하는 삽피는 커피맛에 긍정적인 영향을 끼친다.

② 분쇄할 때 생기는 커피 먼지 같은 미분이 커피의 맛과 향에 부정적인 영향을 끼친다.

③ 커피원두를 분쇄할 때 원두에 가해지는 강한 충격과 동시에 발생되는 마찰열로 인하여 미분이 발생한다.

④ 커피를 분쇄할 때 그라인딩 방식은 마찰열이 많이 발생하게 된다.

해설 커피원두를 분쇄하고 나면 커피원두 내부에 숨겨져 있었던 커피껍질(실버스킨)이 나타나게 된다. 이 껍질을 '삽피' 라고 한다. 이 삽피는 불쾌한 쓴맛과 떫은 맛으로 커피 맛에 부정적인 영향을 끼친다.

57. 커피 분쇄 시 유의해야 할 사항을 나열한 것이다. 틀린 것은?

① 전용 그라인더를 갖추는 것이 좋다.

② 미분과 삽피의 제거를 게을리하지 말아야 한다.

③ 처음에는 약간의 원두만을 분쇄한 후 그 분쇄커피를 버린 다음에 본격적인 커피 분쇄를 한다.

④ 미리 분쇄한 커피를 밀폐용기 등에 담아 놓고 추출할 때마다 꺼내 쓰면 신선하고도 원두의 맛을 제대로 살린 커피를 즐길 수 있다.

해설 가능하다면 커피를 추출하기 직전에 원두를 분쇄해야 신선하고도 원두의 맛을 제대로 살린 커피를 즐길 수 있다.

58. 생두를 볶아서 분쇄한 커피(ground coffee)로부터, 물을 이용하여 맛과 향을 내는 기용성 성분을 최대한 용해시켜서 뽑아내는 과정을 무엇이라 하는가?

① 배선(roasting) ② 분쇄(grinding) ③ 배합(blending) ④ 추출(brewing)

59. 다음은 추출에 관한 설명이다. 틀린 것은?

① 커피 향미 성분들이 각각 다른 속도로 추출되기 때문에 추출방법에 따라서도 달라질 수도 있다.

② 일반적으로 추출시간이 길면 가는 입도가, 짧으면 굵은 입도가 적합하다.

③ 일반적으로 좋은 성분이나 향기, 상큼한 맛, 달콤한 맛은 먼저 추출된다.

정답 56. ① 57. ④ 58. ④ 59. ②

④ 추출 커피의 품질은 향미 성분의 농도와 추출 수율의 균형에 의하여 결정된다.

해설 일반적으로 추출시간이 길면 굵은 입도가, 짧으면 가는 입도가 적합하다.

60. 다음은 추출의 방법을 설명한 것이다. 바른 것은?

> 분쇄커피를 뜨거운 물에 넣고 일정한 시간 끓이는 방법으로 가용성 성분이 많이 추출된다.

① 삼출(percolation) ② 진공 여과(vacuum filtration)
③ 달이기(decoction, boiling) ④ 가압 추출(pressurized infusion)

61. 다음은 추출의 방법을 설명한 것이다. 바른 것은?

> 침출식 커피 추출의 한 변형으로, 하부 챔버에서 만들어진 수증기압은 뜨거운 물을 커피가 담겨 있는 상부의 챔버로 밀어 옮기고 일정하게 저으면서 가용 성분을 침출한다.(사이폰 추출기)

① 삼출(percolation) ② 진공 여과 (vacuum filtration)
③ 드립 여과(drip filtration) ④ 가압 추출(pressurized infusion)

62. 다음은 추출의 방법을 설명한 것이다. 바른 것은?

> 뜨거운 물과 커피 추출액이 반복하여 커피 층을 통과하면서 가용 성분을 추출한다.

① 삼출(percolation) ② 진공 여과 (vacuum filtration)
③ 드립 여과(drip filtration) ④ 가압 추출(pressurized infusion)

63. 다음은 추출의 방법을 설명한 것이다. 바른 것은?

> 2-10기압의 뜨거운 물이 커피 층을 빠르게 통과하면서 가용성 향미성분과 불용성인 커피기름과 미세한 섬유질 그리고 가스를 함께 유화시켜 짙은 농도의 커피를 만든다.

① 삼출(percolation) ② 진공 여과(vacuum filtration)
③ 달이기(decoction, boiling) ④ 가압 추출(pressurized infusion)

64. 다음은 추출의 방법을 설명한 것이다. 바른 것은?

> 뜨거운 물이 커피층을 한번 통과하면서 가용 성분을 추출한다.

정답 60. ③ 61. ② 62. ① 63. ④ 64. ③

① 삼출(percolation)
② 진공 여과 (vacuum filtration)
③ 드립 여과(drip filtration)
④ 가압 추출(pressurized infusion)

65. 커피 맛을 내기위한 좋은 물에 대한 설명이다. 바르지 않는 것은?

① 수질(水質)은 커피의 품질만큼이나 중요하다.
② 약간의 경도가 있는 물은 여과 속도를 높여 커피 맛에 좋 않은 영향을 준다.
③ 철분과 염소 성분은 소량이라도 커피 맛에 나쁜 영향을 준다.
④ 나트륨이온으로 용해된 무기질을 치환하는 '연수 처리' 는 알칼리도를 높여서 커피 맛에 좋지 않은 영향을 준다.

66. 다음은 여과매체에 관한 설명이다. 맞는 것은?

재질과 조밀도에 따라 여과가 달라지는 여과매체로 반복하여 사용하면 기름이 배어 커피 맛을 변질시킨다.

① 다공성 금속 여과판(perforated metal plate)
② 금속 여과망(metal strainer)
③ 여과포(filter cloth)
④ 여과지(filter paper)

67. 다음은 여과매체에 관한 설명이다. 맞는 것은?

금속판의 작은 구멍들을 통하여 커피 추출액을 여과하는 매체로 추출액을 맑게 여과하지는 못하여 미세한 입자들이 추출액에 혼합되는 단점이 있다.

① 다공성 금속 여과판(perforated metal plate)
② 금속 여과망(metal strainer)
③ 여과포(filter cloth)
④ 여과지(filter paper)

68. 다음은 여과매체에 관한 설명이다. 맞는 것은?

가장 맑은 추출액을 여과하나 재질이 약하고, 여과가 늦어 과도한 추출을 하기도 한다.

① 다공성 금속 여과판(perforated metal plate)
② 금속 여과망(metal strainer)

정답 65. ② 66. ③ 67. ① 68. ④

③ 여과포(filter cloth)

④ 여과지(filter paper)

69. 커피의 품종 중 아라비카종에 대한 설명으로 맞지 않는 것은?

① 주로 인스턴트 커피를 제조하는데 사용한다.

② 병충해에 약할 뿐만 아니라 기온이 섭씨 30도 이상으로 올라가면 해를 입는다.

③ 단맛, 신맛, 감칠맛 그리고 향기가 뛰어나 가격이 비싸다.

④ 커피 생두의 모양이 평평하고 길이가 길며 가운데 새겨진 고랑이 굽어 있다.

해설 ①은 로부스타종에 관한 설명이다.

70. 커피의 품종 중 로부스타종에 대한 설명으로 맞지 않는 것은?

① 쓴맛은 강하고 향기가 떨어지지만 가격이 저렴하다.

② 주로 해발 800m 이상에서만 생산된다.

③ 다른 커피와 배합하거나 인스턴트 커피를 제조하는데 주로 사용한다.

④ 강인한 종자로 어려운 환경에서도 잘 자란다.

해설 ② 아라비카종에 관한 설명이다.

71. 커피의 품종 중 로부스타종에 대한 설명으로 맞지 않는 것은?

① '콩고' 가 원산지이다.

② 카페인 함량이 많으며(2~2.5%) 쓴맛이 강하다.

③ 로부스타종은 모든 것에 잘 견디며 결빙도 예외는 아니다.

④ 서아프리카와 같은 열대삼림지대의 습하고 더운 기후에서 자란다.

해설 로부스타종은 결빙에 약하다.

72. 커피의 품종 중 로부스타종에 대한 설명으로 맞지 않는 것은?

① 열대삼림지대에서 야생상태로 자라던 로부스타가 재배되기 시작한 것은 18세기부터 이다.

② 20세기초 네덜란드에서 로부스타를 이식하여 재배하기 시작한 나라는 인도네시아이다.

③ 브라질에서 생산하는 로부스타 주용품종은 코닐론(Conilon)이다.

④ 브라질에서 생산되는 로부스타는 브라질 전체의 30% 이상을 차지한다.

해설 브라질 전체 생산량의 15% 정도만 생산.

정답 69. ① 70. ② 71. ③ 72. ④

73. 커피의 품종 중 아라비카종에 대한 설명으로 맞지 않는 것은?

① 커피의 2대 원두 중 하나인 '코페아 아라비카' 의 열매를 일컫는다.

② 다 자란 크기가 5~6m이고 평균기온 20℃, 해발 1,800m의 고지대에서 재배된다.

③ 원두가 둥글고 홈이 곧고 회청색을 띤다.

④ 30도 이상의 온도에서 2일 이상을 견디지 못하는 등 기후, 토양, 질병에 상당히 민감하다.

해설 ③은 로부스타종의 설명이다.

74. 아라비카종의 성장 조건이다. 바르게 묶여진 것은?

㉠ 평균 20~25℃의 기온 ㉡ 지나치게 습하지 않는 규칙적인 비 ㉢ 지나치게 강렬하지 않은 충분한 햇빛 ㉣ 가급적이면 화산지대이거나 비옥한 토양

① ㉠, ㉢ ② ㉠, ㉡ ③ ㉡, ㉢ ④ ㉠, ㉡, ㉢, ㉣

75. 커피의 품종 중 리베리카종에 대한 설명으로 맞지 않는 것은?

① 에티오피아가 원산지이다.

② 열매의 크기가 크고 병충해에 강하여 재배하기 쉽다.

③ 저지대에서도 잘 자란다.

④ 수출보다는 대개 자국 소비에 그치며 쓴맛이 지나치게 강하다.

해설 ①은 아라비카종에 관한 설명이다.

76. 커피의 품종 중 아라비카종에 대한 설명으로 맞는 것은?

① 병충해에 강하다.

② 성장속도는 느리나 향미가 풍부하다.

③ 열대지방에서 다 자란 나무 높이는 13~15m이다.

④ 열매의 모양이 둥글다.

해설 ①, ③, ④는 로부스타종에 대한 설명이다.

77. 커피의 품종 중 로부스타종에 대한 설명으로 맞는 것은?

① 적정 성장 온도는 15~24℃이다.

정답 73. ③ 74. ④ 75. ① 76. ② 77. ④

② 카페인 함유량이 적다(0.8~1.4%).
③ 해발 1,000~2,000m 정도에서 자란다.
④ 주로 인스턴트 커피 및 배합용으로 사용된다.

해설 ①, ②, ③은 아라비카종에 대한 설명이다.

78. 커피 생산지로서의 브라질에 관한 설명이다. 바르지 못한 것은?

① 브라질의 본격적인 커피생산은 포르투갈로부터 독립한 1822년부터다.
② 다른 나라들에 비해 비교적 낮은 고도의 대규모 농장에서 경작된다.
③ 1900년 이후 양(量)에 치우친 생산증대 정책에도 여전히 최상품의 커피가 생산되고 있다.
④ 생두의 밀도는 비교적 낮은 편이다.

해설 오늘날 브라질 커피는 중 · 저급의 아라비카 커피로 평가되고 있다.

79. 커피 생산지로서의 브라질에 관한 설명이다. 바르지 못한 것은?

① 아라비카를 생산할 뿐 로부스타는 생산하지 않는다.
② 커피의 대부분은 상파울루의 산토스(Santos) 항구로 집결되어 수출된다.
③ 상파울루(San Paulo)는 브라질의 주요 커피 산지 중 하나다.
④ 브라질의 유명 커피로는 'Brazil Santos NY 2' 가 있다.

해설 브라질에서는 코닐론(Conilon)이라는 로부스타 커피 또한 생산되고 있다.

80. 커피 생산국인 콜롬비아에 대한 설명이다. 바르지 못한 것은?

① 세계 2위의 커피 생산국이다.
② 콜롬비아 커피는 마일드 커피(Mild Coffee)의 대명사이다.
③ 콜롬비아의 커피정책은 최대 커피생산을 늘리는 양적증가에 목적이 있다.
④ 한 나라에서 생산되는 커피의 품질로만 본다면 세계 1위의 고급 커피이다.

81. 콜롬비아 커피에 대한 설명이다. 바르지 못한 것은?

① 아라비카 커피만을 생산하며 모두 수세건조 방법으로 가공된다.
② 대형 커피농장이 별로 없다.
③ 대부분 '카페테로(Cafetero)' 라고 불리는 농부들에 의해 생산되고 있다.
④ 건식법을 이용하여 커피를 정제한다.

해설 습식법을 이용한다.

정답 78. ③ 79. ① 80. ③ 81. ④

82. 콜롬비아 커피에 대한 설명이다. 바르지 못한 것은?

① 커피의 주 생산지는 안데스 산맥지대에 분포한다.
② 주요 커피로 '콜롬비안 엑셀소(Colombian Excelso)' 가 있다.
③ 콜롬비아 최고급 커피들의 대부분은 '타라주(Tarrazu)' 품종이다.
④ 습식법을 이용한다.

해설 콜롬비아 최고급 커피들의 대부분은 타이피카(Typica)와 카투라(Caturra) 품종이다.

83. 아래는 커피 생산국에 관한 설명이다. 어느 나라일까?

> ㉠ 세계적인 커피로는 단연 '타라주(Tarrazu)' 다.
> ㉡ 쿠바로부터 이식되면서 커피가 경작되기 시작하였다.
> ㉢ 타라주 중에서도 '라 미니타(La Minita)' 농장의 커피가 최상급으로 알려져 있다.
> ㉣ 완벽한 맛과 향의 조화, 너무나 완벽하게 깨끗한 생두의 생산으로 찬사받는다.

① 브라질 ② 코스타리카 ③ 자메이카 ④ 과테말라

84. 다음 설명은 커피 생산지 중 어느 곳을 말하는가?

> ㉠ 화산재 토양에서 고급 커피를 생산하는 나라로 유명하다.
> ㉡ 스모크 커피의 대명사는 단연 '안티구아(Antiqua)' 커피를 생산한다.
> ㉢ 전형적인 커피 품종인 타이피카(Typica)와 버본(Bourbon)이 주로 경작되고 있다.
> ㉣ 그늘 경작법을 많이 사용하고 있다.

① 자메이카 ② 멕시코 ③ 코스타리카 ④ 과테말라

85. 과테말라의 대표적 커피로 쏘는 듯한 스모크 향과 깊고 풍부한 맛, 살며시 느껴지는 초콜릿 맛이 일품인 것은?

① 디라주 ② 안티구아 ③ 엑셀소 ④ 산토스

86. 커피 생산지인 자메이카에 대한 설명이다. 틀린 것은?

① 커피의 황제라고 불리는 블루 마운틴 커피를 생산한다.
② 온화한 기후, 연중 고른 강수량 등 이상적인 커피 재배환경을 갖추고 있다.
③ 마일드 커피(Mild Coffee)의 대명사로 평가된다.
④ 식민정부가 커피산업 지원정책을 실시하면서 커피 생산량이 증가하였다.

해설 ③ 콜롬비아 커피에 관한 설명이다.

정답 82. ③ 83. ② 84. ④ 85. ② 86. ③

87. 다음 설명은 어떤 커피에 관한 설명이다. 맞는 것은?

> ㉠ 커피의 황제, 세계 최고의 커피 ㉡ 부드럽고도 조화로운 커피 맛
> ㉢ 타 지역 커피에 비해 밀도가 높은 커피

① 블루 마운틴 ② 안티구아 ③ 산토스 ④ 타라주

88. 어느 커피 생산지에 관한 설명이다. 맞는 것은?

> ㉠ 커피의 80%는 일본으로 수출되고, 나머지 20%를 가지고 세계가 나누어 먹고 있다.
> ㉡ 커피의 황제라고 불리는 블루 마운틴 커피를 생산한다.
> ㉢ 일본의 투자로 기계적인 생두의 고속 습식 가공법으로 생두를 가공한다.

① 브라질 ② 과테말라 ③ 자메이카 ④ 푸에르토리코

89. 자메이카 커피로 바르게 짝지어진 것은?

> ㉠ 블루 마운틴 (Blue Mountain) ㉡ 하이 마운틴 (High Mountain)
> ㉢ 프라임 워시드 (Prime Washed) ㉣ 프라임 베리 (Prime Berry)

① ㉠, ㉡ ② ㉠, ㉡, ㉢ ③ ㉡, ㉢ ④ ㉠, ㉡, ㉢, ㉣

90. 다음은 무엇에 관한 설명인가?

> ㉠ 17스크린 이상의 No.1 ㉡ 16스크린 수준의 No.2
> ㉢ 15스크린 수준의 No.3 ㉣ JBM(Jablum)

① 블루 마운틴 ② 안티구아 ③ 산토스 ④ 타라주

해설 자메이카의 블루 마운틴을 로스팅(Roasting)하여 포장까지 마친 완제품 커피를 자블럼(JBM, Joblum)이라고 한다.

91. 멕시코에 관한 설명이다. 바르지 않는 것은?

① 원래 전통적인 멕시코 커피는 고급 백포도주의 풍미와 흡사하다고 했다.
② 중저급의 커피인 '프라임 워시드(Prime Washed)' 를 생산한다.
③ 중앙아메리카 저급 커피의 대명사였다.
④ 가격이 품질에 비해 저렴하여 커피 구매자들에게 매력있는 커피를 생산한다.

해설 ②는 자메이카의 블루 마우틴에 관한 설명이다.

정답 87. ① 88. ③ 89. ④ 90. ① 91. ②

92. 푸에르토리코에 관한 설명이다. 바르지 않는 것은?

① 화산재 토양에서 고급 커피를 생산하는 나라로 유명하다.
② 부드러우면서도 거친 듯, 과실의 달콤함으로 카리브해 최고의 커피로 평가된다.
③ 대표 커피는 '야우코 셀렉토(Yauco Selecto)' 이다.
④ 커피정책의 가장 큰 문제는 높은 생산원가(높은 임금)이다.

해설 ①은 과테말라에 관한 설명이다.

93. 쿠바에 관한 설명이다. 바르지 않는 것은?

① 커피존의 끝자락에 위치해 있다.
② 세계 최고급 커피인 '터퀴노(Turquino)' 를 생산한다.
③ 미국의 52번째 자치주다.
④ 2,000개가 넘는 커피 농장을 보유한 카리브해의 커피 강국이었다.

해설 ③은 푸에르토리코에 관한 설명이다.

94. 도미니카 공화국에 관한 설명이다. 바르지 않는 것은?

① 카리브해의 커피 중 가장 부드럽고 깔끔한 것으로 알려져 있다.
② 주로 미국에서 많이 소비된다.
③ '산토도밍고 바니(Santo Domingo Bani)' 라는 상표로 유명하다.
④ 세계 4위의 커피 생산국이다.

해설 ④는 멕시코에 관한 설명이다.

95. 엘살바도르에 관한 설명이다. 바르지 않는 것은?

① 천혜의 자연조건을 갖추고 있으면서도 복잡한 정치상황 등으로 어려움을 겪고 있다.
② 식민정부가 커피산업 지원정책을 실시하면서 커피 생산량이 증가하였다.
③ 아라비카 커피만을 생산한다.
④ 유명 커피로 '파카마라' 가 있다.

해설 ②는 자메이카에 관한 설명이다.

96. 엘살바도르에 관한 설명이다. 바르지 않는 것은?

① 전 국토의 약 12%가 커피농장으로 조성되어 있다.
② 최고급 커피인 '터퀴노(Turquino)' 를 생산한다.

정답 92. ① 93. ③ 94. ④ 95. ② 96. ②

③ SHG(Strictly High Grown)가 전체 생산량의 약 35%를 차지한다.
④ 생두는 모두 습식가공으로 처리되고 대부분의 커피는 그늘경작법으로 생산되고 있다.

해설 ②는 쿠바에 관한 설명이다.

97. 니카라과에 관한 설명이다. 바르지 않는 것은?

① 양은 많지 않으나 고급으로 평가되는 커피를 생산한다.
② 중앙아메리카의 많은 고원지대 커피와는 달리 날카로운 신맛이 거의 없다.
③ 아라비카 커피만을 생산하고 있다.
④ 주요 커피로 '보케테(Boquete)' 가 있다.

해설 ④는 파나마에 관한 설명이다.

98. 파나마에 관한 설명이다. 바르지 않는 것은?

① 카리브해의 커피 중 가장 부드럽고 깔끔한 것으로 알려져 있다.
② 무게는 가벼우나 달콤하고 알맞은 신맛, 균형잡힌 깊고 풍부한 맛과 향을 가진 고급 커피로 평가되고 있으나 생산량이 그리 많지 않다.
③ 고급 커피로 '보케테(Boquete)' 커피가 있다.
④ 아라비카 커피만을 생산하며 생두의 가공은 거의 습식법으로 이루어지고 있다.

해설 ① 도미니카 공화국에 관한 설명이다.

99. 페루에 관한 설명이다. 바르지 않는 것은?

① 남아메리카 유기농 커피의 리더로 빠르게 부상하고 있다.
② 일반적인 그냥 '페루비안(Peruvian)' 이라고 불려지고 있다.
③ 일부에서는 자메이카 블루 마운틴 보다 못할 것이 없다는 평가를 듣기도 한다.
④ 생산과 가공의 여건이 여의치 못해 불순물과 결점있는 생두가 많이 섞여 있는 커피를 생산하고 있다.

해설 ③은 파나마에 관한 설명이다.

100. 다음은 커피 생산국과 그 대표 커피를 연결한 것이다. 틀린 것은?

① 브라질 – Santos NY 2
② 콜롬비아 – 콜롬비안 수프리모(Colombian Supremo)
③ 코스타리카 – 타라주(Tarrazu)

정답 97. ④ 98. ① 99. ③ 100. ④

④ 과테말라 – 야우코 셀렉토(Yauco Selecto)

해설 ④는 푸에르토리코의 대표 커피이다.

101. 다음은 커피 생산지와 그 대표 커피를 연결한 것이다. 틀린 것은?

① 자메이카 – 블루 마운틴(Blue Mountain)
② 쿠바 – 산토도밍고 바니(Santo Domingo Bani)
③ 멕시코 – 알투라 코아테펙(Altura Coatepec)
④ 푸에리토리코 – 야우코 셀렉토(Yauco Selecto)

해설 ②의 '산토도밍고 바니(Santo Domingo Bani)'는 도미니카 공화국 커피가 미국에서 많이 소비되면서 붙여진 상표명

102. 다음은 커피 생산지와 그 대표 커피를 연결한 것이다. 틀린 것은?

① 쿠바 – 터퀴노(Turquino)
② 엘살바도르 – 파카마라
③ 온두라스 – 타라주(Tarrazu)
④ 파나마 – 보케테(Boquete)

해설 ③의 '타라주(Tarrazu)'는 코스타리카의 대표 커피이다.

103. 다음 커피 생산지와 그 대표 커피가 바르게 연결된 것은?

㉠ 브라질 ⓐ 산토스(Santos)
㉡ 코스타리카 ⓑ 타라주(Tarrazu)
㉢ 쿠바 ⓒ 야우코 셀렉토(Yauco Selecto)
㉣ 푸에르토리코 ⓓ 터퀴노(Turquino)

① ㉠ 과 ⓐ ② ㉡ 과 ⓒ ③ ㉢ 과 ⓑ ④ ㉣ 과 ⓓ

104. 하와이에 관한 설명이다. 바르지 않는 것은?

① 세계적인 최고급 커피의 하나인 '코나(Kona)' 커피의 생산지다.
② 낮은 고도에서 경작됨에도 불구하고 고지대에서와 같은 고급품질의 커피가 생산되고 있다.
③ 와인과 과실에 비유되는 단맛과 신맛, 산뜻하고도 조화로운 맛과 향을 가진 부드러운 커피로 평가받고 있다.

정답 101. ② 102. ③ 103. ① 104. ④

④ 중저급의 커피인 '프라임 워시드(Prime Washed)' 를 생산한다.

해설 ④는 자메이카에 관한 설명이다.

105. 인도에 관한 설명이다. 바르지 않는 것은?

① 전체 커피 생산량의 약 60% 정도를 로부스타가 차지하고 있다.

② 화산재 토양에서 고급 커피를 생산하는 나라로 유명하다.

③ 유명한 커피는 몬수니드 말라바르(Monsooned Malabar)가 있다.

④ 습식법으로 가공된 로부스타 커피는 '파치먼트 로부스타' 라고 부른다.

해설) ②는 과테말라에 관한 설명이다.

106. 인도네시아에 관한 설명이다. 바르지 않는 것은?

① 아시아 유기농 커피의 리더이다.

② 아시아 최고의 커피 생산국이다.

③ 녹병균에 의해 전체 커피농장들이 초토화되기까지는 세계의 커피 산업을 이끌었다.

④ 90% 이상 로부스타를 생산한다.

107. 인도네시아의 커피를 생산하는 섬으로 맞지 않는 것은?

① 자바(Java)

② 수마트라(Sumatra)

③ 술라웨시(Sulawesi)

④ 하라(Harrar)

해설 ④는 에티오피아의 생산지.

108. 에티오피아에 관한 설명이다. 바르지 않는 것은?

① 커피가 처음 발견된 곳이다.

② 빌헬름(Mt. Wilhelm) 산을 중심으로 한 고원지대에서 PNG 커피가 생산되고 있다.

③ 커피를 '분(Bun)' 이라고 부르고 있으며, 거의 대부분의 커피가 전통적인 유기농법과 그늘 경작법으로 재배되고 있다.

④ 커피 생산의 90% 정도가 '가든 커피(Garden Coffee)' 라고 불리는 소규모 커피 농가에서 생산되고 있다.

해설 ②는 파푸아뉴기니에 관한 설명이다.

109. 에티오피아에 관한 설명이다. 바르지 않는 것은?

① 고유한 본래의 아라비카 품종만이 생산되고 있다.

정답 105. ② 106. ① 107. ④ 108. ② 109. ③

② 아라비카 품종은 원래 에티오피아 하라(Harrar)지방의 고유한 커피 품종이다.
③ 유명한 커피는 몬수니드 말라바르(Monsooned Malabar)가 있다.
④ 아프리카에서 유일하게 서구 열강의 식민지가 되지 않아, 커피의 경작에서도 그 전통이 그대로 살아 있다.

해설 ③은 인도에 관한 설명이다.

110. 에티오피아에서 생산되는 커피가 아닌 것은?

① 하라(Harrar) ② 이르가체페(Yirgacheffe)
③ 시다모(Sidamo) ④ 코나(Kona)

111. 에티오피아에서 생산되는 커피 중 '에티오피아의 축복'이라고 불려지는 것은?

① 하라(Harrar) ② 이르가체페(Yirgacheffe)
③ 시다모(Sidamo) ④ 코나(Kona)

112. 에티오피아에서 생산되는 커피 중 가장 세련되고 매끄러운 최고급 커피는?

① 하라(Harrar) ② 이르가체페(Yirgacheffe)
③ 시다모(Sidamo) ④ 짐마(Djimmah)

113. 예멘에 관한 설명이다. 바르지 않는 것은?

① 세계 최초로 커피가 경작되었으며 한때 세계 최대의 커피 무역항이었던 모카(Mocha)가 있는 나라다.
② 아라비카(Arabica)라는 말도 아라비아, 즉 예멘의 커피에서 유래되었다.
③ '가든 커피(Garden Coffee)'라고 불려지는 소규모 커피 농가에서 커피가 생산되고 있다.
④ 하위 그룹의 커피 생산국이다.

해설 ③은 에티오피아에 관한 설명이다.

114. 예멘에 관한 설명이다. 바르지 않는 것은?

① 전 세계에서 가장 뚜렷한 개성을 가진 커피를 생산한다.
② '마타리(Mattari)'가 예멘 최고의 커피다.
③ 세계 최대의 커피 무역항이었던 모카(Mocha)가 있다.

정답 110. ④ 111. ① 112. ② 113. ③ 114. ④

④ '아이-커퍼(Eye-Cupper)' 들이 즐겨 찾는 커피다.

해설 ④ 예멘커피는 '아이-커퍼(Eye-Cupper)' 들이 기피하는 커피다.

115. 다음 중 예멘을 대표하는 커피가 아닌 것은?

① 리무(Limmu) ② 마타리(Mattari)

③ 이스마일리(Ismaili) ④ 히라지(Hirazi)

해설 ①은 에티오피아의 커피.

116. 다음 중 모카의 의미로 볼수 없는 것은?

① 커피라는 의미

② 아라비아 전 지역에서 생산 유통되는 커피라는 의미

③ 예멘에서 생산되는 커피의 이름

④ 연유가 들어간 음료나 음식

117. 케냐에 관한 설명이다. 바르지 않는 것은?

① 가장 신뢰할 수 있는 최고급의 커피를 생산하는 아프리카 최고의 커피 생산국

② 그늘 경작법을 주로 사용하고 있다.

③ 품질개발, 기술교육 그리고 경매시스템을 통해 커피 산업을 육성하고 있다.

④ 최근 병충해에도 강하면서 수확량이 많은 '루이루11' 품종의 커피 생산을 확대하고 있다.

118. 탄자니아에 관한 설명이다. 바르지 않는 것은?

① '커피의 신사' 라고 불리우는 킬리만자로(Kilimanjaro) 커피를 생산한다.

② 바나나 나무와 함께 경작되어 자연스러운 그늘경작이 이루어지고 있다.

③ 커피를 생산하는 농부들이 숙련된 기술을 지니고 있어 생산량이 증가하고 있다.

④ 커피산업이 후진성을 면하지 못하고 있다.

119. 다음은 아프리카 커피의 문제점을 나열한 것이다. 틀린 것은?

① 정치적 불안정과 낙후된 경제상황, 열악한 인프라 구조

② 가장 큰 문제는 운송 문제

③ 세련되지 못한 경작과 생두 가공기술, 부족한 가공시설

정답 115. ① 116. ④ 117. ② 118. ③ 119. ④

④ 자연적인 커피 경작조건의 부적합성

해설 아프리카의 커피 경작조건 자체는 훌륭하다.

120. 일반적으로 사람들이 커피가 몸에 좋지 않다고 여기는 이유는 커피의 어떤 성분 때문인가?

① 카테킨 ② 카페인 ③ 폴리페놀 ④ 바르비투르산염

해설 커피가 건강에 좋지 않다고 하는 가장 큰 이유 중 하나로 많은 사람들이 커피의 성분인 카페인을 지적하고 있다.

121. 다음은 카페인에 관한 설명이다. 틀린 것은?

① 정상적인 성인에게는 해를 끼치지 않는 무독성이다.
② 카페인은 녹차에도 얼마간 함유되어 있다.
③ 섭취 후 몇 시간 이내에 모두 배설된다.
④ 카페인은 혈중 또는 체내에 일정량이 축적된다.

해설 카페인은 혈중 또는 체내에 축적되지 않는다.

122. 다음은 카페인에 관한 설명이다. 틀린 것은?

① 뜨거운 물에 대단히 잘 녹는다.
② 불에 탄 냄새가 나고 쓴맛이 난다.
③ 중추신경계 · 심장 · 혈관 · 신장을 자극하는 효과가 있다.
④ 특정 약물에 대한 해독제로 사용되기도 한다.

해설 냄새가 없다.

123. 볶은 커피원두의 경우 카페인 함유량으로 올바른 것은?

① 보통 2~3% ② 보통 3~4% ③ 보통 1~2% ④ 보통 2~5%

124. 다음 중 카페인의 긍정적인 효과로만 묶여진 것은?

㉠ 운동 수행능력 증가	㉡ 피로감 감소
㉢ 감각기능 증가	㉣ 민첩성의 증가

① ㉠ ② ㉡, ㉢ ③ ㉠, ㉢, ㉣ ④ ㉠, ㉡, ㉢, ㉣

정답 120. ② 121. ④ 122. ② 123. ③ 124. ④

125. 인스턴트 커피 한잔에 함유되어 있는 카페인 함유량으로 올바른 것은?

① 45mg ② 60~100mg ③ 100~150mg ④ 150~185mg

126. 영양학적 측면에서 볼 때 우리 몸에 도움을 주는 커피의 두 가지 성분은?

㉠ 나이아신	㉡ 요산
㉢ 단백질	㉣ 칼륨

① ㉢, ㉡ ② ㉠, ㉣ ③ ㉡, ㉢ ④ ㉠, ㉢

127. 전문가들이 건강상 바람직하다고 말하는 1일 카페인 섭취량은?

① 100mg 이하 ② 200mg 이하 ③ 300mg 이하 ④ 400mg 이하

128. 1일 권장량 이상의 카페인을 섭취할 경우 대표적으로 유발되는 현상으로 바르게 묶인 것은?

㉠ 탈수 현상	㉡ 정서 불안
㉢ 저혈당	㉣ 불면

① ㉠ ② ㉠, ㉡ ③ ㉠, ㉡, ㉣ ④ ㉠, ㉡, ㉢, ㉣

129. 커피 속에 함유된 성분 중 당뇨와 고혈압의 위험을 줄이는 효과가 있는 성분은?

① 항산화 물질인 폴리페놀 ② 폴리에스텔
③ 단백질 ④ 칼슘

130. 우리나라가 커피의 수입을 개방한 시기로 맞는 것은?

① 1975년 ② 1988년 ③ 1990년 ④ 1995년

131. 커피 속의 성분으로 일정량 이상을 섭취하면 위액의 분비를 자극하고 장내에서 분해되며 방향족 화합물로써 배설되는 물질은?

① 알칼로이드 ② 메틸크산틴 ③ 요산 ④ 클로로겐산

132. 다음은 카페인 제거법이다. 틀린 한 가지는?

① Traditional Process ② Swiss – Water Process
③ H2O – European Process ④ CO2 – Water Process

정답 125. ② 126. ② 127. ④ 128. ③ 129. ① 130. ② 131. ④ 132. ③

133. 카페인을 제거하는 방법 중 아세트산에틸을 용매로 사용하는 방법으로 맞는 것은?

① Traditional Process ② Swiss – Water Process
③ H_2O – European Process ④ CO_2 – Water Process

해설 Traditional Process : 아세트산에틸이라는 용매로 카페인만을 선택적으로 제거한다.

134. 카페인을 제거하는 방법 중 가장 일반적으로 사용되고 비용이 저렴한 방법으로 맞는 것은?

① H_2O – European Process ② CO_2 – Water Process
③ Traditional Process ④ Swiss – Water Process

135. 커피의 영양성분 중 가장 많은 비율을 차지하고 있는 것으로 맞는 것은?

① 당질 ② 단백질 ③ 지질 ④ 회분

해설 커피 100g 중 당질 약 61.9g, 단백질 20.0g, 지질 0.3g, 회분 8.2g의 성분이 들어 있다.

136. 커피의 영양성분 중 당질에 관한 설명이다. 틀린 것은?

① 음용되고 있는 커피 영양성분의 60% 이상을 차지한다.
② 당질의 대부분은 수용성 갈색물질 멜라노이딘이다.
③ 배전과정에서 커피의 색, 향이나 맛의 기호성 성분을 결정하는 성분 간의 반응이 일어난다.
④ 클로로제닉산류의 페놀화합물과 반응하여 적색물질이 된다.

해설 클로로제닉산류의 페놀화합물과 반응하여 갈색물질이 된다.

137. 커피가 생체대사에 미치는 영향에 관한 설명이다. 틀린 것은?

① 체내에 흡수된 카페인은 5분 이내에 몸 전체로 확산하게 된다.
② 혈관을 수축, 팽창시키는 역할을 한다.
③ 흡수된 카페인은 기초대사 속도를 감소시킨다.
④ 암모니아염으로부터 형성되는 요소의 양을 감소시킨다.

해설 우리 몸에 흡수된 카페인은 기초대사 속도를 증가시킨다. 섭취 후 1~3시간 사이에 최대 기초대사 속도를 나타내는 것으로 보고된 바 있다.

138. 커피가 중추신경에 미치는 영향에 관한 설명이다. 틀린 것은?

① 대뇌의 피질을 흥분시키고 요추를 자극시킨다.

정답 133. ① 134. ③ 135. ① 136. ④ 137. ③ 138. ④

② 졸음과 피로를 경감시키는 작용을 한다.

③ 사고를 집중시킬 수 있도록 하는 작용을 한다.

④ 알코올중독 그리고 마약중독으로 인한 고통을 증가시킨다는 점은 문제점이다.

해설 신경과민, 알코올중독 그리고 마약중독으로 인한 고통의 경감에 매우 효과적이다.

139. 커피가 심장에 미치는 영향에 관한 설명이다. 틀린 것은?

① 혈관의 수축에 의한 혈류의 감소가 일어난다.

② 혈압과 맥박수는 변화가 있거나 사람에 따라 없기도 한다.

③ 하루 1g 정도의 카페인을 섭취하면 혈압을 낮추어 부종을 치료하는데 도움이 된다.

④ 한두 잔의 커피는 심장의 활동을 활성화시킨다.

해설 심장에 카페인이 미치는 주작용으로 혈관의 팽창에 의한 혈류의 증가다.

140. 커피가 신장에 미치는 영향에 관한 설명이다. 바르게 묶인 것은?

㉠ 이뇨를 촉진시키고 신장을 통한 혈액순환을 증가시킨다.
㉡ 많은 오줌을 생성하게 하여 체내 노폐물 정화를 증진시키는 역할을 한다.
㉢ 신장에서 수분의 재흡수를 감소시킨다.
㉣ 음용을 중단하면 체내 노폐물이 누적되어 메스꺼움, 구토를 일으킬 수도 있다.

① ㉠, ㉢ ② ㉠, ㉢, ㉣ ③ ㉡, ㉣ ④ ㉠, ㉡, ㉢, ㉣

141. 커피가 우리 신체에 미치는 영향을 나열한 것이다. 틀린 것은?

① 중추신경계를 자극하여 정신을 맑게 깨운다.

② 칼슘 이온의 농도가 증가하여 심박수와 심박출량이 늘어난다.

③ 고혈압, 심장질환을 일으킬 수도 있다.

④ 소변의 양을 감소시킨다.

해설 이뇨제의 역할을 하여 소변의 양을 늘린다.

142. 커피가 우리 신체에 미치는 영향을 나열한 것이다. 틀린 것은?

① 위를 자극하여 위산의 분비를 촉진하며 지나치면 위궤양이 생기기도 한다.

② 이뇨제의 역할을 하여 소변의 양을 늘린다.

③ 심장의 기능을 약화시킨다.

④ 과다 복용은 불면을 초래할 수 있다.

해설 심장의 기능을 촉진시킨다.

정답 139. ① 140. ④ 141. ④ 142. ③

143. 카페인과 수면과의 관계를 설명한 것 중 틀린 것은?

① 코코아와 초콜릿을 잠자리 직전에 섭취해도 수면 장애가 있을 수 있다.
② 잠자기 전 카페인을 섭취하게 되면 잠드는데 소요되는 시간이 길어지고 밤에 자주 깬다.
③ 카페인에 대한 만감성과 감내성의 정도는 누구나 비슷하다.
④ 잠자리에 들기 전 4~6시간 전에는 카페인을 삼가는 것이 수면에 도움이 된다.

해설 카페인에 대한 만감성과 감내성의 정도가 사람에 따라 서로 다르다.

144. 커피를 마시면 졸음을 방지하는 효과가 있다. 그것은 커피의 어떤 성분 때문인가?

① 카페인 ② 카테킨 ③ 폴리페놀 ④ 바르비투르산염

145. 커피를 마시면 간암 발생률이 감소시키는 성분은?

① 알칼로이드 ② 메틸크산틴 ③ 요산 ④ 클로로겐산

146. 발암물질인 'OH' 의 발암성을 억제하는 경향이 있는 커피 속 성분으로 맞는 것은?

① 요산 ② 클로로겐산 ③ 알칼로이드 ④ 메틸크산틴

147. 카페인과 음주와의 관계를 설명한 것 중 틀린 것은?

① 카페인은 간기능을 활발하게 해 독성물질인 아세트알데하이드 분해를 빠르게 한다.
② 카페인은 항이뇨 호르몬의 분비를 억제한다.
③ 카페인은 알코올 성분을 체외로 빠르게 배출하는 작용을 한다.
④ 음주 후 카페인은 인체에 흡수되면서 중성이 되어 머리를 상쾌하게 해 준다.

해설 인체에 흡수되면 알칼리성이 된다.

148. 커피와 질병과의 관계를 설명한 것이다. 바르지 않는 것은?

① 커피는 중성지방을 증가시켜 동맥경화를 촉진하는 경향이 있다.
② 췌장에서 인슐린을 분비하는 베타세포를 자극함으로써 성인 당뇨병을 감소시킨다.
③ 발암물질의 하나인 'OH' 의 발암성을 억제한다.
④ 연구결과 끓인 커피를 마시는 사람은 필터 커피를 마시는 사람에 비해 당뇨병 위험이 3배 높았다.

해설 커피는 오히려 동맥경화를 예방하는 HDL(좋은 콜레스테롤)을 증가시킨다.

정답 143. ③ 144. ① 145. ④ 146. ② 147. ④ 148. ①

149. 커피와 담석(擔石)에 대한 연구결과를 설명한 것이다. 틀린 것은?

① 미 하버드 보건센터 실험결과 커피를 마시면 담석진행이 현저하게 감소된다.

② 라이츠만 박사는 하루에 커피를 2~3잔 커피를 마시면 마시지 않는 사람에 비해 담석의 위험이 40% 감소한다.

③ 라이츠만 박사는 카페인 제거 커피 역시 동일한 효과가 있다.

④ 커피와 달리 홍차나 다른 음료는 담석 예방효과가 없다.

해설 라이츠만 박사는 커피는 반드시 카페인이 함유된 것이어야 하며 카페인을 제거한 커피는 효과가 없다고 강조했다.

150. 카페인 중독의 증상이다. 틀린 것은?

① 침착하지 못하고 안절부절한다.
② 불면증이 있다.
③ 얼굴이 홍조를 띠며 상기 된다.
④ 조용한 상태로 침착성을 잃지 않는다.

151. 연구결과 커피와 건강과의 관계를 설명한 것이다. 바르지 않는 것은?

① 당뇨병과 커피 섭취의 인과관계는 없다.

② 커피 음용과 통풍의 인과관계는 없다.

③ 커피를 1일 4잔 이상 마시면 간경변의 위험이 있다.

④ 8종의 암 부위 가운데 커피와 상관있는 것이 위암이다.

해설 1일에 커피를 4잔 이상 마시는 사람은 마시지 않는 사람과의 간경변의 위험률이 5분의 1로 감소되었다.

152. 리버만 박사의 카페인과 운동능력과의 관계에 대한 결과로 틀린 것은?

① 카페인이 체력 소모가 심한 작업을 수행하는 시간을 연장시킨다.

② 카페인은 피로하기 쉬운 작업의 능률을 향상시킨다.

③ 카페인은 근육의 피로를 막아 주고, 지방의 연소와 당분의 분해 능력을 증가시킨다.

④ 카페인은 손가락을 조정하는 작업 또한 향상시켜 미세한 작업을 가능케 한다.

해설 카페인은 바늘에 실을 꿰거나, 작은 목표물을 맞히거나 다트를 던지는 것 같은 손가락 조정을 하는 작업에 악영향을 미치기도 한다.

153. 커피와 건강과의 관계를 설명한 것이다. 틀린 것은?

① 커피의 카페인은 기관지를 넓혀주고 천식환자들이 숨쉬기 편하게 해준다.

② 카페인이 테오필린처럼 젊은 천식환자들에게 기관지확장제로서 효과가 있다.

정답 149. ③ 150. ④ 151. ③ 152. ④ 153. ③

③ 카페인은 알레르기성 비염을 발생시킬 수 있다.

④ 카페인은 호흡기 근육의 피로를 경감시켜 숨쉬는 것을 쉽게 해 준다.

해설 PliliShapiro에 따르면 약간의 가려움을 느꼈을 뿐 비염이 호전되었다.

154. 오래 전부터 알레르기성 천식에 치료방안으로 쓰였던 커피로 맞는 것은?

① 블랙모카 커피 ② 블루 마운틴 커피

③ 비엔나 커피 ④ 카페 로열

155. 카페인과 임신과의 관계를 설명한 것이다. 틀린 것은?

① 임신 중 적당량의 카페인 섭취는 신생아의 저체중 또는 선천성 기형의 발생 가능성을 증가시키지 않는다는 연구 결과가 있다.

② 커피를 하루 4잔 이상 마시면 임신 가능성이 줄어든다는 연구결과가 있다.

③ 커피가 이처럼 임신 가능성을 감소시키는 것은 카페인 성분 때문이다.

④ 전문가들은 임신 중에만 카페인의 섭취를 제한하면 그 이후 아기에게 아무런 이상이 없다고 발표했다.

해설 전문가들은 카페인이 아기의 뇌 발달에 영향을 미칠 위험을 무시할 수 없기 때문에 모유를 먹이는 산모도 카페인 섭취를 제한해야 한다고 말하고 있다.

156. 커피와 두통과의 관계를 설명한 것이다. 틀린 것은?

① 두통에 커피를 이용하면 큰 부작용이 없다.

② 카페인은 뇌혈관을 넓혀 두통을 없애준다.

③ 두통 해소에 커피는 쉽고 간편하게 이용할 수 있는 방법이다.

④ 두통이란 혈관이 팽창하면서 머리 부분의 신경을 눌러 발생하는 것이다.

해설 커피는 적당량의 카페인으로 큰 부작용없이 뇌혈관을 좁혀 주어 두통을 없애 주고, 머리를 맑게 해 준다.

157. 커피와 수면과의 관계를 설명한 것이다. 틀린 것은?

① 카페인은 잠이 들기까지 걸리는 시간, 입면(入眠) 시간을 연장시킨다.

② 연구 결과는 뇌파의 변화와 카페인과는 직접적인 영향이 없었다.

③ EEG수치 변화는 깊은 수면을 취하지 못한다는 것을 의미한다.

④ 카페인은 숙면을 방해하여 총 수면 시간을 감소시킨다.

해설 수많은 연구 결과 카페인에 의해 뇌파가 변화한다고 밝혀졌다.

정답 154. ① 155. ④ 156. ② 157. ②

158. 커피가 담석증의 발병 가능성을 감소시키는 이유로 틀린 것은?

① 카페인이 담석이 발생하지 않도록 혈관을 수축시키기 때문이다.
② 카페인이 콜레스테롤이 담석으로 굳어지지 않도록 하기 때문이다.
③ 우리 몸의 신진대사를 증가시켜 지방축적을 낮추기 때문이다.
④ 담석 형성을 진행시키는 분비물의 흡수를 낮추는 역할을 수행하기 때문이다.

159. 커피에 곁들이는 재료 중 다이어트에 가장 도움이 되지 않는 것은?

① 각설탕　② 프림　③ 시럽　④ 계피

160. 커피가 다이어트를 돕는 이유를 설명한 것이다. 바르지 않는 것은?

① 지방을 분해하고 이뇨작용을 활발하게 하기 때문이다.
② 혈액순환을 원활하게 하고 쓸모없는 노폐물을 몸 밖으로 배출해주기 때문이다.
③ 커피가 혈관을 확장시켜 신진대사를 더디게 하기 때문이다.
④ 인체의 에너지 소비량을 10% 증가시키기 때문이다.

해설 커피는 혈관을 수축시키는 작용을 하기 때문에 신진대사를 증가시켜 다이어트의 효과가 있다.

161. 유기농 커피로 관장을 함으로써 체중을 감량시키는 요법을 무엇이라 하는가?

① 추나요법　② 킬레이션 요법　③ 거슨요법　④ 흡입요법

해설 유기농 야채즙과 곡식으로 구성된 무염식이와 제독을 위한 커피관장을 큰 특징으로 하는 요법이 거슨요법이다.

162. 커피관장이 다이어트에 도움이 되는 이유를 설명한 것이다. 틀린 것은?

① 커피관장을 함으로써 체내에 축적된 각종 독소들이 빠져나가기 때문이다.
② 커피의 풍부한 무기물질과 독특한 성분들이 지방분해를 도와주기 때문이다.
③ 커피관장이 지방분해에 뛰어난 효과를 내는 것은 팔미테이트와 카페인 성분 때문이다.
④ 카페인을 많이 마시면 담즙이 분비되는 것을 도와주어 지방을 효과적으로 분해하기 때문이다.

해설 카페인은 많이 마시면 해롭지만 직장을 통해 간으로 바로 흡수되면 담즙이 분비되는 것을 도와주기 때문에 지방을 효과적으로 분해시킨다.

정답 159. ① 160. ② 161. ③ 162. ④

163. 다이어트에 도움이 되는 커피의 팔미테이트 성분이 가지는 기능을 바르게 설명한 것은?

① 해독기능을 가진 효소들을 활성화시키는 성질 때문이다.
② 생리대사 기능을 활발하게 하기 때문이다.
③ 운동에너지를 증가시키기 때문이다.
④ 우리 몸의 근육을 성장시키기 때문이다.

164. 커피관장법에 관한 설명이다. 바르지 못한 것은?

① 힘들게 굶지 않고 지방을 분해함으로 요요현상 없는 다이어트법이다.
② 장을 깨끗이 씻어내므로 변비가 없어진다.
③ 독소가 몸 밖으로 배출되므로 여드름이나 기미 등의 피부 트러블이 없어진다.
④ 혼자서도 손쉽게 할 수 있으나 통증이 있다는 것이 단점이다.

165. 커피의 분쇄시점과 분쇄입도와 산패와의 관계이다. 바르지 못한 것은?

① 분쇄된 커피는 공기와의 접촉면이 많아지므로 빠르게 산패가 진행된다.
② 분쇄된 커피는 내부에 남아 있었던 탄산가스와 휘발성 향의 방출로 빠르게 진행된다.
③ 분쇄커피에 비해 원두커피가 그 신선도 유지기간이 짧다.
④ 커피를 추출하기 직전에 분쇄해야 신선도의 유지에 도움이 된다.

해설 원두상태의 커피에 비해 분쇄커피는 그 신선도 유지기간이 1/4 미만인 것으로 알려져 있다.

166. 커피의 유통기한에 관한 설명이다. 틀린 것은?

① 커피 선진국일수록 출고에서 소비자에게 전달되는 기간이 매우 짧다.
② 유통기한이란 그 신선도와 그에 따른 맛까지도 보장하는 기한이다.
③ 우리나라에서 커피의 유통기간은 제조자가 정하도록 되어 있다.
④ 우리나라의 경우 1년이나 2년으로 표기하는 경우가 많다.

해설 식품으로서의 가치와 안전성을 인정받을 수 있는 최소한의 품질상태일 뿐 신선도와 그에 따른 맛까지도 보장하는 기한이 아니다.

167. 우리나라 커피의 유통기간에 관한 설명이다. 바르지 못한 것은?

① 커피의 유통기간을 제조자가 정한다.
② 1년이나 2년으로 표기하는 경우가 많다.

정답 163. ① 164. ④ 165. ③ 166. ② 167. ③

③ 제조일자에 대한 엄격한 기준 시점이 적용되고 있다.

④ 일반적으로 포장이 완료된 시점을 제조일자로 하고 있다.

해설 우리나라의 경우 제조일자에 대한 엄격한 기준 시점이 없다.

168. 커피의 신선도에 영향을 주는 요소가 아닌 것은?

① 산소 ② 온도 ③ 압력 ④ 습도

해설 커피의 신선도는 산소와의 접촉정도에 따라 가장 큰 영향을 받고, 기타 보관 시의 주변 온도와 습도에 따라 영향을 받는다.

169. 커피의 신선도에 영향을 주는 성분으로 바르게 묶인 것은?

㉠ 산소	㉡ 부피	㉢ 습도	㉣ 압력

① ㉠, ㉡ ② ㉡, ㉢ ③ ㉢, ㉣ ④ ㉠, ㉢

170. 커피를 볶으면 지속적으로 어떤 물질이 방출되어 커피에 산소 침투를 막는다. 그 물질로 옳은 것은?

① CO_2 gas ② CH_4 gas ③ NO_2 gas ④ SO_2 gas

해설 커피를 볶은 후부터 지속적으로 CO_2 gas가 방출되는데 CO_2 gas는 커피로 침투하는 산소를 차단하는 역할을 한다.

171. 커피를 볶을 때 방출되는 CO_2 gas의 역할로 옳은 것은?

① 커피 속의 온도를 일정하게 유지하는 역할을 한다.

② 커피로 침투하는 습도를 차단하는 역할을 한다.

③ 커피로 침투하는 산소를 차단하는 역할을 한다.

④ 커피가 분쇄되지 않도록 커피 내부의 압력을 조절한다.

해설 CO_2 gas는 커피로 침투하는 산소를 차단하는 역할을 한다.

172. 원두 상태의 커피가 가루 상태의 커피보다 향이 월등히 오래가는데 그 이유로 옳은 것은?

① 원두 상태가 공기와 접촉하는 면이 적어지기 때문이다.

② 가루 상태가 습기 침투 가능성이 적어지기 때문이다.

③ 가루 상태는 일정 온도를 유지할 수 없기 때문이다.

정답 168. ③ 169. ④ 170. ① 171. ③ 172. ①

④ 원두 상태가 보관이 용이하기 때문이다.

해설 원두 상태의 커피는 가루 상태보다 공기 접촉면이 적어 향이 훨씬 오래 간다.

173. 커피의 신선도를 유지하는 방법이다. 틀린 것은?

① 2주 이내에 사용할 커피는 잘 밀봉하여 신선하고 어두운 곳에 보관한다.
② 커피 원두를 소량으로 구입하여 며칠 이내에 소비하는 것이다.
③ 커피생산자는 대량포장으로 커피를 공급하도록 해야 한다.
④ 일단 개봉된 커피는 최대한 빠른 시일 내에 소진한다.

해설 커피생산자는 소량포장으로 커피를 공급하도록 해야 한다.

174. 커피의 보관방법을 열거한 것이다. 바르지 않는 것은?

① 일단 개봉된 커피봉투는 공기를 최대한 뺀 후 개봉 부위를 테이프로 막고 꼭꼭 접어 보관하는 것이 좋다.
② 지퍼백의 경우 공기를 최대한 빼낸 후 지퍼를 닫고 나머지 부분은 접어서 보관한다.
③ 실온상태로 그늘이 지고 서늘하면서 바람이 잘 통하는 장소에 보관한다.
④ 장기간 보관할 경우에는 냉장 보관한다.

해설 장기간 보관할 경우에는 냉동 보관한다.

175. 일반적인 커피 보관방법에 관한 설명이다. 바르지 못한 것은?

① 커피는 보관 기간에 따라 냉동과 냉장보관으로 구분한다.
② 장기간 보관할 경우에는 냉동 보관을, 단기간 보관할 경우에는 냉장 상태로 보관하는 것이 좋다.
③ 밸브봉투에 담긴 분쇄커피인 경우 통풍을 위하여 밸브 구멍부위에 작은 통로를 만들면 좋다.
④ 냉동 · 냉장 보관한 커피를 사용할 때에는 밀폐된 커피 용기를 꺼내어 실내온도와 같아지게 한 뒤에 개봉하여 사용하는 것이 좋다.

해설 밸브봉투에 담긴 분쇄커피인 경우에는 구입 즉시 밸브 구멍부위를 테이프로 밀봉하는 것이 좋다. 밸브를 통해 공기가 유입되어 커피의 산패를 촉진시킬 수 있기 때문이다.

176. 커피 보관을 위해 사용하는 밀폐용기에 관한 설명이다. 바르지 못한 것은?

① 밀폐용기에서 커피가 신선도를 유지하려면 용기 속에 커피가 가득 차 있어야 한다.

정답 173. ③ 174. ④ 175. ③ 176. ③

② 밀폐용기 내의 여유 공간이 있더라도 커피가 내뿜은 탄산가스와 향이 가득 차 있어 산패지연과 향 보존에 어느 정도의 역할을 한다.

③ 밀폐용기를 사용하려면 플라스틱으로 된 것이 좋다.

④ 밀폐용기는 습기의 유입을 막아 커피의 산패를 늦추는 효과가 있으나 소비자의 기대치만큼의 효과를 기대하기는 어렵다.

해설 밀폐용기를 사용하려면 도자기로 된 것이 좋다. 플라스틱으로 된 것은 향과 기름을 흡수하기 때문에 시간이 지나면 나쁜 냄새가 난다.

177. 일반적인 커피의 보관과 사용에 관한 설명이다. 틀린 것은?

① 차가운 커피를 바로 개봉하여 그대로 두면 이슬이 맺혀 커피 맛의 변질을 가속화시킨다.

② 커피숍은 판매량이 많아 1kg 이상 많은 양을 포장 보관하고 개봉하여 판매하는 것이 좋다.

③ 그라인더의 용량이 크더라도 한두 시간 정도의 커피 사용량만을 넣고 사용하는 것이 좋다.

④ 포장 단위는 반드시 커피의 신선도를 고려해야 한다.

해설 하루에 1~2kg 정도의 커피를 사용하는 에스프레소 커피숍이더라도 500g을 초과하는 포장단위는 좋지 않다.

178. 커피의 보관과 사용에 관한 설명이다. 바르지 못한 것은?

① 차가운 분쇄커피는 그대로 사용해야 커피의 맛과 향을 제대로 끌어낼 수 있다.

② 냉동 · 냉장 보관하는 방법은 갓 볶은 신선한 커피이어야 의미가 있다.

③ 볶은지 2주 이상 경과된 커피는 냉동 · 냉장 보관하더라도 효과가 없다.

④ 포장봉투는 가능한 한 여유 공간이 없어야 한다.

해설 차가운 분쇄커피를 그대로 사용하면 뜨거운 물을 부을 때 추출온도가 낮아져서 커피의 맛과 향을 제대로 끌어낼 수 없게 된다.

179. 커피의 보관법 중 봉투를 이용하고자 할 때 바르지 못하게 설명한 것은?

① 포장봉투에 커피를 담은 후 가능한 공기를 모두 빼내고 밀봉해야 한다.

② 봉투가 내용물에 비해 너무 크면 좋지 않다.

③ 일단 개봉되었던 커피라고 하더라도 밀봉만 튼튼히 하면 처음과 같은 향과 맛이 유지된다.

④ 봉투 안의 여유 공간을 최소화하는 것이 좋다.

정답 177. ② 178. ① 179. ③

해설 일단 개봉되었던 커피는 아무리 밀봉을 잘해도, 다시 개봉하였을 때 처음 때와 같은 풍부한 커피향을 결코 느낄 수 없다.

180. 커피의 신선도를 결정하는 가장 중요한 시점은 언제인가?

① 상품으로 포장된 시점
② 로스팅 시점
③ 커피를 구입하여 보관하는 시점
④ 커피의 추출 시점

181. 커피의 신선도에 관한 설명이다. 바르지 못한 것은?

① 전기 커피메이커에 오래 두고 데워 마시는 것은 좋지 않다.
② 추출된 커피는 20분 이내에 마시는 것이 맛과 향이 살아 있는 커피를 즐기는 방법이다.
③ 커피메이커의 열판 위에서 20분 이상 경과되면 커피의 맛과 향은 변질되게 된다.
④ 분쇄된 커피의 경우 전기 커피메이커로 추출해 놓고, 열판 위에서 커피를 졸여가면서 마시는 것이 더 좋다.

182. 커피숍에서 신선한 커피를 사용할 수 있는 방법이다. 거리가 먼 것은?

① 로스팅된 지 10일 이내의 커피를 분쇄상태로 구입한다.
② 구입한 커피 원두는 가능한 빨리 소비한다.
③ 커피원두를 밀폐상태로 어둡고 서늘한 곳에서 실온보관한다.
④ 커피를 추출하기 직전에 적정량의 원두만을 분쇄하여 사용한다.

해설 로스팅된지 일주일 이내의 커피를 원두상태로 구입한다.

183. 커피의 산패에 관한 설명이다. 거리가 먼 것은?

① 산패란 유기물이 산화되어 지방산을 발생시키고 그로 인해 맛과 향이 변하는 현상이다.
② 커피가 공기 중의 산소와 접촉하여 산화되면서 그 맛과 향이 변질되는 것을 말한다.
③ 산패란 커피가 변실되는 것으로 부패와 같은 개념이다.
④ 산패에 영향을 미치는 것은 빛, 산소, 습도가 가장 치명적인 것들이다.

해설 산패는 부패와는 조금 다른 개념이다. 부패는 물질 그 자체가 변질되는 현상이지만 산패란 물질은 변질되지 않더라도 산화되어 맛과 향이 변질됨을 말한다.

184. 커피의 산패에 관한 설명이다. 거리가 먼 것은?

① 산패의 관점에서 본다면 생두 상태의 커피는 몇 년 동안도 저장할 수 있다.
② 커피는 로스팅이 되고 나면 매 순간마다 변해간다.

정답 180. ② 181. ④ 182. ① 183. ③ 184. ④

③ 로스팅 시점으로부터 15~20일 정도 경과하면 산패과정에 접어들었다고 할 수 있다.

④ 분쇄상태가 아니고 가공을 거치지 않은 원두상태라면 산패되는 기간이 훨씬 짧아지게 된다.

해설 보관 상태가 미흡하거나 원두상태가 아니고 가공을 거친 분쇄상태라면 산패의 기간은 훨씬 짧아지게 된다.

185. 커피의 산패과정으로 맞는 것은?

① 증발단계 → 성분 간 반응하여 원래 향미 상실 → 내부 성분 변질

② 성분 간 반응하여 원래 향미 상실 → 증발단계 → 내부 성분 변질

③ 증발단계 → 내부 성분 변질 → 성분 간 반응하여 원래 향미 상실

④ 내부 성분 변질 → 증발단계 → 성분 간 반응하여 원래 향미 상실

186. 커피의 산패에 관한 설명이다. 바르지 못한 것은?

① 커피의 산패과정은 생산, 유통, 소비의 모든 단계에 걸쳐 진행된다.

② 커피의 산패는 유통과 소비단계보다는 생산단계에서 더욱 심각하게 진행된다.

③ 커피의 산패를 지연시키기 위해 다양한 포장기술도 개발되었다.

④ 산패 자체를 방지하는 방법은 없다.

187. 커피의 로스팅과 산패에 관한 설명이다. 바르지 못한 것은?

① 강한 로스팅일수록 산패가 빨리 진행된다고 볼 수 있다.

② 강한 로스팅이 다공질 조직이 되며 함수율이 낮다.

③ 함수율이 낮다는 것은 커피가 그만큼 건조함을 의미한다.

④ 원두표면의 기름은 습기를 차단한다.

해설 원두표면의 기름은 습기를 차단한다기보다는 기름기 그 자체가 산소와 접촉하면서 오히려 더 산패를 재촉하게 된다.

188. 우리가 알고 있는 커피의 유통기한에 속하지 않는 것은?

① 생산~건조　② 로스팅~출고　③ 출고~소비자　④ 구매자~사용기간

189. 커피의 유통과정 중 선진국일수록 그 기간이 짧은 것은?

① 생산~건조　② 로스팅~출고　③ 출고~소비자　④ 구매자~사용기간

정답 185. ① 186. ② 187. ④ 188. ① 189. ③

190. 커피의 맛과 향에 관한 설명이다. 바르지 못한 것은?

① 전문가가 아니면 세분화된 커피향의 종류를 식별하는 것은 쉽지 않다.
② 커피의 향은 아로마와 플레버로 구분한다.
③ 아로마는 미각적으로 느끼는 것이고 플레버는 후각적으로 느끼는 것이다.
④ 커피의 맛과 향에는 아로마, 플레버 외에도 바디라는 개념이 있다.

191. 커피의 맛과 향에 관한 용어 중 후각적인 느낌으로 옳은 것은?

① 아로마 ② 플레버 ③ 바디 ④ 블랜드

192. 커피의 맛과 향에 관한 용어 중 맛과 향의 복합적인 느낌으로 옳은 것은?

① 에프터테이스트 ② 플레버 ③ 바디 ④ 블랜드

193. 커피의 맛과 향에 관한 용어 중 미각적인 느낌으로 옳은 것은?

① 비터 ② 플레버 ③ 바디 ④ 더티

194. 커피의 맛과 향에 관한 용어 중 Aftertaste의 의미를 바르게 설명한 것은?

① 커피를 삼킨 후에 입 안에서 지속되는 커피의 맛과 향을 말한다.
② '산미' 라고도 부르며 신맛이라기보다는 새콤한 맛을 뜻한다.
③ 전체적인 향의 뜻으로 향기, 아로마, 플레버, 후미의 총괄적 개념이다.
④ 특별히 어떤 강한 맛이 없는 밋밋하고도 약한 맛의 표현이다.

195. 커피의 맛과 향에 관한 용어 중 Bland의 의미를 바르게 설명한 것은?

① 커피를 삼킨 후에 입 안에서 지속되는 커피의 맛과 향을 말한다.
② '산미' 라고도 부르며 신맛이라기보다는 새콤한 맛을 뜻한다.
③ 전체적인 향의 뜻으로 향기, 아로마, 플레버, 후미의 총괄적 개념이다.
④ 특별히 어떤 강한 맛이 없는 밋밋하고도 약한 맛의 표현이다.

196. 커피의 맛과 향에 관한 용어 중 Bouquet의 의미를 바르게 설명한 것은?

① 중간 정도의 로스팅과정에서 생성되는 버터사탕, 꿀과 같은 종류의 냄새를 표현한다.
② 강한 로스팅 커피에서 느껴지는 탄맛을 뜻한다.
③ 전체적인 향의 뜻으로 향기, 아로마, 플레버, 후미의 총괄적 개념이다.
④ 달콤한 맛과 흡사하며 혀끝에서 살짝 느껴지는 맛이다.

정답 190. ③ 191. ① 192. ② 193. ③ 194. ① 195. ④ 196. ③

197. 커피의 맛과 향에 관한 용어 중 Body의 의미를 바르게 설명한 것은?

① 농도와 비슷한 개념으로 입 안 가득히 느껴지는 느낌이며 진하다, 연하다, 중후하다 등으로 표현된다.
② 흙냄새, 텁텁하고 시큼한 맛, 곰팡이 냄새 등 불쾌한 맛이다.
③ 거칠고 조화롭지 못한 맛이다.
④ 달콤한 맛과 흡사하며 혀끝에서 살짝 느껴지는 맛이다.

198. 커피의 맛과 향에 관한 용어 중 Delicate의 의미를 바르게 설명한 것은?

① 특별히 어떤 강한 맛이 없는 밋밋하고도 약한 맛의 표현이다.
② 흙냄새, 텁텁하고 시큼한 맛, 곰팡이 냄새 등 불쾌한 맛이다.
③ 거칠고 조화롭지 못한 맛이다.
④ 달콤한 맛과 흡사하며 혀끝에서 살짝 느껴지는 맛이다.

199. 커피의 맛과 향에 관한 용어 중 Dirty의 의미를 바르게 설명한 것은?

① 특별히 어떤 강한 맛이 없는 밋밋하고도 약한 맛의 표현이다.
② 흙냄새, 텁텁하고 시큼한 맛, 곰팡이 냄새 등 불쾌한 맛이다.
③ 거칠고 조화롭지 못한 맛이다.
④ 달콤한 맛과 흡사하며 혀끝에서 살짝 느껴지는 맛이다.

200. 커피의 맛과 향에 관한 용어 중 Mild의 의미를 바르게 설명한 것은?

① 농도와 비슷한 개념으로 입 안 가득히 느껴지는 느낌이며 진하다, 연하다, 중후하다 등으로 표현된다.
② 흙냄새, 텁텁하고 시큼한 맛, 곰팡이 냄새 등 불쾌한 맛이다.
③ 쓴맛, 신맛, 단맛, 향미 등 전체적인 커피의 느낌이 부드럽고 조화를 이루는 맛의 표현이다.
④ 생두 자체가 품고 있었던 냄새성분으로 약하게 로스팅되었을 때 강조되는 향이다.

201. 커피의 맛과 향에 관한 용어 중 Rich의 의미를 바르게 설명한 것은?

① 주로 커피를 삼킬 때 느껴지는 고소한 향미로 땅콩 같은 볶은 견과류에서 느껴지는 냄새다.
② 맛과 향, 후미 등 커피의 느낌을 평가하는 전체적인 부분에 사용되며 그 맛과 향이 진하고 풍부할 때 사용된다.

정답 197. ① 198. ④ 199. ② 200. ③ 201. ②

③ 혀에서 느껴지는 날카로우면서도 소금기가 있는 듯한 메마른 느낌을 표현한다.
④ 생두 자체가 품고 있었던 냄새성분으로 약하게 로스팅되었을 때 강조되는 향이다.

202. 커피의 맛과 향에 관한 용어 중 Dry-Aroma의 의미를 바르게 설명한 것은?

① 농도와 비슷한 개념으로 입 안 가득히 느껴지는 느낌이며 진하다, 연하다, 중후하다 등으로 표현된다.
② 흙냄새, 텁텁하고 시큼한 맛, 곰팡이 냄새 등 불쾌한 맛이다.
③ 로스팅된 커피원두로부터 기체상태로 발산되는 향기를 의미한다.
④ 달콤한 맛과 흡사하며 혀끝에서 살짝 느껴지는 맛이다.

203. 커피의 맛과 향에 관한 용어 중 Cup-Aroma의 의미를 바르게 설명한 것은?

① 로스팅된 커피원두로부터 기체상태로 발산되는 향기를 의미한다.
② 커피의 기본적인 맛은 극단적으로 말하면 쓴맛이 강약과 질에 있다고 할 수 있다.
③ 전체적인 향의 뜻으로 향기, 아로마, 플레버, 후미의 총괄적 개념이다.
④ 추출된 커피로부터 증발되는 향기를 의미하며 모두 후각으로 느끼는 느낌이다.

204. 커피의 맛과 향, 로스팅의 관계를 설명한 것이다. 틀린 것은?

① 로스팅의 강약 정도는 추출된 커피의 맛과 향에 결정적인 영향을 미친다.
② 숙련된 커피 로스터는 맛과 향을 미리 예측하고 로스팅의 정도를 결정해야 한다.
③ 같은 종류의 원두는 로스팅의 정도와 방법도 같게 해야 한다.
④ 블랜드 커피를 로스팅할 경우 원두별 맛과 향의 정도를 어떻게, 어느 정도에서 조화시킬 것인가까지 계산해야 한다.

해설 같은 원두일지라도 어떤 맛과 향을 목적하느냐에 따라 로스팅의 정도가 달라진다.

205. 커피와 함께하는 물에 관한 설명이다. 바르지 못한 것은?

① 커피음료는 99%가 물로 이뤄져 있다.
② 수돗물은 염소소독으로 인하여 냉동시켰다가 해동하여 사용하는 것이 좋다.
③ 수돗물의 염소냄새를 완전히 제거할 수 없을 경우에는 정수기를 설치하는 것이 좋다.
④ 물탱크의 물은 일단 저장해 놓았다가 사용하는 것이 좋다.

해설 수돗물은 소독 과정에 사용된 염소에서 강한 냄새가 있기 때문에 언제나 끓여서 사용해야 한다.

정답 202. ③ 203. ④ 204. ③ 205. ②

206. 커피를 맛있게 마시는 방법에 관한 설명이다. 바르지 못한 것은?

① 연수보다는 광물질이 섞인 경수를 사용하는 것이 좋다.
② 물의 온도는 섭씨 85도~95도가 최적이다.
③ 물과 커피의 배합비는 인스턴트 커피의 경우 1인분에 커피 1.5g~ 2g정도가 적당하다.
④ 커피에 크림을 넣는 경우 설탕을 먼저 넣고 저은 다음에 넣는다.

해설 광물질이 섞인 경수보다는 연수가 적당하다.

207. 커피를 맛있게 마시는 방법에 관한 설명이다. 바르지 못한 것은?

① 레귤러 커피의 경우 10g 내외의 커피를 130~150cc의 물을 사용하여 100cc를 추출하는 것이 좋다.
② 커피를 잔에 따랐을 때의 최적온도는 66℃ 내외가 되면 좋다.
③ 커피에 크림을 넣는 경우 설탕과 함께 넣어 저으면 된다.
④ 커피는 다시 데우지 말고 그때그때 마실 만큼만 만든다.

해설 커피에 크림을 넣는 경우, 액상 또는 분말 어느 경우에도 설탕을 먼저 넣고 저은 다음에 넣는다.

208. 커피를 맛있게 마시는 방법에 관한 설명이다. 바르지 못한 것은?

① 커피맛과 향을 완벽하게 얻기 위해 가장 짧은 시간에 추출한다.
② 한 번 걸러낸 원두는 재사용하지 않도록 한다.
③ 커피메이커에 알맞은 굵기로 원두를 갈도록 한다.
④ 냄새가 나는 물은 사용하지 않는다.

해설 커피맛과 향의 완벽한 추출을 위해서는 충분한 시간이 필요하다. 맛과 향이 담긴 섬유조직이 팽창되고 와해되어야만 하기 때문이다.

209. 커피를 맛있게 마시기 위한 여러 온도에 관한 설명 중 바르지 못한 것은?

① 물의 온도는 섭씨 85℃~95℃가 최적이다.
② 물의 온도가 100℃가 넘으면 카페인이 변질된다.
③ 물의 온도가 70℃ 이하이면 독특한 에스프레소 커피의 맛이 살아난다.
④ 커피향은 86℃의 온도에서 가장 잘 유지된다.

해설 물의 온도 70℃ 이하에서는 타닌의 떫은 맛이 난다.

정답 206. ① 207. ③ 208. ① 209. ③

210. 커피에 크림을 넣는 경우에 관한 설명이다. 틀린 것은?

① 설탕을 먼저 넣고 저은 다음에 크림을 넣는다.
② 커피의 온도가 85℃ 이하로 떨어진 후에 크림을 넣어야 한다.
③ 고온의 커피에 넣으면 크림의 단백질이 걸죽한 형태로 응고되는 현상이 나타난다.
④ 설탕을 먼저 넣고 저은 다음에 크림을 넣는 것은 분말커피에는 해당되지 않는다.

해설) 액상 또는 분말 어느 경우에도 설탕을 먼저 넣고 저은 다음에 넣는다.

211. 커피와 함께하면 좋은 식품 중 일반적으로 가장 잘 어울리는 식품으로 옳은 것은?

① 초콜릿 ② 버터 ③ 우유 ④ 술

212. 커피에 우유를 넣는 경우에 관한 설명이다. 틀린 것은?

① 커피와 가장 잘 어울리는 식품은 우유다.
② 커피의 단점이 우리 몸의 비타민을 파괴하는데 우유가 이를 보완해 준다.
③ 커피에 우유를 넣어 마시는 유명한 카페오레도 원래 의료용으로 개발되었다.
④ 부드러운 커피의 맛이 나고, 우유의 유당으로 단맛까지 난다.

해설 커피의 단점 중 하나는 칼슘의 일부를 소변으로 배출시키는 것인데 우유에는 칼슘 함량이 높아 커피의 부족분을 채워줄 수 있다.

213. 커피에 크림을 넣는 경우에 관한 설명이다. 바르지 못한 것은?

① 우유를 사용하면 수분이 많아 커피를 많이 희석시키기 때문에 크림을 많이 사용한다.
② 분말크림은 지방 함량이 매우 높기 때문에 다이어트 시 피해야 할 품목이다.
③ 분말크림은 인스턴트 커피와 잘 어울린다.
④ 액상크림은 원두커피와는 잘 어울린다.

해설 액상크림은 동물성크림으로 지방 함량이 매우 높기 때문에 다이어트를 하는 사람에게는 피해야 할 품목이다.

214. 식품위생은 음식물과 관련 있는 비위생적인 요소를 제거해야 하는데 그 요소가 아닌 것은?

① 첨가물 ② 기구 ③ 용기 ④ 업장 외부

해설 업장 외부가 아닌 포장이다.

정답 210. ④ 211. ③ 212. ② 213. ② 214. ④

215. 세균이 생존 · 증식하기 위한 필수 조건이 아닌 것은?

① 수분 ② 영양 ③ 토양 ④ 온도

216. 다음은 어떤 식중독에 대한 설명인가?

> 사람이 균을 가지고 있을 때 식품을 오염시킬 수도 있고, 때로는 닭고기나 달걀 등에 처음부터 균이 존재하는 경우도 있으며, 병에 걸린 동물의 분변이 식품에 오염되는 경우도 있다.

① 장염비브리오 식중독 ② 살모넬라 식중독
③ 웰치균 식중독 ④ 포도상구균 식중독

217. 포도상구균 식중독의 독소는?

① 엔테로톡신 ② 삭시톡신 ③ 뉴로톡신 ④ 테트로도톡신

218. 다음은 무엇에 대한 설명인가?

> 식품관리자들에게 잠정적인 위험요인을 사전에 알려주어 즉각적인 조치를 취할 수 있도록 고안된 품질관리를 위해 예방체계로 미생물적인 관리에 역점을 두고 있다. 쥐, 파리, 바퀴벌레 등에 의해 식품에 오염된다.

① HAOOP ② HATSL ③ HACCP ④ HECCO

219. 커핑 시 일반적으로 몇 온스의 컵을 사용하는가?

① 1온스 ② 2온스 ③ 4온스 ④ 6온스

220. 커핑 시 후각평가 항목이 아닌 것은?

① 원두의 향 ② 분쇄 커피의 향
③ 입속에 퍼지는 커피 향 ④ 바디감

221. 감칠맛이 많이 느껴지는 커피품종은?

① 케냐 ② 콜롬비아 ③ 블루 마운틴 ④ 코스타리카

222. 덜 볶은 콩이나 오래 추출한 커피에서 발생하는 맛은?

① 떫은 맛 ② 쓴맛 ③ 거친 맛 ④ 단맛

정답 215. ③ 216. ② 217. ① 218. ③ 219. ④ 220. ④ 221. ③ 222. ①

223. 커핑 물붓기를 할 때 적정 물온도는?

① 70~75℃ ② 75~80℃ ③ 83~87℃ ④ 93~95℃

224. SCAA 컵핑 평가에서 가루상태의 냄새를 나타내는 것은?

① Fragrance ② Aroma ③ Flavor ④ Aftertaste

225. 에스프레소 커피를 중심으로 하는 높은 수준의 커피에 대한 경험과 지식을 가지고, 커피의 종류와 에스프레소, 품질, 종류, 로스트 정도, 장비의 관리, 라떼 아트 등의 커피에 대한 지식을 바탕으로 숙련된 커피를 만들어 내는 사람을 무엇이라고 하는가?

① 바리스타 ② 로스터 ③ 바르멘 ④ 웨이터

226. "커피는 악마와 같이 검고, 지옥과 같이 뜨거우며, 천사와 같이 순수하고, 키스처럼 달콤하다…"라고 한 프랑스 작가는?

① 키넨 ② 막스마라 ③ 돈키호테 ④ 타테랑

227. 포터필터를 장착하는 곳은?

① 그룹헤드 ② 개스킷 ③ 도징 ④ 넉 박스

228. 더블과 같은 뜻으로 사용되는 것은?

① 리스트레또 ② 에스프레소 ③ 원샷 ④ 도피오

229. 커피에서 좀 저자극적인 맛이 나도록 하기 위해 커피를 습기가 많은 온도에서 장시간 둠으로써 열매를 숙성시키는 것으로 이것을 '숙성된 커피(aged coffee)'라고 부르는 것은?

① 케냐 ② 모카자바 ③ 몬수닝 ④ 마키아또

230. 커피에 휘핑한 크림을 넣어서 부드럽게 마시는 오스트리아 빈 도시의 전통 커피는?

① 비엔나 ② 캐러멜 마키아또
③ 프라프치노 ④ 카페오레

정답 223. ④ 224. ① 225. ① 226. ④ 227. ① 228. ④ 229. ③ 230. ①

231. 오스트리아 빈에서 오후 3시에서 5시 사이에 커피를 마시는 시간은 무엇이라고 하는가?

① 슈파르제 ② 아우스 레인 ③ 아우스 바인 ④ 야우제

232. 에스프레소의 표면에 떠 있는 황금색의 거품을 무엇이라고 하는가?

① 크레마 ② 크레송 ③ 프리마 ④ 크레이어

233. 에스프레소 추출 시 분쇄 후 포타필터의 상단부분을 두드려서 원두를 고르는 단계를 무엇이라고 하는가?

① 태핑 ② 탬핑 ③ 추출 ④ 블랜드

234. 에스프레소 추출 시 분쇄 후 원두를 다지는 단계를 무엇이라고 하는가?

① 태핑 ② 탬핑 ③ 분쇄 ④ 혼합

235. 에스프레소 추출 시 두 잔을 추출하려면 몇 g의 원두가 필요한가?

① 5g ② 8g ③ 10g ④ 15g

236. 1차 탬핑 시 가하는 힘의 무게는?

① 2~3kg ② 5kg ③ 7kg ④ 10kg

237. 에스프레소에 관한 설명이다. 바르지 않는 것은?

① Espresso란 빠르다는 에티오피아어에서 나온 말이다.
② 커피메이커나 드립퍼로는 에스프레소를 만들기 힘들다.
③ 제대로 추출된 에스프레소는 우선 양이 적고 맛이 매우 진하다.
④ 에스프레소에는 크레마라는 황금색 크림층이 윗부분에 형성된다.

해설) Espresso란 빠르다는 이탈리아어에서 나온 말이다.

238. 에스프레소에 관한 설명이다. 바르지 않는 것은?

① 드립식에 비해 에스프레소의 추출이 1~2분 정도 훨씬 느리다.
② 약 9기압 정도의 증기를 투과시켜 추출한다.
③ 크레마가 에스프레소의 맛을 좌우한다 해도 과언이 아니다.

정답 231. ④ 232. ① 233. ① 234. ② 235. ④ 236. ① 237. ① 238. ①

④ 에스프레소는 그냥 마셔도 커피 고유의 향과 감칠맛이 난다.

해설 드립식(1~2분)에 비해 에스프레소의 추출은 20초 정도 훨씬 빠르다.

239. 에스프레소에 관한 설명이다. 바르지 않는 것은?

① 에스프레소의 진정한 매력은 짙은 감칠맛과 폭발적인 향에 있다.
② 에스프레소의 맛과 향은 원두의 단백질 성분 때문이다.
③ 휘발성 향은 에스프레소로 만들어지면서 공기 중으로 방출된다.
④ 이탈리아에서는 에스프레소에 아무것도 첨가하지 않은 채 그대로 마신다.

해설 에스프레소의 맛과 향은 원두의 지방성분 때문이다.

240. 에스프레소의 크레마(crema)에 관한 설명이다. 틀린 것은?

① 크레마는 에스프레소를 추출하는데 있어 가장 중요한 요소이다.
② 크레마는 에스프레소의 품질을 시각적으로 판단할 수 있는 기준이 된다.
③ 영어로 프리마라는 뜻이다.
④ 크레마는 처음 추출될 때는 짙은 갈색이다.

해설 영어로 크림이란 뜻

241. 에스프레소의 크레마(crema)에 관한 설명이다. 틀린 것은?

① 크레마는 시간이 지나면서 점점 엷은 갈색으로 변한다.
② 가장 좋은 상태의 크레마는 갈색띠가 3~4mm 정도 형성된 것이다.
③ 좋은 상태의 크레마는 표면에는 호랑이 줄무늬가 형성된다.
④ 크레마는 처음 추출될 때는 섞은색에 가깝다.

해설 크레마는 처음 추출될 때는 짙은 갈색이다.

242. 에스프레소 기계 중 보일러에 물이 얼마나 들어 있는가를 표시해 주는 것은?

① 압력 게이지 ② 분산스크린 ③ 스팀노즐 ④ 워터 레벨 게이지

243. 에스프레소 기계 중 스팀과 물의 압력레벨을 표시해 주는 장치는?

① 워터노즐 ② 압력 게이지 ③ 개스킷 ④ 포타필터

244. 에스프레소 기계 중 분산 스크린(디퓨져)의 역할은?

① 추출할 때 고온 · 고압의 물이 새지 않도록 차단하는 역할을 한다.

정답 239. ② 240. ③ 241. ④ 242. ④ 243. ② 244. ②

② 바스켓필터의 커피에 물이 고르게 분배되도록 해준다.
③ 에스프레소에 필요한 적절한 온도로 가열하고 저장하는 역할을 한다.
④ 보일러에 물이 얼마나 들어 있는가를 표시하는 역할을 한다.

245. 에스프레소 기계 중 개스킷의 역할은?

① 필터홀더에 커피를 담아 눌러줄 때 사용하는 역할을 한다.
② 원두를 분쇄하는 역할을 한다.
③ 추출할 때 고온 · 고압의 물이 새지 않도록 차단하는 역할을 한다.
④ 바스켓필터의 커피에 물이 고르게 분배되도록 해준다.

246. 에스프레소 기계 중 에스프레소에 필요한 적절한 온도로 가열하고 저장하는 역할을 하는 장치는?

① 보일러 ② 개스킷 ③ 분산스크린 ④ 그라인더

247. 에스프레소 기계 중 탬퍼를 설명한 것으로 바른 것은?

① 바스켓필터, 블랭크필터로 구성
② 필터홀더에 커피를 담아 눌러줄 때 사용하는 도구
③ 회전하는 2개의 날로 이루어짐
④ 디퓨저라고도 함

248. 에스프레소 기계 중 원두를 분쇄하는데 사용하는 기계는?

① 보일러 ② 개스킷 ③ 분산스크린 ④ 그라인더

249. 에스프레소 추출 시 분쇄에 관한 설명이다. 바르지 않는 것은?

① 입자의 크기는 0.5mm 정도가 좋다.
② 원두를 미세하게 분쇄해야 한다.
③ 그라인더는 숫자가 낮을수록 굵기가 굵어진다.
④ 입자가 너무 고우면 쓴맛이 강한 커피가 된다.

해설 일반적으로 그라인더는 숫자가 낮을수록 굵기가 가늘어지며 숫자가 높을수록 굵어진다.

250. 에스프레소 머신기구를 이용할 경우 한잔에 들어가는 일반적인 커피의 양으로 바른 것은?

① 4.5g~5.5g ② 6g~7g ③ 8g~9g ④ 9g~10g

정답 245. ③ 246. ① 247. ② 248. ④ 249. ③ 250. ②

251. 다음은 탬핑에 관한 설명이다. 바르지 않는 것은?

① 탬핑이란 필터홀더에 커피를 담아 꾹꾹 눌러 다지는 작업을 말한다.
② 커피가 단단하게 눌리면 그만큼 향이 충분하게 우러난다.
③ 필터 주위에 원두가루가 묻지 않도록 주의해야 한다.
④ 원두가 묻었을 경우에는 반드시 닦아주어야 하지만 균형은 중요하지 않다.

252. 에스프레소 커피의 추출량에 대한 설명이다. 바르지 못한 것은?

① 사용되는 커피의 양은 보통 드립커피를 만들 때 양의 2/3이다.
② 드립식보다 물을 훨씬 많이 넣는다.
③ 에스프레소 커피는 약 1oz 즉, 30㎖를 기본 추출량으로 한다.
④ 추출량을 초과하여 커피를 추출하면 맛과 향이 떨어진다.

해설 드립식보다 물을 훨씬 적게 넣는다.

253. 에스프레소 추출 시 너무 진한 크레마(Dark Crema)가 추출되었다. 원인이 될 수 없는 것은?

① 물의 온도가 95℃보다 높은 경우
② 펌프압력이 기준압력보다 낮은 경우
③ 포타필터의 구멍이 너무 큰 경우
④ 물공급이 제대로 안 되는 경우

254. 에스프레소 머신의 일일 점검사항이 아닌 것은?

① 보일러 압력 ② 물의 온도 체크
③ 개스킷의 마모상태 ④ 분사홀더의 세척상태

255. 에스프레소 머신에 장착되는 순서대로 위로부터 나열된 것은?

A : Filter	B : Shower	C : Filter Holder
D : Shower Support	E : Gasket	

① E - B - D - A - C ② D - B - A - C - E
③ E - D - B - A - C ④ E - C - A - D - B

정답 251. ④ 252. ② 253. ③ 254. ③ 255. ③

256. 커피 위에 앉은 우유거품의 모습이 이탈리아 카푸친 수도회의 수도사 머리를 감추기 위해 쓴 모자와 비슷하다고 하여 붙여진 이름은?

① 카푸치노　② 프라프치노　③ 룽고　④ 카페라떼

257. 영어의 마크(Mark)와 같은 어원으로 이탈리아어인데 '점을 찍다', '표시를 하다' 등의 뜻을 가진 커피는?

① 비엔나　② 카페오레　③ 프라프치노　④ 마키야또

258. 비엔나 커피를 응용해서 만든 휘핑크림 위에 정열적인 붉은색 체리를 올려 보기에 화려하고 맛은 상큼한 커피는?

① 카페 플라멩코　② 러시안 커피　③ 스페인 커피　④ 카페라떼

259. 물 대신 커피 추출액으로 홍차를 우려내 홍차와 커피의 향을 함께 즐길 수 있는 커피는?

① 카페커피　② 티 카페　③ 스노우 커피　④ 버터커피

260. 위스키가 들어간 커피로 컵의 입술이 닿는 부문에 레몬즙과 입자가 굵은 설탕을 묻히는 커피는?

① 커피슈가　② 커피샤워　③ 커피 밀크 세이크　④ 커피 플로트

261. 아이스커피와 브랜디, 카카오 향이 같이 어우러져 가장 전통적인 분위기를 내는 커피는?

① 아이리쉬 커피　② 커피 플로트　③ 커피 알렉산더　④ 커피 프로스티

정답 256. ① 257. ④ 258. ① 259. ② 260. ② 261. ③

바리스타 출제예상문제

01. 다음은 커피의 품종에 관하여 설명한 것이다. 바르게 연결된 것은?

> 세계에는 60여 종의 커피가 있는데, 그 중 가장 많이 재배되고 있는 것이 (㉠)종과 (㉡)종이다. (㉠)종은 전 세계 커피 생산의 약 75%를 차지하며, 아로마(aroma), 바디(body), 부드러움(smooth), 새콤함(acidity), 초콜릿 맛(chocolate taste)이 다른 종에 비해 풍부하다. (㉡)종은 강한 생명력을 가진 품종으로서 병의 저항력이 강하고, 거칠고(harsh), 쓴맛(bitter)이 강하며, 대부분 인스턴트 커피에 많이 사용된다.

① ㉠ - 아라비카, ㉡ - 로부스타　② ㉠ - 아라비카, ㉡ - 리베리카
③ ㉠ - 리베리카, ㉡ - 로부스타　④ ㉠ - 로부스타, ㉡ - 아라비카

02. 커피의 과실을 형태학적으로 분류하면 무엇인가?

① 핵과 (核果)　② 견과 (堅果)　③ 장과 (漿果)　④ 건과 (乾果)

03. 생두를 얻기 위해 커피 과육에서 껍질을 벗겨내는 가공 방식에 해당하지 않는 것은?

① 세미 워시드　② 세척법　③ 자연건조법　④ 자연가공법

04. 탬핑을 하는 가장 큰 이유는 ?

① 물이 통과할 때 균일한 커피 표면 유지를 위해
② 필터에 커피를 고르게 채우기 위해
③ 두꺼운 크레마를 얻기 위해
④ 물과의 접촉 면적을 늘리기 위해

05. 우리나라에서 처음 커피를 마신 사람으로 알려진 많은 수상은 고종(高宗)이다. 고종은 덕수궁 내에 우리나라 최초의 로마네스크풍의 건물을 지어 이곳에서 커피와 다과를 즐겼다고 한다. 이곳은?

① 경복궁　② 다원　③ 덕수궁　④ 정관헌

06. 커피에 쓴맛을 부여하는 알칼로이드 물질은 무엇일까?

① 카페인　② 나리진　③ 알칼로이드　④ 니신

정답 01. ① 02. ① 03. ④ 04. ① 05. ④ 06. ①

07. 디카페인(Decaffeinated) 커피 추출 방법이 아닌 것은?

① H_2O – European Process ② Swiss – Water Process
③ Traditional Process ④ CO_2 – Water Process

08. 현재 우리가 알고 있는 커피가 '커피' 라고 불리워지기 시작한 시기는?

① 1550년 무렵부터 ② 1650년 무렵부터
③ 1750년 무렵부터 ④ 1850년 무렵부터

09. 커피의 다양한 맛과 그 맛의 근원이 되는 성분이다 틀린 것은?

① 신맛 – 지방산 ② 쓴맛 – 카페인
③ 단맛 – 당질 ④ 떫은 맛 – 리놀레산

10. 커피의 다양한 맛 중 신맛의 원인이 되는 지방산이 포함되지 않는 것은?

① 휘발성 유기산 ② 올레산 ③ 팔미트산 ④ 스테아르산

11. 오늘날 상업적으로 재배되는 커피의 3대 원종에 속하지 않는 것은?

① 아라비카 ② 로부스타 ③ 레귤러 ④ 리베리카

12. 1861년 아프리카 동부의 우간다와 에티오피아에서 발생, 실론과 마이소올에 전염되어 커피나무를 전멸시킨 것은?

① 사비병 ② 알레르기병 ③ 흑사병 ④ 각질병

13. 북위 25도에 북회귀선, 남위 25도에 남회귀선 사이에 지구를 일주하는 환상지대에 위치한 70여 개국에서 커피가 생산되는데 이 지역을 가르키는 말로 바르게 짝지어진 것은?

㉠ 커피존(Coffee Zone)	㉡ 커피에어리어(Coffee Area)
㉢ 커피벨트(Coffee Belt)	㉣ 커피그라운드(Coffee Ground)

① ㉠, ㉡ ② ㉠, ㉣ ③ ㉠, ㉢ ④ ㉢, ㉣

14. 커피의 향미를 표현하는 용어가 아닌 것은?

① bland ② low ③ acidity ④ bitter

정답 07. ① 08. ② 09. ④ 10. ① 11. ③ 12. ① 13. ③ 14. ②

15. 커피가 공기 중의 산소와 반응하여 변패되는 현상을 자동산화라고 한다. 아래의 성분 중에서 자동산화반응을 일으키는 커피의 성분은?

① 포화지방산
② 불포화지방산
③ 타닌
④ 당질

16. 커피의 보관방법 중 향미 유지를 위한 가장 좋은 방법은?

① 분쇄된 커피는 사용 후 그 상태로 보관한다.
② 공기와의 접촉을 최소화한다.
③ 햇볕이 잘 드는 곳에 보관한다.
④ 반드시 냉동고에 보관한다.

17. 커피를 최초로 볶아서 즐기기 시작한 나라는?

① 미국
② 터키
③ 브라질
④ 에티오피아

18. 커피의 향미를 평가하는 순서로 가장 적당한 것은?

① 감촉, 맛, 향기
② 색상, 감촉, 맛
③ 향기, 맛, 감촉
④ 맛, 향기, 감촉

19. 다음은 무엇에 관한 설멍인가?

뜨거운 물속에 흑설탕을 넣고 끓여서 녹인 후 불을 끄고 커피가루를 넣고 저은 뒤 가루가 모두 가라앉을 때 까지 5분쯤 두었다가 맑은 커피만을 마시는 것

① 러시안 커피(Russian Coffee)　② 콜롬비아의 틴토(tinto)
③ 카푸치노　④ 카페라떼

정답 15. ② 16. ② 17. ② 18. ③ 19. ②

20. 커피열매 속에는 대부분 두 쪽의 열매가 들어 있다. 그런데 씨가 하나밖에 없는 경우가 있고 그 모양이 둥근 형태인데 이것을 무엇이라 하는가?

① 피토리 ② 피어리 ③ 피베리 ④ 피코리

21. 커피콩의 구입시 포장에 명시된 상품명인 Brazil Santos NO,2 screen 19 등의 screen 19의 의미는?

① 결점두의 혼입량 ② 커피콩의 크기에 의한 분류
③ 투명정도에 의한 분류 ④ 커피콩의 모양에 의한 분류

22. 다음에 열거한 것 중 커피열매의 내부구조와 관련이 없는 것은?

① 센터 컷(center cut) ② 체리(cherry)
③ 은피 ④ 내과피

23. 다음은 커피의 정제법 중 건식법에 대한 설명이다. 틀린 것은?

① 정제 기간이 약 2주 정도 필요하다.
② 비용이 많이 들기는 하지만 좋은 품질의 커피를 얻을 수 있다.
③ 아주 오랜 옛날부터 사용되던 방식으로 인공건조와 자연건조가 있다.
④ 건조탑이라는 설비를 필요로 하는 것은 건식법 중 인공건조에 해당한다.

해설 ②는 습식법에 대한 설명이다.

24. 다음은 커피의 정제법 중 건식법에 대한 설명이다. 틀린 것은?

① 대부분 아라비카 커피의 생산국에서 사용되고 있는 방법이다.
② 보통 50℃의 열풍으로 3일정도 건조시킨다.
③ 체리의 윗부분과 아랫부분을 자주 고루 섞어 주어야 하며, 밤에는 이슬을 피하기 위해 한 곳에 모아 덮개를 씌워주어야 한다.
④ 별도의 설비에 대한 투자가 필요하지 않을 수도 있는 방법이다.

25. 아래 보기의 조건으로 만들어진 커피를 무엇이라고 부르는가?

㉠ 그린빈(green bean) 상태의 커피콩을 증기로 쪄서 수분율이 50~60%가 되게 한다. ㉡ 솔벤트, 물, CO_2 등을 사용하여 커피와 카페인을 분리한다. ㉢ 다시 커피성분을 넣고 열풍 건조시켜 수분률을 다시 13%로 맞춘다.

정답 20. ③ 21. ② 22. ② 23. ② 24. ① 25. ②

① 초이스 커피　② 디카페인 커피　③ 향 커피　④ 인스턴트 커피

26. 커피의 품종 중 리베리카종에 대한 설명으로 맞지 않는 것은?

① 에티오피아가 원산지이다.
② 열매의 크기가 크고 강하여 재배하기 쉽다.
③ 저지대에서도 잘 자란다.
④ 수출보다는 대개 자국 소비에 그치며 쓴맛이 지나치게 강하다.

27. 커피의 품종 중 아라비카종에 대한 설명으로 맞는 것은?

① 병충해에 강하다.　② 인스턴트 커피에 주로 사용한다.
③ 성장속도는 느리나 향미가 풍부하다.　④ 열매의 모양이 둥글다.

28. 커피의 품종 중 로부스타종에 대한 설명으로 맞는 것은?

① 적정 성장 온도는15~24℃이다.
② 카페인 함유량이 적다(0.8~1.4%).
③ 해발 1,000~2,000m 정도에서 자란다.
④ 주로 인스턴트 커피 및 배합용으로 사용된다.

29. 커피 생산지로서의 브라질에 관한 설명이다. 바르지 못한 것은?

① 아라비카를 생산할 뿐 로부스타는 생산하지 않는다.
② 커피의 대부분은 상파울루의 산토스(Santos) 항구로 집결되어 수출된다.
③ 상파울루(San Paulo)는 브라질의 주요 커피산지 중 하나이다.
④ 브라질의 유명커피로는 'Brazil Santos NY 2' 가 있다.

30. 다음 식자재의 관리 중 가장 기본이 되는 방법은?

① 먼저 입고된 식자재를 먼저 사용한다.
② 가능한 남기는 것이 없도록 철저히 계량하여 사용한다.
③ 식자재가 고가인 것을 먼저 사용한다.
④ 유통기간이 가까워지는 식자재는 냉동 보관 후 필요한 만큼만 해동하여 사용한다.

31. 글라스(Glass)를 잡을 때 어느 부분을 잡아야 가장 위생적으로 합당한가?

① 글라스의 상단　② 글라스의 입술 닿는 가장 자리

정답 26. ① 27. ③ 28. ④ 29. ① 30. ① 31. ③

③ 글라스의 하단　　④ 글라스의 어떤 부분도 무관하다.

32. 다음 중 배전할 때 원두가 갈색으로 변화하는 이유는 원두의 어떤 성분이 변화하는 것인가?

① 당질　② 카페인　③ 지질　④ 타닌

33. 다음 중 로스팅을 하는 경우 가장 크게 변화되는 것은?

① 용적률　② 수분　③ 향미　④ 무게

34. 다음은 에스프레소 메뉴에 관련된 용어들이다. 바르지 못한 것은?

① 도피오(Doppio) : '두배' 라는 뜻으로 더블 에스프레소라고 부르는 메뉴
② 데미타스(Demitasse) : 시간을 길게 주어서 추출하여 쓴맛을 더 강조한 에스프레소 메뉴
③ 리스트레또(Ristrotto) : 짧은 시간에 추출한 15~20㎖ 이하의 적은 양의 에스프레소 메뉴
④ 룽고(lungo) : 시간을 길게하여 35~45㎖의 양을 추출한 에스프레소 메뉴

35. 인도네시아에서 커피를 경작하여 대규모 커피경작의 역사를 연 나라는?

① 네덜란드　② 프랑스　③ 에티오피아　④ 미국

36. 볶기의 3대 과정의 올바른 순서는?

① 건조 – 냉각 – 열분해　② 건조 – 열분해 – 냉각
③ 열분해 – 건조 – 냉각　④ 냉각 – 열분해 – 건조

37. 터키 사람들이 커피를 끓여 마시는 기구를 무엇이라 부르는가?

① Melior　② Ibrik　③ Percolator　④ Drip

38. 로스팅 방식에 대한 설명 중 맞게 연결된 것은?

> 로스팅 방식은 크게 3가지로 분류할 수 있습니다. 가스불의 열량이 드럼 내부의 온도와 드럼 외부의 구멍을 통해 직접 드럼 속의 커피와 열이 통하는 방식을 (㉠)식이라 한다. 가열된 공기가 드럼 뒤쪽 구멍을 통해 드럼으로 들어가게 되고 데워진 드럼의 온도에 의해서 로스팅 되는 것을 (㉡)식이라 한다.

정답 32. ① 33. ② 34. ② 35. ① 36. ② 37. ② 38. ③

화력이 드럼 밑에 붙어 있는 형태가 아니라 기계 뒷부분에 부착되어 있어 250도 화력을 이용해 순수한 뜨거운 바람으로 균일한 로스팅과 로스팅 시간을 단축할 수 있는 방식을 (㉢)식이라 한다.

① ㉠ 반열풍식 ㉡ 직화식 ㉢ 열풍식 ② ㉠ 반열풍식 ㉡ 열풍식 ㉢ 직화식
③ ㉠ 직화식 ㉡ 반열풍식 ㉢ 열풍식 ④ ㉠ 열풍식 ㉡ 반열풍식 ㉢ 직화식

39. 수세식 공정 순서가 바른 것은?

① 수확 → 선별 → 세척(이물질 분리) → 과육제거 → 발효조 → 수세 → 건조 → 파치먼트 선별 → 창고
② 수확 → 선별 → 과육제거 → 수조 → 파치먼트 선별 → 발효조 → 수세 → 건조 → 창고
③ 수확 → 선별 → 과육제거 → 수조 → 발효조 → 파치먼트 선별 → 수세 → 건조 → 창고
④ 수확 → 선별 → 세척(이물질 분리) → 과육제거 → 파치먼트 선별 → 발효조 → 수세 → 건조 → 창고

40. 과테말라의 대표적 커피로 쏘는 듯한 스모크 향과 깊고 풍부한 맛, 살며시 느껴지는 초콜릿 맛이 일품인 것은?

① 타라주 ② 안티구아 ③ 산토스 ④ 엑셀소

41. 커피의 황제, 세계 최고의 커피, 부드럽고도 조화로운 맛 타 지역 커피에 비해 밀도가 높은 커피는?

① 블루 마운틴 ② 안티구아 ③ 엑셀소 ④ 산토스

42. 커피 전문점 관리에 있어서 바람직하지 못한 것은?

① 연령, 소득 등 인구통계학 특성에 따라 목표고객을 분석한다.
② 영업시간대 별 매출분석을 통해 미리 예측한다.
③ 업장규모는 가급적 크게 구성한다.
④ 경쟁업체분석을 수시로 점검한다.

43. 에스프레소 기계, 드립퍼(Dripper), 사이폰(Syphon) 등의 사용하는 커피기구에 따라 커피 분쇄도를 다르게 하는 이유는?

정답 39. ① 40. ② 41. ① 42. ③ 43. ③

① 커피 분말입자의 크기에 따라 미분의 생성도가 달라지므로
② 추출시 필요한 커피의 용량을 정확히 측정할 수 있으므로
③ 커피 분말입자의 크기에 따라 뜨거운 물이 접촉하는 표면적이 달라지므로
④ 커피 분말입자의 크기를 다르게 하여 많은 양의 커피를 추출하기 위하여

44. 바람직한 바리스타(Barista)의 행동이 아닌 것은?

① 커피 제조 시 계량법을 지키지 않는다.
② 일일 판매할 재료의 양과 품질이 적당한지 확인한다.
③ 영업장의 환기 및 기물 등의 청결을 깨끗이 유지관리 한다.
④ 영업장 내에 필요한 물품재고를 항상 파악한다.

45. 추출을 위한 분쇄 방법 중 틀린 설명은?

① 선택한 추출방법에 알맞은 분쇄 입자를 선택해야 한다.
② 분쇄 입자의 크기가 균일해야 양질의 성분을 일정하게 추출할 수 있다.
③ 미분이 많이 함유되어 있을 때 좋은 맛의 커피를 추출할 수 있다.
④ 적합한 분쇄는 양질의 원두, 적절한 로스팅, 올바른 추출법과 함께 좋은 커피를 얻기 위한 중요한 요소이다.

46. 커피 배전 시 일어나는 물리적 현상이 아닌 것은?

① 원두 크기의 변화는 없다.
② 온도의 상승으로 원두와 실버스킨이 분리된다.
③ 수분이 증발하고 내부 조직이 팽창되면서 1차 크랙이 발생한다.
④ 1차 크랙 발생 후 2차 크랙이 발생한다.

47. 에티오피아에서 생산되는 커피가 아닌 것은?

① 하라(Harrar) ② 이르가체페(Yirgacheffe)
③ 시다모(Sidamo) ④ 코나(Kona)

48. 어느 커피 생산지에 관한 설명이다. 맞는 것은?

> ㉠ 커피의 80%는 일본으로 수출되고, 나머지 20%를 가지고 세계가 나누어 먹고 있다.
> ㉡ 커피의 황제라고 불리는 블루마운틴 커피를 생산한다.
> ㉢ 일본의 투자로 기계적인 생두의 고속 습식가공법으로 생두를 가공한다.

정답 44. ① 45. ③ 46. ① 47. ④ 48. ③

① 브라질　　② 과테말라　　③ 자메이카　　④ 푸에르토리코

49. 에티오피아에서 생산되는 커피 중 '에티오피아의 축복' 이라고 불려지는 것은?

① 하라(Harrar)　　② 이르가체페(Yirgacheffe)
③ 시다모(Sidamo)　　④ 코나(Kona)

50. 다음 문장 중 배전과 맛의 변화를 적절히 설명한 것은?

① 강배전일수록 쓴맛이 강하다.　　② 강배전일수록 신맛이 강하다.
③ 약배전일수록 탄맛이 강하다.　　④ 약배전일수록 단맛이 강하다.

53. 커피의 배전(Roasting)은 온도와 시간에 따라 저온-장시간 배전과 고온-단시간 배전으로 분류될 수 있다. 다음 중 이 두 가지 배전의 비교 설명으로 옳은 것은?

① 저온 - 장시간 배전은 팽창이 크고 밀도가 작은 반면, 고온-단시간 배전은 팽창이 적어 밀도가 크다.
② 저온 - 장시간 배전 시 1잔당 커피사용량은 10~20% 덜 쓰게 돼서 경제적이다.
③ 고온 - 단시간 배전의 볶는 온도는 200℃가 좋다.
④ 저온 - 장시간 배전은 고온-단시간 배전보다 수용성 성분이 적어진다.

52. 생두를 볶는 과정에서 부피가 가장 커지는 단계는?

① 시나몬　　② 풀씨티　　③ 하이　　④ 프렌치

53. 에스프레소 기계의 증기압력을 만드는 부품은?

① 급수펌프　　② 보일러　　③ 분사필터　　④ 압력 게이지

54. 다음 중 커피를 추출하는 방식 중 보일링(Boiling)법에 해당하는 것은 ?

① 에스프레소　　② 페이퍼드립　　③ 프렌치 프레스　　④ 이브릭

55. 에스프레소 추출 전 '물 흘려보내기' 동작에 대한 내용이다 틀린 것은?

① 샤워망에 묻어 있을 수 있는 찌꺼기를 제거하기 위한 동작이다.
② 머신의 정상작동 여부를 확인하는 동작이다.
③ 과열되어 있을 수 있는 추출수를 제거하기 위한 동작이다.
④ 드립트레이(Drip tray)를 씻어내어 잔 밑부분의 청결을 유지하기 위한 동작이다.

정답 49. ① 50. ① 51. ④ 52. ④ 53. ② 54. ④ 55. ④

56. 추출된 에스프레소의 평가 시 관능적(Sensory) 평가에 대한 설명으로 틀린 것은?

① 크레마의 컬러는 붉은색이 감도는 브라운색이 좋다.
② 크레마는 지속력과 복원력이 높을수록 좋다고 평가한다.
③ 신맛, 쓴맛 그리고 짠맛이 균형 잡힌 에스프레소를 훌륭하다고 평가한다.
④ 에스프레소의 body감이 높을수록 훌륭하다고 평가한다.

57. 그라인더에 적절한 굵기의 커피를 분쇄하여 배출레버의 동작에 의해 일정한 양의 커피가 배출되도록 하는 일련의 행위를 무엇이라 하는가?

① Grinding ② Cupping ③ Packing ④ Dosing

58. 커피 명에 보통 decaf 표시를 하는 커피는 다음 중 어느 것인가?

① 향커피 ② 콜롬비아 커피 ③ 레귤러 커피 ④ 카페인제거 커피

59. 다음 연결 중 틀린 것은?

① Romano – cheese ② Shakerrato – shaking
③ Freddo – ice ④ Lungo – long

60. 커피과실에서 생콩(green beans)을 꺼내는 과정을 정제(精製)라고 하는데, 건식법을 이용한 정제과정에 대한 설명 중 틀린 것은?

① 건조과정 중 발효를 방지하기 위하여 매일 여러 번 섞어 주어야 한다.
② 수확한 과실을 건조장에서 넓게 펴고, 수분함량이 20%이하가 될 때까지 건조시킨다.
③ 건조에 소요되는 일수는 과실의 숙도에 상관없이 일정하다.
④ 아라비카종이나 로부스타종이나 모두 사용된다.

61. 로스팅 단계 중 강배전(Dark Roast)에 대한 설명 중 틀린 것은?

① 커피의 볶음정도를 강하게 할수록 커피원두의 무게는 줄어든다.
② 카페인 양은 감소한다.
③ 이산화탄소는 증가하며 옅은 풋냄새 향은 증가한다.
④ 오일(커피 지방성분)의 양은 일정량이 늘어난 후 줄어든다.

62. 다음 추출 방식 중 투과법에 해당하지 않는 것은?

① 이브릭 ② 페이퍼드립 ③ 융드립 ④ 에스프레소

정답 56. ③ 57. ④ 58. ④ 59. ① 60. ③ 61. ③ 62. ①

63. 다음은 추출기구에 대한 설명이다. 추출기구의 명칭은 무엇인가?

> 가정식 에스프레소커피 추출기구로 끓는 물의 증기압력에 의해 상단으로 물이 올라가는 과정에서 커피 층을 통과하여 커피가 추출되는 원리로 '스토브 탑(Stove-Top)'이라고 부른다.

① 모카포트 ② 사이폰 ③ 에스프레소 ④ 프렌치 프레스

64. 신선한 커피를 핸드 드립으로 추출하면 표면이 부풀어오르거나 추출액 표면에 거품이 생기는 이유는 커피에 함유된 어떤 성분에 의한 것일까?

① 유기산 ② 탄산가스 ③ 지질 ④ 아미노산

65. 다음 중 에스프레소 추출속도에 영향을 미치는 요인이 아닌 것은?

① 분쇄된 원두의 입자 크기 ② 물의 양
③ 분쇄된 원두의 양 ④ 탬핑의 강도

66. 추출시간을 짧게 잡아서 만든 농축된 커피로서 커피가 가장 농후하게 나오는 피크시점 직후에서 추출을 끊어 만든 이탈리아식 커피는?

① 룽고 ② 에스프레소 ③ 리스트레또 ④ 도피오

67. 다음 중 향커피에 속하지 않는 것은?

① 헤이즐넛 ② 아이리쉬 ③ 바닐라 넛 크림 ④ 에스프레소

68. 커피를 뽑아서 산에 담아 낼 때, 잔의 세척이 불완전하여 세제가 남아 있을 때 나타날 수 있는 향미의 결함은?

① 흙냄새 ② 비린내 ③ 누린내 ④ 곰팡내

69. 커피의 추출방법과 이에 관련되는 보기가 적절하게 연결되지 않은 것은?

① 가압추출법 – 에스프레소 ② 여과법 – 핸드 드립
③ 우려내기 – 프렌치 프레스 ④ 달임법 – 프렌치 커피

70. 이탈리아식의 진한 커피로 회교도들이 즐겨 마셨다고 하며 일본에서는 리치커피라고도 불리는 커피는?

① 비엔나 커피 ② 카페로열 ③ 카페로망 ④ 아이리쉬 커피

정답 63. ① 64. ② 65. ② 66. ③ 67. ④ 68. ② 69. ④ 70. ③

71. 다음에 설명하는 커피로 맞는 것은?

> 커피 플람베(빙수 얼음과 아이스크림, 콘덴스 밀크를 이용한 커피)의 응용으로 어린아이 또는 여성에게 알맞은 메뉴이며 아이스커피와 아이스크림의 앙상블이 매력적인 여름철 커피이다.

① 커피스노우볼　② 카페로열　③ 카페로망　④ 아이리쉬 커피

72. 로부스타 커피(Coffea Canephora)의 원산지로 알려진 나라는?

① 탄자니아　② 콩고　③ 에티오피아　④ 예멘

73. 다음에 설명하는 커피로 맞는 것은?

> 남국의 정열적인 무드가 살아 있는 커피로 화이트 럼을 사용하는 것이 특색이다. 사용하는 컵도 대단히 정열적인 느낌을 주는데, 한마디로 자주색의 컵과 진한 밤색의 커피와 노란 레몬의 빛깔이 조화를 뿜어내는 강렬한 이미지의 커피이다.

① 커피스노우볼　② 카페로열　③ 트로피컬 커피　④ 아이리쉬 커피

74. 다음에 설명하는 커피로 맞는 것은?

> 미국에서는 골드커피, 일본에서는 쿨커피라고 불리는 이 커피는 여름철에 제일 많이 찾는 메뉴로, 이 커피의 생명은 커피의 쓴맛에 있다.

① 커피 스노우볼　② 아이스커피　③ 트로피컬 커피　④ 아이리쉬 커피

75. 원두의 신선도를 저하시키는 요인과 가장 관계가 먼 것은?

① 시간　② 탄소　③ 산소　④ 온도

76. 커피를 많이 마시면 가장 많이 보충해 주어야 할 영양소 및 무기질은?

① 칼슘　② 비타민 B　③ 칼륨　④ 나트륨

77. 다음 중 커피를 담는 기구의 가장 위생적인 세척순서는?

① 찬물 → 비눗물 → 더운물　② 비눗물 → 더운물 → 찬물
③ 비눗물 → 찬물 → 더운물　④ 더운물 → 비눗물 → 찬물

정답 71. ① 72. ② 73. ③ 74. ② 75. ② 76. ① 77. ②

78. 커피의 향미를 표현하는 용어 중 커피 원두(Bean)이나 가루를 코로 들이마셔서 맡게 되는 향기로서 플로랄(Floral), 스파이시(Spicy) 등으로 표현할 수 있는 용어는?

① Fragrance ② After Taste ③ Flavor ④ Fruity

79. 과테말라에서 생산되는 생두의 상품명 뒤에 붙게 되는 SHB(Strictly Hard Bean) 또는 HB(Hard Bean) 등은 무엇을 의미하나?

① 생두의 재배 방법 ② 생두의 결점두 비율
③ 생두의 경작 고도 ④ 생두의 성숙 정도

80. 다음 성분 중에서 커피 생두(Green Bean)에 가장 많이 함유되어 있는 성분은?

① 단백질 ② 지질 ③ 탄수화물 ④ 무기질

81. 원두를 이용, 우리가 마시는 음료를 만들기 위해서는 배합(blending)을 거친 후 세 가지 공정을 반드시 거쳐야 하는데 그 공정에 속하지 않는 것은?

① 배전(roasting) ② 분쇄(grinding) ③ 제조(making) ④ 추출(brewing)

82. 두 가지 종류 이상의 커피를 혼합하는 것으로, 궁합이 잘 맞는 커피들끼리 혼합하여 맛과 향의 상승효과를 얻고자 함이 그 목적인 과정을 무엇이라 하는가?

① 배전(roasting) ② 분쇄(grinding) ③ 배합(blending) ④ 추출(brewing)

83. 사이폰(Siphon) 추출방식이라고도 하면 커피가 만들어지는 과정을 지켜볼 수 있어 시각적 효과가 좋은 커피 추출방법을 무엇이라 하는가?

① 달임법 ② 우려내기 ③ 모카포트방법 ④ 진공식추출방법

84. 과소추출(under extraction)의 원인과 이에 따른 현상에 대한 설명이다. 틀린 것은?

① 너무 굵은 입도의 분쇄커피의 사용
② 적정량보다 적은 양의 커피를 사용
③ 과다추출(over extraction)보다 오랜 크레마의 지속성
④ 기준온도보다 낮은 추출 온도

85. 추출압력이 낮은 상태에서 긴 시간 동안 추출된 커피의 특징이다. 틀린 것은?

① 짙은 갈색의 크레마와 하얀점 ② 얇은 층의 크레마와 검은띠의 형성
③ 강하고 쓴 신맛 ④ 얇은 층의 크레마와 큰 거품 형성

정답 78. ① 79. ③ 80. ③ 81. ③ 82. ③ 83. ④ 84. ③ 85. ④

86. 머신을 사용하여 추출한 에스프레소를 순수한 물과 비교하였을 때 틀린 것은?

① 굴절률이 증가한다. ② 점도가 낮아진다.
③ pH가 낮아진다. ④ 밀도가 높아진다.

87. 생두를 볶아서 분쇄한 커피(ground coffee)로부터, 물을 이용하여 맛과 향을 내는 가용성 성분을 최대한 용해시켜서 뽑아내는 과정을 무엇이라 하는가?

① 배전(roasting) ② 분쇄(grinding) ③ 배합(blending) ④ 추출(brewing)

88. 다음 크레마의 설명 중 틀린 것은?

① 향기의 발산을 방해한다.
② 바로 로스팅한 신선한 원두에서는 더 두껍게 나타난다.
③ 커피 추출 시 나오는 아교질과 커피오일의 결합체이다.
④ 크레마는 샷글라스에서 3~4mm 정도 형성되면 아주 좋은 상태이다.

89. 탬핑(Tamping)에 관한 내용 중 틀린 것은?

① Tamping 전 바스켓 내의 커피가 수평이 되도록 하는 작업이다.
② 적절한 압력을 유지하는 훈련이 필요하다.
③ 필터바스켓 내의 커피가 한쪽으로 치우치지 않도록 주의한다.
④ 완벽한 에스프레소의 추출을 위해서 오랜 Tamping 시간이 필요하다.

90. 다음 중 커피 추출 시 사용하는 물에 관한 내용이다. 가장 올바른 것은?

① 정수된 물보다는 수돗물을 사용하는 것이 바람직하다.
② 신선하고 좋은 맛이어야 하며 냄새와 불순물이 없어야 한다.
③ 이산화탄소가 남아있지 않은 깨끗한 물이 좋다.
④ 100ppm 이상의 미네랄이 함유되어 있는 물이 좋다.

91. 체리 속 생두는 보통 두 개가 서로 마주보고 있다. 이 경우 서로 마주보는 방향은 평평한데 이런 형태의 생두를 무엇이라 하는가?

① 피베리(Peaberry) ② 홀 빈(Whole bean)
③ 플랫 빈(Flat bean) ④ 커플 빈(Couple bean)

정답 86. ② 87. ④ 88. ① 89. ④ 90. ② 91. ③

92. 아라비카 원종에 가장 가까운 품종으로 콩의 모양이 긴 편이며 좋은 향과 신맛을 가지고 있으며 그늘 경작법(Shading)이 필요하며 생산성이 낮은 품종은?

① 문도노보(Mundo-Novo) ② 카투라(Caturra)
③ 타이피카(Typica) ④ 켄트(Kent)

93. 로스팅 후 원두의 물리적 변화에 대한 설명 중 옳은 것은?

① 명도값의 증가 ② 부피의 증가 ③ 수분 함량의 증가 ④ 압축 강도의 증가

94. 로스팅 단계를 달리한 원두 중에서 L값(명도)이 가장 높은 단계부터 순서대로 올바르게 배열된 것은?

① 미디엄로스트 〉 라이트로스트 〉 풀시티로스트 〉 프렌치로스트
② 라이트로스트 〉 미디엄로스트 〉 풀시티로스트 〉 프렌치로스트
③ 풀시티로스트 〉 라이트로스트 〉 미디엄로스트 〉 프렌치로스트
④ 라이트로스트 〉 풀시티로스트 〉 미디엄로스트 〉 프렌치로스트

95. 커피 추출기구중 일반적으로 분쇄된 원두의 입자가 작은 순서대로 나열한 것 중 옳은 것은?

㉠ 사이폰	㉡ 커피메이커	㉢ 퍼컬레이터	㉣ 이브릭

① ㉠ - ㉡ - ㉢ - ㉣ ② ㉣ - ㉡ - ㉠ - ㉢
③ ㉠ - ㉣ - ㉡ - ㉢ ④ ㉣ - ㉠ - ㉡ - ㉢

96. 댐퍼(Damper) 역할과 관계없는 것은?

① 은피를 배출하는 역할
② 드럼 내부의 열량을 조절하는 역할
③ 드럼 내부의 공기 흐름을 조절하는 역할
④ 흡열과 발열 반응을 조절하는 역할

97. 추출이 용이하게 적당량의 분쇄된 커피를 필터홀더에 담는 일련의 과정을 패킹(Packing)이라 하는데 이 과정과 관련이 없는 것은?

① Infusion ② Dosing ③ Tapping ④ Tamping

정답 92. ③ 93. ② 94. ② 95. ④ 96. ④ 97. ①

98. 에스프레소 추출 시 추출시간이 50초 이상 걸렸다. 이를 개선하는 방법 중 맞는 것은?

① 커피의 분쇄를 조금 가늘게 조정한다.
② 추출 시 탬핑(Tamping)압력을 강하게 한다.
③ 모터펌프의 추출압력을 높인다.
④ 사용 원두의 양을 조금 늘린다.

99. 원두의 품위 유지를 위한 포장기술이 아닌 것은?

① 탈취형 포장　　② 진공 포장
③ 가스흡수제의 이용　　④ 가스치환 포장

100. 가장 좋은 맛의 에스프레소 커피를 추출하기 위해 적절한 물의 온도는?

① 65~70℃　② 75~80℃　③ 90~95℃　④ 95~100℃

101. 우유 스티밍(Steaming) 과정에 대한 설명 중 부적절한 것은?

① 메뉴에 알맞은 만큼의 우유를 사용한다.
② 우유의 최종 온도는 섭씨 65~70℃를 넘기지 않는다.
③ 공기유입을 최대한 많이 하기 위해 스팀피처를 가능한 큰 사이즈로 선택한다.
④ 항상 신선하고 차가운 우유를 사용해야 된다.

102. 커피를 분쇄할 때, 분쇄 커피 입자의 크기를 결정하기 위하여 가장 중요하게 고려해야 될 사항은?

① 추출에 걸리는 시간　　② 커피의 종류
③ 커피의 볶음도　　④ 날씨

103. 다음 중 패킹(Packing)의 순서를 올바르게 설명한 것은 어느 것인가?

① 커피 담기 〉 탬핑(Tamping) 〉 필터바스켓 상부 털기 〉 면 고르기
② 커피 담기 〉 면 고르기 〉 탬핑(Tamping) 〉 필터바스켓 상부 털기
③ 커피 담기 〉면 고르기 〉 필터바스켓 상부 털기 〉 탬핑(Tamping)
④ 커피 담기 〉 필터바스켓 상부 털기 〉 탬핑(Tamping) 〉 면 고르기

정답 98. ③ 99. ① 100. ③ 101. ③ 102. ① 103. ②

104. 에스프레소의 추출에서 적갈색 크레마가 나타나기 위한 필수 요건이 아닌 것은?

① 정확한 수평　② 정확한 커피양　③ 강한 탬핑　④ 정확한 분쇄도

105. 갓 로스팅된 커피에 함유된 가스성분으로 인해 일어나는 현상을 옳게 설명한 것은?

① 산소를 생성한다.　② 음이온을 방출한다.
③ 질소를 생성한다.　④ 향기 성분을 방출한다.

106. 탬핑(Tamping)을 하는 가장 중요한 이유는 무엇인가?

① 커피 케이크(Cake)의 고른 밀도를 유지하여 물이 균일하게 통과하기 위해
② 물과 접촉 면적을 확대하기 위하여
③ 두꺼운 크레마를 형성할 목적으로
④ 필터에 커피를 충분히 채우는 것이 중요하므로

107. 커피를 추출하기 위해 분쇄작업을 하는 이유로 옳은 것은?

① 짧은 시간에 효율적인 서비스 제공　② 물에 접촉하는 커피의 표면적 확대
③ 커피원가의 절감 목적　④ 커피의 화학적 성분의 분쇄

108. 에스프레소 크레마에 대한 설명이다. 틀린 것은?

① 크레마는 에스프레소의 품질을 시각적으로 판단할 수 있는 기준이 된다.
② 크레마는 에스프레소 추출하는데 있어서 가장 중요한 요소이다.
③ 영어로 프리마라는 뜻이다.
④ 크레마는 처음추출될 때에는 짙은 갈색이다.

109. 에스프레소 머신의 일일 점검사항이 아닌 것은?

① 보일러 압력　② 물의 온도체크
③ 개스킷의 마모상태　④ 분사홀더의 세척상태

110. 에스프레소 추출시 너무 진한 크레마가 추출되었다. 원인이 될 수 없는 것은?

① 펌프압력 기준압력보다 낮은 경우　② 물의 온도가 95도 높은 경우
③ 포터필터의 구멍이 너무 큰 경우　④ 물 공급이 제대로 안 되는 경우

정답 104. ③ 105. ④ 106. ① 107. ② 108. ③ 109. ③ 110. ③

111. 우리가 알고 있는 커피의 유통기한에 속하지 않는 것은?

① 생산~건조 ② 로스팅~출고 ③ 출고~소비자 ④ 구매자 ~사용기간

112. 커피의 유통과정 중 선진국일수록 그 기간이 짧은 것은?

① 생산~건조 ② 로스팅~출고 ③ 출고~소비자 ④ 구매자~사용기간

113. 우리나라의 커피 유통기간에 관한 설명이다. 바르지 못한 것은?

① 커피의 유통기간을 제조자가 정한다.

② 1년이나 2년으로 표기하는 경우가 많다.

③ 제조일자에 대한 엄격한 기준 시점이 적용되고 있다.

④ 일반적으로 포장이 완료된 시점을 제조일자로 하고 있다.

114. 다음 중 커피는 어디에 속하는 음료인가?

① 기호음료 ② 영양음료 ③ 청량음료 ④ 유성음료

115. 생두의 가운데 골처럼 파인 부분을 무엇이라 하나?

① 과육(Pulp) ② 외피(Outer skin)

③ 파치먼트(Parchment) ④ 센터 컷(Center cut)

116. 커피를 로스팅하는 이유로 타당하지 않은 것은?

① 커피의 맛과 향을 얻기 위하여 ② 오래 보관하기 위하여

③ 커피추출을 쉽게 하기 위해서 ④ 커피의 독특한 색을 얻기 위해서

117. 커피를 볶을 때 기본적인 세 가지 단계에 속하지 않는 것은?

① 건조(Dry) ② 열분해(Pyrolysis)

③ 냉각(Cooling) ④ 포장(Packing)

118. 로스팅의 8단계 분류 중 프렌치로스트(French roast)에 해당하는 SCAA 구분 명칭은?

① Medium roast ② Moderately dark roast

③ Dark roast ④ Very dark roast

정답 111. ① 112. ③ 113. ③ 114. ① 115. ④ 116. ② 117. ④ 118. ③

119. 지하수를 에스프레소 기계에 직접 연결해 사용하려고 한다. 이때 다음 중 기계에 치명적인 무기질은?

① 철 ② 칼슘 ③ 인 ④ 납

모의평가문제

01. SCAA에서 사용하고 있는 생두 등급 분류 기준이 아닌 것은?

① Cup Quality ② 결점생두의 수 ③ 생두의 크기 ④ 생두의 무게

02. 커피나무의 생육 조건이다. 틀린 것은?

① 배수가 잘되고 미네랄이 적당히 함유된 토양이 적당하다.
② 아라비카보다 로부스타종이 기후 환경 적응력이 좋다.
③ Typica종은 저지대에서도 높은 생산성을 유지할 수 있다.
④ 서리와 강한 햇빛차단을 위해 Shade Tree(바나나나무)를 심어 생산성에 도움을 준다.

03. [Brazil Santos No.2, screen 19, strictly soft]에서 screen 19의 의미는?

① 결점두의 혼입량 ② 커피콩의 형태 ③ 투명도의 정도 ④ 커피콩의 크기

04. 다음 설명 중 옳은 것은?

① Aged Bean으로 유명한 것으로 인도의 Monsooned Malabar AA가 있다.
② Long - Berry는 기형 생두의 일종이며 열매 속에 생두가 한 개밖에 없다.
③ Pea - Berry는 그해 생산된 생두를 지칭한다.
④ Past Crop은 수확한지 3년 이상 된 생두를 말한다.

05. 로부스타 품종의 특징이 아닌 것은?

① Coffea Robusta Linden이라는 학명을 가지고 있다.
② 나무의 높이가 10m 이상으로 아라비카종과 리베리카종의 중간성질을 가지고 있다.
③ 세계 각지에 70여 종의 재배 변이종이 분포되어 있다.
④ 병충해에 강하며, 인도네시아 등에 넓게 재배되고 있다.

06. 식물학적으로 본 커피에 관한 일반적인 내용이다. 바르게 설명한 것은?

① 커피나무는 꼭두서니과에 속하는 상록수로, 남아메리카 브라질이 원산지이다.

② 커피열매는 길이 15~18mm의 타원형으로 파치먼트라고 불린다.
③ 아라비카종은 평균 3%, 로부스타종은 약 1%의 카페인을 함유하고 있다.
④ 아라비카종의 경우 연평균 강우량 1,500~2,000mm의 규칙적인 비와 충분한 햇볕을 받아야 한다.

07. 수세식 공정 순서가 바른 것은?

① 수확 - 선별 - 세척(이물질 분리) - 과육제거 - 파치먼트 선별 - 발효조-수세 - 건조 - 창고
② 수확 - 선별 - 과육제거 - 수조 - 파치먼트 선별 - 발효조-수세 - 건조 - 창고
③ 수확 - 선별 - 과육제거 - 수조 - 발효조 - 파치먼트 선별 - 수세 - 건조 - 창고
④ 수확 - 선별 - 세척(이물질분리) - 과육제거 - 발효조 - 수세 - 건조 - 파치먼트 선별 - 창고

08. 커피 생산국과 그에 대한 설명으로 옳은 것은?

① 콜롬비아 - 코나커피로 유명하며, 산토스 항구에서 선적이 이루어져 일명 '산토스' 라고도 부른다.
② 브라질 - Cafatero들에 의해 커피가 생산되며, 웰렌포드, 마비스 뱅크라는 농장을 가지고 있다.
③ 과테말라 - 화산재 토양으로 인해 독특한 향미를 가진 커피가 생산된다.
④ 케냐 - 유명한 커피로는 가요 마운틴, 술라웨시 토라자가 있다.

09. 여러 가지 추출 방법에 대한 설명으로 틀린 것은?

① 프렌치 프레스 - 저온으로 커피를 추출하는 방식으로 카페인이 용해되기 어렵다.
② 사이폰 - 진공 여과방식으로 추출방법 중 가장 이상적인 향미 성분을 추출하는 방법이다.
③ 모카포트 - 이탈리아 대부분의 가정에서 이용되며 수증기압을 이용해서 추출한다.
④ 핸드 드립 - 드리퍼와 종이필터를 사용하는 추출기구

10. SCAA분류법 중 Specialty Grade의 등급기준에 해당하는 것은?

① 300g 안에 10개 이내의 Full-defects가 있으나 Primary-Defects는 허용되지 않는다.
② 생두의 크기의 50% 이상이 15스크린 이상이어야 한다.
③ 생두의 허용 함수율은 9~13% 이내이다.
④ Body, Flavor, Aroma, Acidity의 네 가지의 특징 중 4가지 다 가지고 있어야 한다.

11. 다음 연결 중 틀린 것은?

① Romano – lemon ② Shakerrato – shaking
③ Freddo – hot ④ Lungo – long

12. 에스프레소 머신의 커피 추출 압력을 만드는 부품은?

① 보일러 ② 급수펌프 ③ 분사필터 ④ 압력 게이지

13. 일반적으로 휘핑기에 사용되는 가스는?

① 탄소 ② 산소 ③ 질소 ④ 수소

14. 다음은 커피장비의 관리 지침이다. 매일 해야 하는 일은?

① 보일러의 압력, 추출압력, 물의온도 체크
② 그라인더 칼날의 마모 상태
③ 연수기의 필터 교환
④ 그룹헤드의 개스킷 교환

15. Take-out형 커피점에서 사용되는 컵 사이즈 중 틀린 것은?

① Short – 8oz ② Tall – 12oz ③ Grande – 16oz ④ Supremo – 24oz

16. Take-out형 커피점에서 사용되는 주문 용어 중 틀린 것은?

① Single – 에스프레소 원샷 ② Foamy – 거품 많이
③ With Flavor – 시럽 없이 ④ Decaf – 카페인 없는 커피

17. 우리의 감각 중 커피 향미의 관능 평가에 쓰이지 않는 감각은?

① 청각 ② 후각 ③ 미각 ④ 촉각

18. 커피의 향미를 평가하는 순서로 가장 적당한 것은?

① 향기, 맛, 촉감 ② 색깔, 촉감, 맛 ③ 촉감, 맛, 향기 ④ 맛, 향기, 촉감

19. 커피의 향기와 맛을 표현하는 용어 중에 '플레이버(flavor)'라는 단어는 우리말로 향미라고 번역할 수 있다. 이 단어가 표현하는 느낌은?

① 커피의 향기와 맛 ② 커피의 향기 ③ 커피의 바디 ④ 커피의 맛

20. 커피의 향미를 관능적으로 평가할 때 사용되지 않는 감각은?

① 시각 ② 후각 ③ 미각 ④ 촉각

21. 머신을 이용하여 Steaming Milk를 만드는 방법이다. 틀린 것은?

① 스팀노즐을 깊게 담가 공기의 유입을 최소화한다.
② 차가운 우유를 사용하는 것이 좋다.
③ 거품이 형성되면 노즐을 피처 벽 쪽으로 이동시켜 혼합한다.
④ 우유의 온도가 너무 올라가지 않도록 주의한다.

22. 바리스타의 식음료 취급사항이다. 틀린 것은?

① 차가운 음료와 음식은 4℃ 또는 더 낮게 보관한다.
② 뜨거운 음료와 음식은 위생을 위해 최대한 뜨겁게 유지한다.
③ 일을 시작하기 전 손을 청결히 한다.
④ 작업공간에는 깨끗한 물수건이 준비되어야 한다.

23. 바리스타가 지켜야 할 사항이다. 관계없는 것은?

① 에스프레소 추출 후 크레마를 확인하라.
② 필터홀더의 온도 유지에 주의하라.
③ 커피는 항상 신선한 것을 사용하라.
④ 추출공식은 반드시 지켜라.

24. 커피의 전체적 향기를 일컫는 부케(Bouquet)를 구성하는 것이 아닌 것은?

① Fragrance ② Aroma ③ Aftertaste ④ Body

25. 추출에 대한 설명 중 틀린 것은?

① 케이크(분쇄커피 입자의 집합체)를 통한 액체의 흐름이다.
② 추출은 비가용성 물질의 유화 현상이다.
③ 추출에 중력은 관여하지 않는다.
④ 추출은 커피의 가용성 물질 용출 현상이다.

26. 에스프레소용 커피의 추출에 관여하는 수학적 인자에 관한 것 중 틀린 것은?

① 커피케이크 내부의 온도 ② 수리학적 저항치
③ 커피케이크 표면과 내부의 압력차 ④ 커피케이크의 부피

27. 그라인더의 칼날 중 Flat cutter의 경우 분쇄 커피의 배출에 관여하는 힘은?

① 중력 ② 구심력 ③ 밀착력 ④ 원심력

28. 일반적으로 출하되는 생두의 수분함량은?

① 8~9% ② 11~13% ③ 16~18% ④ 5~6%

29. Tamping을 하는 방법이다. 틀린 것은?

① Tamping 전의 홀더 내의 커피가 수평이 되도록 하는 작업이다.
② 빠른 시간에 이루어질수록 좋다.
③ 홀더 내의 커피가 치우치지 않도록 주의한다.
④ 에스프레소의 추출을 위해서는 반드시 Tamping이 필요하다.

30. 에스프레소 머신의 일일 점검사항이 아닌 것은?

① 보일러 압력 ② 물의 온도 체크
③ 개스킷의 마모상태 ④ 분사홀더의 세척상태

33. 볶은 커피의 다음 성분들 가운데, 커피를 마신 다음 혀에 남아 있는 커피의 잔류 성분들과 이들로부터 생긴 증기로부터 느낄 수 있는 향미를 만들어 내는 요소는?

① 지방질 같은 비용해성 액체와 수용성 고체 물질
② 케톤이나 알데하이드 계통의 휘발성 성분
③ 비휘발성 액체 상태의 유기 성분
④ 커피 추출 후에도 분쇄 커피의 모양을 유지하는 성분인 불용성 경질부분

32. 커피 생콩이 가지고 있는 향기는 커피의 품종과 산지의 지역적 특성에 따라 나타나는 그 커피만의 고유 향기라고 할 수 있나. 다음에 예시하는 향기 성분들 가운데 휘발성이 가장 강한 향기는?

① 감귤향기 ② 딸기향기 ③ 꽃향기 ④ 허브향기

33. 볶은 커피콩에서 느낄 수 있는 향기는 생콩에 있던 향기와, 주로 중약배전의 커피에서 만나게 되는 당의 갈변 반응에 의해서 생성되는 향기, 강배전으로 진행되면서 나타나는 건열반응에 의해서 생성되는 향기로 분류할 수 있다. 다음 향기들 가운데 생콩에는 없던 향기는?

① 캐러멜 향기 ② 꽃향기 ③ 딸기향기 ④ 허브향기

34. 다음 중 커피의 쓴맛을 내는 성분이 아닌 것은?

① 주석산 ② 카페인 ③ 트리고넬린 ④ 클로로겐산

35. 볶은 커피콩에서 느낄 수 있는 향기는 생콩에 있던 향기와, 주로 중약배전의 커피에서 만나게 되는 당의 갈변 반응에 의해서 생성되는 향기, 강배전으로 진행되면서 나타나는 건열반응에 의해서 생성되는 향기로 분류할 수 있다. 다음 향기들 가운데 중간 정도의 배전(중약, 중간, 중강배전까지를 포함) 시, 즉 갈변반응 시에 주로 나타나는 향기가 아닌 것은?

① 탄 냄새(Carbony) ② 고소한 향기(Nutty)
③ 캐러멜 향기(Caramelly) ④ 초콜릿 향기(Chocolaty)

36. 볶은 커피콩에서 느낄 수 있는 향기는 생콩에 있던 향기와, 주로 중약배전의 커피에서 만나게 되는 당의 갈변 반응에 의해서 생성되는 향기, 강배전으로 진행되면서 나타나는 건열반응에 의해서 생성되는 향기로 분류할 수 있다. 다음 향기들 가운데 강한 배전 시, 즉 건열반응 시에 주로 나타나는 향기가 아닌 것은?

① 캐러멜 향기(Caramelly) ② 송진향기(Terpeny)
③ 향신료 향기(Spicy) ④ 탄 냄새(Carbony)

37. 커피의 삼대 품종이 아닌 것은?

① 브라질 ② 아라비카 ③ 로부스타 ④ 리베리카

38. 다음 커피의 등급에 관한 단어들 중, 커피의 생산지 정보와 관계가 없는 것은?

① 콩의 크기 ② 품종 ③ 가공방법 ④ 생산연도

39. 다음 커피의 등급에 관한 단어들 중, 커피의 품질 정보와 관계가 없는 것은?

① 색도 ② 향미 ③ 결점도 ④ 품종

40. 다음 커피의 향미 특성을 표시하는 단어들 중, 가장 우수한 커피를 나타내는 단어는?

① Very Good ② Good ③ Satisfactory ④ Sufficient

41. 에스프레소용 커피의 크기에 대한 설명이다. 틀린 것은?

① 흐린 날은 기준보다 조금 굵게 맑은 날은 기준보다 조금 가늘게 갈아 준다.
② 밀가루보다 굵게 설탕보다 가늘게 분쇄하는 것이 일반적 기준이다.

③ 분쇄커피의 굵기는 추출시간과 밀접한 관계가 있다.
④ 일반적으로 그라인더의 숫자는 높을수록 커진다.

42. 다음 ( ) 안에 들어갈 내용으로 알맞는 것은?

에스프레소, 머신의 경우 일반적으로 압력 조절기의 나사를 ( )으로 돌리면 압력이 낮아지고, ( )으로 돌리면 높아진다.

① 왼쪽, 오른쪽 ② 왼쪽, 왼쪽 ③ 오른쪽, 오른쪽 ④ 오른쪽, 왼쪽

43. 탬핑을 하는 가장 큰 요인은?
① 필터에 커피를 잘 채우기 위해
② 물 통과를 위한 균일한 커피 표면 유지를 위해
③ 두꺼운 크레마를 얻기 위해
④ 물과의 접촉 면적을 늘리기 위하여

44. 바리스타가 추출 기구를 항상 청결하게 유지해야 할 이유가 아닌 것은?
① 고객에 대한 최소한의 배려 ② 보건 위생학적 이유
③ 정확한 그라인딩과 추출을 위해 ④ 법적인 이유로

45. 다음의 계량단위가 틀린 것은?
① 1oz(ounce) - 29.5ml ② 1lb - 16oz
③ 1ts(티스푼) - 1/5oz ④ 1cc - 1ml

46. 식음료 취급사항 중 알맞은 것은?
① 모든 뜨거운 음료는 60℃ 정도에서 보관한다.
② 유제품은 냉장 보관(0~10℃)하고 제조일부터 5일 내에 사용한다.
③ 차가운 음료의 이상적인 온도는 4~7℃에서 보관한다.
④ 냉동고의 온도는 될수록 낮게 하여 보관한다.

47. 다음 중 콜롬비아산 생두에 속하지 않는 것은?
① 슈프리모 ② 엑셀소 ③ 블루 마운틴 ④ 메델린

48. 세계 최고의 습식 커피 생산국은?
① 콜롬비아 ② 브라질 ③ 자메이카 ④ 인도네시아

49. 다음 중 모카종 커피가 아닌 것은?

① 이르가세페 ② 하라 ③ 엑셀소 ④ 시다모

50. 에스프레소에 크림을 첨가한 이탈리아 커피는 무엇인가?

① Caffe correto ② Caffe con panna
③ Caffellatte ④ Caffe ristretto

51. 후미(Aftertaste)를 표현할 수 있는 용어가 아닌 것은?

① Carbony ② Chocolaty ③ Spicy ④ Herby

52. 다음 중 에티오피아산 생두에 속하지 않는 것은?

① 시다모 ② 이르가체프 ③ 사나니 ④ 하라르

53. 디카페인 커피 제조에 사용되는 방법이 아닌 것은?

① 가스 주입법 ② 물추출법 ③ 초임계추출법 ④ 용매추출법

54. 다음 중 커피의 등급을 분류하는 기준 중 재배지역의 표고에 의한 분류법이 아닌 것은?

① SHB ② EGW ③ AA ④ PW

55. 다음 중 성격이 다른 것은?

① Ristretto ② Caffe latte ③ Lungo ④ Doppio

56. 로부스타 커피(Coffea Canephora)의 원산지로 알려진 나라는?

① 콩고 ② 탄자니아 ③ 에티오피아 ④ 예멘

57. 에스프레소 머신의 증기 압력을 만드는 부품은?

① 급수펌프 ② 보일러 ③ 분사필터 ④ 압력 게이지

58. 에스프레소 추출에 대한 동작이다. 틀린 것은?

① 최대한 빠른 시간에 추출을 완료한다.
② 컵은 항상 데워진 상태로 사용한다.
③ 포타필터 장착 후 반드시 컵을 내리고 추출버튼을 누른다.
④ 포타필터 장착 전 물흘리기를 반드시 해야 되는 것은 아니다.

59. 다음은 커피장비의 관리 지침이다. 월간 확인 사항은?

① 필터 및 개스킷의 마모상태　　② 보일러의 압력
③ 물의 온도 체크　　④ 분사홀더 및 필터의 청소

60. 다음 중 배전과정에서 가장 변화가 적은 것은?

① 수분　　② 당분　　③ 부피　　④ 카페인

모의평가문제 정답

1.④	2.③	3.④	4.①	5.③	6.④	7.④	8.③	9.①	10.③
11.③	12.①	13.③	14.①	15.④	16.③	17.①	18.①	19.①	20.①
21.①	22.②	23.④	24.④	25.②	26.④	27.④	28.②	29.④	30.③
31.①	32.③	33.①	34.①	35.①	36.①	37.①	38.①	39.④	40.①
41.①	42.①	43.②	44.④	45.③	46.③	47.③	48.①	49.③	50.②
51.④	52.③	53.①	54.③	55.②	56.①	57.②	58.③	59.①	60.④

참·고·문·헌

1. 국내문헌

강찬호(2013). 문헌을 통해 본 우리나라 커피의 역사. 관광연구, 28(3).
강찬호 · 장우진 · 장형욱(2014). 확장계획행동이론을 이용한 커피전문점 이용고객에 대한 행동예측. Tourism Research, 39(3).
서진우(2014). 커피바이블, 대왕사.
이승훈(2010). 올 어바웃 에스프레소, 서울꼬뮨.
최병호 · 권정희(2014). 커피바리스타 경영의 이해, 기문사.
류재동(2011). 바리스타가 알고싶은 커피학, 교문사.

2. 사이트

http://blog.naver.com/tentacoffee/80146912355
http://blog.naver.com/coffeefair11/220099872350
http://www.coffeeguild.co.kr
http://blog.naver.com/iomma/220047421339
http://blog.naver.com/jyws0711/130138908055
http://blog.naver.com/veine89/80173230153
http://blog.naver.com/thatscoffee/130146613257
http://acase2013.blog.me/100190865681
http://blog.naver.com/toniwiny/130169841303
Life is Journey/해외여행기
http://blog.naver.com/n1shinsajang/220178213838
http://blog.naver.com/pkbbd/220063185557
http://blog.naver.com/nanuminstore/150149982669
http://blog.naver.com/nanuminstore/150149467395
http://blog.naver.com/mclovehj/150169141772
http://blog.naver.com/md0209/20207328082
http://blog.naver.com/nanuminstore/150149065750
http://blog.daum.net/lamune.d/47
http://blog.daum.net/bachblog/89
http://blog.naver.com/togetherjoa/220051674485
http://blog.naver.com/choibeans/50193617999
cafe.daum.net/refarm/QHa/67542
blog.naver.com/PostView.nhn?blogId=lunasea883
blog.daum.net/jjuba52/13807101
blog.naver.com/PostView.nhn?blogId=someday90210
blog.daum.net/kbrass/15622067
blog.naver.com/PostView.nhn?blogId=joung9925
http://blog.naver.com/kcw5172/100126102892
blog.daum.net/jigang2/14815667

http://blog.naver.com/kyccoffee/220031723219
http://blog.naver.com/yskhim3/120129773183
http://blog.naver.com/quf02071227/220119005550
http://blog.naver.com/premiumespre/220289822439
http://blog.naver.com/kwsojkw/20090239179
http://blog.naver.com/9918bang/90164025183
http://blog.daum.net/tk_coffee/27
http://blog.naver.com/sjdnfakr/220106059684
cafe.daum.net/beyondorganic/vEB/147
cafe.daum.net/coffeeplus/4qnO/10
cafe.daum.net/coffeeplus/4qnO/10
cafe.daum.net/beyondorganic/vEB/147
http://blog.naver.com/9ustocoffee/220253580435
http://blog.naver.com/jclasscoffee/220306825457
cafe.daum.net/coffeeplus/4qnO/10
http://blog.naver.com/hoho1860/220263226429
http://blog.naver.com/kenya01/220280495416
http://blog.naver.com/premiumespre/220269986145
http://blog.naver.com/smartrol/40180939609
http://blog.naver.com/premiumespre/220310521902
http://blog.naver.com/beansbox/120194694470
http://blog.naver.com/momoscoffee/220282107452
http://blog.naver.com/kcw5172/220308909347
http://blog.naver.com/premiumesp
http://blog.naver.com/momoscoffee/220282107452
http://blog.naver.com/huya0114/70187595514
http://blog.naver.com/kcw5172/220308909347
http://blog.naver.com/kcw5172/220308909347
http://blog.naver.com/kenya01/220280495416
http://blog.naver.com/momoscoffee/220282107452
http://blog.naver.com/cafebuna/220202391581
http://blog.naver.com/lordglory99/220180697030
http://blog.naver.com/ljhtree/40184259535
http://blog.naver.com/fortecoffee/220152325713
http://narziss7.blog.me/110109614975
http://blog.naver.com/cconma/196856447
http://sohory.blog.me/80104837520
http://blog.naver.com/roro3311/220130293837
http://blog.naver.com/bangstar321/220085260362
http://blog.naver.com/dnjsrud7798/80196725139
http://blog.naver.com/enwy57/220083323285
http://hotelleader.blog.me/100209749528
http://blog.naver.com/nikor2222/220253483492
http://cafedoume.blog.me/220290852601

저·자·소·개

■강 찬 호(姜贊鎬)

- 계명대학교 대학원 관광경영학과 졸업(경영학 박사)
- Swiss School of Hotel and Tourism Management(SSH)과정 수료
- 경주현대호텔 근무
- 구미센츄리호텔 근무

현) 서정대학교 호텔경영과 교수
사)한국외식음료개발원(음료자격검정원) 와인소믈리에,
커피바리스타 전형 심사위원

[연구실적]

- 확장계획행동이론을 이용한 커피전문점 이용고객에 대한 행동예측
- 문헌을 통해 본 우리나라커피의 역사 -개화기와 일제 강점기를 중심으로-
- 서비스품질, 관계품질, 관계성과간 인과관계분석 -커피전문점을 중심으로-
- 서비스품질이 고객만족과 충성도에 미치는 영향 -커피전문점을 중심으로-

커피백과

2016년 3월 2일 초판 인쇄
2016년 3월 10일 초판 발행

저 자 강 찬 호
발행인 한 인 환
발행처 도서출판 **기 문 사**
등 록 1978. 8. 9. NO. 6-0637
주 소 서울시 동대문구 안암로 50-1(용두동) 홍신빌딩 3층
전 화 02) 2265-7214 / 922-8662~8663
팩 스 02) 922-8772

homepage : www.kimoonsa.co.kr
e-mail : book@kimoonsa.co.kr

ISBN : 978-89-7723-710-0 03570

정가 : 25,000원

저자와의 협의하에 인지생략